（典藏版）

百部国学传世经典

中华国学经典盛宴／获取先贤核心智慧

战国策

【西汉】刘　向／编订

林少华／主编

漓江出版社

图书在版编目（CIP）数据

战国策/(西汉)刘向编订；林少华主编. --桂林：
漓江出版社，2017.9
(百部国学传世经典)
ISBN 978-7-5407-8275-7
Ⅰ.①战… Ⅱ.①刘… ②林… Ⅲ.①中国历史-战
国时代-史籍 Ⅳ.①K231.04
中国版本图书馆 CIP 数据核字(2017)第 233347 号

战国策

作　　者　【西汉】刘向　编订
主　　编　林少华

策划统筹　陈植武　林晓鸿
责任编辑　魏志明
助理编辑　甘智洪

出 版 人　刘迪才
出版发行　漓江出版社
社　　址　广西桂林市南环路 22 号
邮　　编　541002
电子信箱　http://www.lijiangbook.com
印　　制　北京飞达印刷有限责任公司
开　　本　710 mm×1000 mm　1/16
印　　张　30
字　　数　538 千字
版　　次　2017 年 9 月第 1 版
印　　次　2019 年11月第 3 次印刷
书　　号　ISBN 978-7-5407-8275-7
定　　价　45.00 元

前言

中华民族有着数千年的文明历史，创造了光辉灿烂的古代文化，其中中国传统国学是我国辉煌灿烂的文化典籍的核心部分，它博大精深、源远流长，显示出中华文化的深厚根基，给人类留下了丰富的精神财富。它是我们炎黄子孙的文化精髓，它塑造了我们中华民族的民族精神，是培育民族精神的重要资源。它开启心智，滋润生命，陶冶人格，塑造灵魂。

开卷有益，忙碌的人们闲暇之时，应该用传统国学来陶冶自己的情操，开阔自己的心胸，提高自己的人文修养，用先人的哲思来涤荡自己忙碌的心灵。我们应该坚持阅读的爱好，在潮流文化的强大攻势下，让传统文化永驻我们的心田。“复兴国学，从根本上讲，是复兴中华民族的自尊心、自信心。”我们要甄选传世经典著作中最经典的部分来读，要以开放的胸襟和燃烧的激情去承接古人的经典大论与哲思华章，以自豪而不狂妄、执着而不僵化的精神风貌来直面当今社会的竞争与挑战。

为了弘扬中国传统文化，帮助读者深刻了解我们的历史与文化，用经典历史文学知识陶冶情操、提高文化修养，同时使国学得到承传，得以弘扬光大，我们精心编排了本书。为了便于读者理解和领会古代先贤的思想与精神，我们在文章中选取了与正文相契合的插画，将插画与正文有机地结合在一起，可大大增加读者的阅读趣味。

本书选取了国学经典著作中很多优秀的作品及资料，博采各类经典作品的长处，并有所创新，以使得本书风格迥异、卓然超群，相信会给读者带来全新感受。

由于时间仓促，书中难免有不尽之处，恳请读者朋友们提出宝贵意见，在此深表谢意。

目录

东周策

西周策

秦策一

秦策二

秦策三

秦策四

秦策五

齐策一

国學經典
战国策

齐策二

齐策三

齐策四

齐策五

齐策六

楚策一

楚策二

楚策三

楚策四

赵策一

赵策二

赵策三

赵策四

魏策一

魏策二

魏策三

魏策四

韩策一

韩策二

韩策三

燕策一

燕策二

燕策三

宋、卫策

中山策

东周策

秦兴师临周而求九鼎

原文

秦兴师临周而求九鼎①,周君患之,以告颜率②。颜率曰:“大王勿忧,臣请东借救于齐。”

注解

①九鼎:传国的宝物,象征着国家权力,相传是禹铸造而成。
②颜率:人名,周王室的臣子。

译文

秦国兴师,兵临城下,威胁东周,而且向周君索要九鼎(国宝),周君为此忧心忡忡,就与朝中重臣颜率来商讨对策。颜率说:“君王不必忧虑,可由臣往东去齐国借兵求救。”

原文

颜率至齐，谓齐王曰：“夫秦之为无道也，欲兴兵临周而求九鼎，周之君臣，内自尽计：与秦，不若归之大国[①]。夫存危国，美名也；得九鼎，厚宝也。愿大王图[②]之。”齐王大悦，发师五万人，使陈臣思[③]将以救周，而秦兵罢。

注解

①大国：暗指齐国。

②图：考虑。

③陈臣思：齐国的臣子。

译文

颜率到了齐国，对齐王说：“如今秦王暴虐无道，兴强暴之师，兵临城下，威胁周君，还索要九鼎。我东周君臣在宫廷内寻思对策，最终君臣一致认为：与其把九鼎送给暴秦，实在不如送给贵国。挽救面临危亡的国家必定美名传扬，赢得天下人的认同和赞誉；如果能得到九鼎这样的国之珍宝，也确实是国家的大幸。但愿大王能努力争取！”齐王一听非常高兴，立刻派遣五万大军，任命陈臣思为统帅前往救助东周，秦兵果然撤退。

原文

齐将求九鼎，周君又患之。颜率曰：“大王勿忧，臣请东解之。”颜率至齐，谓齐王曰：“周赖[①]大国之义，得君臣父子相保也，愿献九鼎。不识大国何途之从而致之齐？”齐王曰：“寡人将寄径[②]于梁。”颜率曰：“不可。夫梁之君臣欲得九鼎，谋之晖台[③]之下，少海[④]之上，其日久矣。鼎入梁，必不出。”齐王曰：“寡人将寄

径于楚。”对曰:“不可。楚之君臣欲得九鼎,谋之于叶庭⑤之中,其日久矣。若入楚,鼎必不出。”王曰:“寡人终何途之从而致之齐?”

注解

①赖:依赖,仰仗。

②寄径:借道。

③晖台:魏国地名,位于今河南开封。

④少海:地名,位于河南开封以北。

⑤叶庭:地名,位于今河南叶县。

译文

当齐王准备向周君要九鼎,以兑现颜率的诺言时,周君又一次忧心忡忡。颜率说:“大王不必担心,请允许臣去齐国解决这件事。”颜率来到齐国,对齐王说:“这回我东周仰赖贵国的义举,才使我君臣父子得以平安无事,因此心甘情愿把九鼎献给大王,但是却不知贵国要借哪条道路把九鼎从东周运回到齐国?”齐王说:“寡人准备借道梁国。”颜率说:“不可以借道梁国,因为梁国君臣很早就想得到九鼎,他们在晖台和少海一带谋划这件事已很长时间了。所以九鼎一旦进入梁国,必然很难再出来。”于是齐王又说:“那么寡人准备借道楚国。”颜率回答说:“这也行不通,因为楚国君臣为了得到九鼎,很早就在叶庭进行谋划。假如九鼎进入楚国,也绝对不会运出来。”齐王说:“那么寡人究竟从哪里把九鼎运到齐国呢?”

原文

颜率曰:“弊邑固窃为大王患之。夫鼎者,非效醯壶酱甀①耳,可怀挟提挈以至齐者;非效鸟集乌飞,兔兴马逝,漓然②止于齐者。昔周之伐殷,得九鼎,凡一鼎而九万人挽之,九九八十一万人,士卒师徒,器械被具,所以备者称此。今大王纵有其人,何涂之从而出?臣窃为大王私忧之。”

注解

①醯（xī）：醋。甀（chuí）：小口的坛子。

②滴然：水急流的样子。

译文

颜率说："我东周君臣也在私下为大王这件事考虑。因为所谓九鼎，并非像醋瓶子或酱油罐子一类的东西，提着挟着就可以拿到齐国；也不像雀鸟落、乌鸦飞、兔子跳、马儿跑那样可以畅通无阻地到达齐国。当初周武王伐殷纣王获得九鼎之后，为了拉运一鼎而动用九万人，九鼎就是九九八十一万人，此外还要准备相应的搬运工具和被服粮饷等物资。如今大王即使有这些人力和物力，也不知道从哪条路把九鼎运来齐国，所以臣一直在私下为大王担忧。"

原文

齐王曰："子之数[①]来者，犹无与耳。"颜率曰："不敢欺大国，疾定[②]所从出，弊邑迁鼎以待命。"齐王乃止。

注解

①数：屡次，多次。

②定：决定。

译文

齐王说："贤卿屡次来我齐国，说来说去还是不想把九鼎给寡人！"颜率赶紧解释说："臣怎敢欺骗贵国呢，只要大王能赶快决定从哪条路搬运，我东周君臣恭候命令，随时准备迁移九鼎。"于是齐王打消了获取九鼎的念头。

评析

一言可以兴邦，一言可以救国难。颜率以自己的口舌完成了百万军队也难以完成的事，这完全是运用智慧和口才的结果，他深知作为弱国，自己无力应对强暴，只有借助外力和他国，才能解救自己，而只要说服了他国，危机就会化解。

秦攻宜阳

原文

秦攻宜阳①，周君谓赵累②曰："子以为何如？"对曰："宜阳必拔也。"君曰："宜阳城方八里，材士③十万，粟支数年，公仲④之军二十万，景翠⑤以楚之众，临山⑥而救之，秦必无功。"对曰："甘茂⑦羁旅也，攻宜阳而有功，则周公旦⑧也；无功，则削迹⑨于秦。秦王不听群臣父兄⑩之议而攻宜阳，宜阳不拔，秦王耻之。臣故曰拔。"君曰："子为寡人谋，且奈何？"对曰："君谓景翠曰：'公爵为执圭⑪，官为柱国⑫，战而胜，则无加焉矣；不胜，则死。不如背秦，秦拔宜阳。公进兵，秦恐公之乘其弊也，必以宝事公；公仲慕公之为己乘秦也，亦必尽其宝。'"

注解

①秦攻宜阳：周赧王七年（公元前 308 年），秦武王派甘茂攻宜阳，次年攻克。宜阳位于洛阳西南熊耳山北端，洛水萦带，山坂迂回，是韩国西陲军事要塞，故城在今陕西北洛河北岸韩城镇。

②赵累：周臣。

③材士：有强劲战斗力的士兵。

④公仲：韩相国，名朋。

⑤景翠：楚将。

⑥山：指伏牛山。

⑦甘茂：楚国下蔡（今安徽寿县）人，时为秦左丞相。

⑧周公旦：周文王子，武王弟，佐武王克商。武王死，辅佐成王，长期主持国政。

⑨削迹：除名。

⑩群臣父兄：指秦国贵臣中反对甘茂的樗里疾、公孙郝等人。

⑪执圭：楚国的高级爵位，谓执玉圭（上尖下方的玉器）朝见君主。

⑫柱国：楚国的最高武官。

译文

秦国进攻宜阳，周君对赵累说："你认为这场战争的结果如何？"赵累回答道："宜阳必定会被攻破。"周君说："宜阳城方圆八里，拥有十多万勇士，粮食储备几年都吃不完，韩国的相国公仲还有二十万军队，楚国大将景翠又率兵前往救援，秦军必定会无功而返。"赵累答道："甘茂寄居秦国，如果攻下宜阳，他就会像周公旦那样长期执政；如果失败，他也就无法在秦国立足了。秦王不听群臣的意见，执意攻打宜阳，如果宜阳没被攻破，他会感到耻辱。所以我认为宜阳必被攻破。"周君说："你替我想想该怎么办？"赵累说："您可这样对景翠说：'将军的爵位已到了执圭的地步，官职也升到了大司马，就算打了胜仗，也没有什么可加官晋爵的了；如果打了败仗，就难逃一死。不如与秦作对，等秦军攻下宜阳之后你再进兵，秦国会害怕你攻打他的疲惫之师，必定会献出珍宝给你；而韩相公仲也会认为你是为救韩国而攻秦军的，也一定把珍宝全部献上。'"

原文

秦拔宜阳，景翠果进兵。秦惧，遽效煮枣[1]，韩氏果亦效重宝。景翠得城于秦，受宝于韩，而德东周。

注解

①效：献。煮枣：地名，在今山东菏泽西南，乃魏邑，此处恐有讹误。

译文

秦军攻下了宜阳，景翠果然出兵。秦国害怕了，马上献出煮枣城，韩国果然也献出了珍贵的器物。景翠既从秦国夺到了煮枣城，又从韩国得到了珍宝，因此很感谢东周。

评析

老谋深算的赵累，首先通过精辟的分析，很有远见地向君王指明了宜阳必定陷落的结局。接着对楚将景翠讲明了各国的冲突利害关系，给他说出了各种抉择所产生的不同后果，最后又以巨大的利益诱惑他，使景翠终于在赵累的谋划之中行事了。赵累和他的国家，由于高瞻远瞩、谋划得当，在唇齿之间，在他人角逐混战之时，垂手获得了巨大的利益。

东周欲为稻

原文

东周欲为稻[1],西周不下水,东周患之。苏子[2]谓东周君曰:"臣请使西周下水,可乎?"乃往见西周之君曰:"君之谋过矣!今不下水,所以富东周也。今其民皆种麦,无他种矣。君若欲害之,不若一为下水,以病其所种。下水,东周必复种稻;种稻而复夺之。若是,则东周之民可令一仰[3]西周而受命于君矣。"西周君曰:"善。"遂下水。苏子亦得两国之金也。

注解

①为稻:种稻。
②苏子:此处指苏代。
③一:完全。仰:依附,依赖。

译文

东周想种水稻,西周不放水,东周为此而发愁。苏子对东周国君说:"请让我去说服西周放水,可以吗?"于是去拜见西周国君,说:"您的主意是错的!如果不放水,反而使东周有了致富的机会。现在东周的百姓都种麦子,没有种其他东西。您如果想害他们,不如突然一下子给他们放水,去破坏他们的庄稼。放了水,东周一定又改种水稻;种上水稻就再给他们停水。如果这样,那么就可以使东周的百姓完全依赖于西周而听命于您了。"西周君说:"好。"于是就放水。苏子也因此得到了两国的赏金。

评析

说话需要谋划,脱口而出的东西是最没有价值的。说话一定要说到点子上,一定要解决问题,否则宁可不说。这就要求我们在说话前要深思熟虑、谋局排篇。像苏子一样句句都迎合西周君的心思和利益,使西周君觉得“放水”最符合自己的利益,然而这恰恰落入了苏子的整体战略安排之中。

杜赫欲重景翠于周

原文

杜赫欲重景翠于周,谓周君曰:“君之国小,尽君之重宝珠玉以事诸侯,不可不察①也。譬之如张罗②者,张之于无鸟之所,则终日无所得矣;张于多鸟处,则又骇鸟矣;必张于有鸟无鸟之际,然后能多得鸟矣。今君将施于大人,大人轻君;施于小人,小人无可以求,又费财焉。君必施于今之穷士,不必且为大人者,故能得欲矣。”

注解

①察:明察,深思。

②张罗:张网。

译文

杜赫想让东周重用景翠,就对东周君说:“您的国家很小,倾尽您的珍宝侍奉显赫诸侯的笼络人心的方法,不是太适合,应该好好反思一下。比如张网捕鸟,把网设在没有鸟的地方,永远也不会捕到鸟;把网设在鸟多的地方,容易使鸟惊觉,又会把鸟惊飞。只有把网设在有鸟而鸟不多的地方,才会捕到很多鸟。如今您把钱花在声名显赫的人身上,可这些人却瞧不起您;把钱花在普通人身上吧,您对这些人指望不了什么、无所企求,又浪费钱财。君王只有把钱花在暂时穷困潦倒,现在并不显赫,将来一定成大器的人身上,才能实现自己的愿望。”

评析

无论游说、演讲还是辩论,比喻一定不能缺少。杜赫用张网捕鸟做比喻,建议周君重用现在落魄、将来必成大器的人,形象生动,易于理解。人们一般对熟悉的东西容易理解,如果要解释受众陌生和感到复杂的事物,就要用他们熟知的事理和规律做样板,然后套用在陌生和复杂的事物上。当然,前提条件是两种事物要有可比性。

人性极其复杂,在人饱足时给再多东西,也不会领你情。但在他匮乏时施以援手,他一定会铭记在心的。正在发展的人不用发愁,只要你有才干,肯定有人会来提携你。已有足够实力的人只要有头脑,也是最愿意栽培落魄的才子的。自古人才出于贫寒门,原因之一即在此。

西周策

薛公以齐为韩魏攻楚

原文

薛公[①]以齐为韩、魏攻楚[②]，又与韩、魏攻秦[③]，而藉兵乞食[④]于西周。韩庆[⑤]为西周谓薛公曰："君以齐为韩、魏攻楚，九年而取宛、叶[⑥]以北，以强韩、魏。今又攻秦以益之[⑦]，韩、魏南无楚忧，西无秦患，则地广而益重，齐必轻矣。夫本末更盛，虚实有时[⑧]，窃为君危之。君不如令弊邑阴[⑨]合于秦，而君无攻，又无藉兵乞食。君临[⑩]函谷[⑪]而无攻，令弊邑以君之情谓秦王[⑫]曰：'薛公必破秦以张[⑬]韩、魏，所以进兵者，欲王令楚割东国以与齐也。'秦王出楚王[⑭]以为和，君令弊邑以此忠秦，秦得无破，而以楚之东国自免也，必欲之。楚王出，必德齐，齐得东国而益强，而薛世世无患。秦不大弱，而处之三晋[⑮]之西，三晋必重齐。"薛公曰："善。"因令韩庆入秦，而使三国无攻秦，而使不藉兵乞食于西周。

注解

①薛公：孟尝君田文，齐威王曾封儿子田婴于薛地，后由田文袭封，所以称田文为薛公。

②攻楚:是指周赧王十二年,齐、韩、魏三国以楚国违背约定为托词,联手攻打楚国。

③攻秦:孟尝君曾在秦国为相,后受人谗言所诋毁而被囚,从秦国逃回齐国后又任齐国之相。攻秦是指周赧王十七年,孟尝君对秦心存怨恨,因此联合韩、魏攻打秦国。

④藉兵乞食:借兵求粮。藉,通“借”。乞,乞求。

⑤韩庆:西周的臣子。

⑥宛、叶:均为地名。宛,位于今河南南阳一带。叶,位于今河南叶县南。

⑦益之:指增强韩、魏的力量。益,增加,增强。

⑧本末更盛,虚实有时:指一切事物的发展、开端与结束是轮流交替而兴盛的,盈亏与消长也是有时间性的。

⑨阴:私下,暗地里。

⑩临:守卫。

⑪函谷:秦关名,在今河南灵宝北。

⑫秦王:秦昭王,名稷。

⑬张:扩大,强大。

⑭出楚王:释放楚怀王。公元前299年,秦王约楚怀王相会,后怀王被秦王所扣。

⑮三晋:赵、魏、韩原为晋国三家大夫,后来三家分割晋国,故称三晋。

译文

孟尝君薛公利用齐联合韩、魏攻打楚国,又与韩、魏联合攻打秦国,并且向西周借兵马与粮草。韩庆替西周对薛公说:“薛公您利用齐军替韩、魏两国攻打楚国,九年的时间终于取得了宛、叶以北的地方,可却使得韩、魏两国得以强大。如果您这次再率军攻秦,韩、魏两国将会更快地强大。韩、魏两国南面不担忧楚国,西面又不担心秦国,于是土地将越来越大,国家越来越强,而齐必将受到轻视。您应该知道,事物的本末与虚实是轮流交替的,所以我私下替您感到不安。不如让我们西周暗中与秦联盟,您根本就不必向秦国发兵,更不用借兵马粮草。

您只需驻兵函谷关,不进攻秦,让我们西周把您的情况告诉秦王:'薛公之所以派兵攻打秦国,使韩、魏两国变得强大,是想让大王把楚国的东地献给齐国。'秦王必定会释放楚怀王以议和,然后您可以令西周以此而施惠于秦国。为了不被攻破,割楚国的东土以免除战祸,秦王肯定会同意。楚怀王被释放,必定对齐国心存感激,齐国也可以得到东地而变得更加富强,而您的封地薛邑也将世世代代没有忧患了。秦国没有受到大的削弱,位于赵、魏、韩的西面,三晋必然会更加重视齐国。"薛公回答说:"妙。"于是便派韩庆出使秦国,同时终止了三国攻打秦国的计划,也就不再向西周借兵马粮草了。

评析

韩庆游说的根本和最初目的,就是让齐国打消向西周借兵求粮的念头。他的聪明之处是没有直接说出这个目的,而是以为齐国的利益着想、为齐国的前途考虑为出发点,在为齐国谋划过程中,自然地达成了自己的目的。所以在说服他人时一定要以对方为出发点,要让他明白各种利害关系、挑明他的利益所在,然后再关联到自己的目的和利益。

秦令樗里疾以车百乘入周

原文

秦令樗里疾[1]以车百乘入周,周君迎之以卒,甚敬。楚王怒,让[2]周,以其重秦客。游腾谓楚王曰:"昔智伯欲伐厹[3]由,遗之大钟,载以广车,因随入以兵,厹由卒亡,无备故也。"

注解

①樗(chū)里疾:名疾,是秦惠王的弟弟,因其生于樗里,故称"樗里疾"。

②让:责怪。

③厹:通"仇"。

译文

秦国派公子樗里疾率领一百辆四匹马拉的战车去西周，周君派一百人迎接，迎接的仪式庄严隆重。楚王知道后大为不满，严词责难周君不该这样重视秦国使者。周臣游腾对楚王说："以前智伯要讨伐厹由时，先赠送厹由一口大钟，厹由为了用大车运这口大钟，就特别修了一条宽广的道路。于是智伯就乘机由这条道路进兵，厹由最终因此而灭亡，是因为没有防备的缘故。"

原文

"桓公伐蔡也，号言[1]伐楚，其实袭蔡。今秦者，虎狼之国也，兼有吞周之意；使樗里疾以车百乘入周，周君惧焉，以蔡、厹由戒之。故使长兵在前，强弩在后，名曰卫疾，而实囚之也。周君岂能无爱国哉？恐一日之亡国，而忧大王。"楚王乃悦。

注解

①号言：扬言。

译文

"齐桓公攻打蔡国时，表面上声称要去攻打楚国，实际上却是去讨伐蔡国。如今秦国是一个有如虎狼一般凶猛的国家，同时更有吞并周的野心，派樗里疾率领一百辆战车到西周，周君为此感到十分恐惧。于是就拿蔡国和厹由的事情作为警戒，所以派手持长柄武器的士兵走在前面，而叫手持强弓的士兵走在后面，名义上是保卫樗里疾，实际上是包围他。周君难道不爱他的国家吗？唯恐一旦亡国，而让大王担忧啊。"楚王这才高兴起来。

评析

没有事实本身，只存在它的传播方式。事实在于你如何去传播它，语言作为一种传播方式，对事实本身甚至会起到支配、调遣和改变的作用。不管西周君是欢迎樗里疾还是防备樗里疾，整个仪式是完全可以有多种解释的。要善于揣摩他人的心理和利益，善于说出利他利己的话。

周臣游腾引用蔡国和厹由两个历史案例来引证自己观点的案例归纳法，值得我们仿效。

雍氏之役

原文

雍氏之役①，韩征甲②与粟于周，周君患之，告苏代③。苏代曰："何患焉！代能为君令韩不征甲与粟于周，又能为君得高都④。"周君大悦，曰："子苟能，寡人请以国听。"

注解

①雍氏之役：雍氏，韩国地名，在今河南禹县东北。周赧王十五年，楚国再次出兵攻打韩国。

②征甲：征兵。

③苏代：说客苏秦之弟，亦有苏秦之兄的说法。

④高都：韩国地名，在今洛阳西南。

译文

楚国再次攻打韩国的雍氏，韩国向西周征兵求粮，周君很担心，便告诉了苏代。苏代说："有什么可担心的呢，苏代我可以替君王做到韩国不向西周征兵求粮，还能使您获得韩地高都。"周王非常高兴，说："你果真能做到，我愿意把国家的大权交给你。"

原文

苏代遂往见韩相国公中[1]，曰："公不闻楚计乎？昭应谓楚王[2]曰：'韩氏罢[3]于兵，仓廪[4]空，无以守城，吾收之以饥[5]，不过一月，必拔之。'今围雍氏五月，不能拔，是楚病也，楚王始不信昭应之计矣。今公乃征甲及粟于周，此告楚病也。昭应闻此，必劝楚王益兵守雍氏，雍氏必拔。"公中曰："善。然吾使者已行矣。"代曰："公何不以高都与周？"公中怒曰："吾无征甲与粟于周亦已多矣。何为与高都？"代曰："与之高都，则周必折[6]而入于韩，秦闻之，必大怒，而焚周之节[7]，不通其使。是公以弊[8]高都得完周也，何不与也？"公中曰："善。"不征甲与粟于周而与高都，楚卒不拔雍氏而去。

注解

①公中：亦有写作"公仲"，韩相国公仲侈。

②昭应谓楚王：昭应，楚国之将。楚王，指楚怀王。

③罢：疲惫。

④仓廪：古时储藏谷物之所称之为仓，储米之所称为廪。

⑤收之以饥：趁韩国饥荒之机夺取雍氏。

⑥折：转过来。

⑦焚周之节：烧掉周国的信物，表示与周国绝交。节，使臣所拿的信物。

⑧弊：破败。

译文

苏代于是前往韩国拜见相国公仲侈，对他说道："难道您不了解楚国的计策吗？楚将昭应当初曾对楚王说：'韩国常年疲于兵祸，因而粮库空虚，毫无力量守住城池。我要乘韩国饥荒，率兵夺取韩国的雍氏，不到一个月，就可以攻下城池。'如今楚国包围雍氏已经五个月了，还不能攻克，这暴露了楚军的处境困窘，楚王已经开始准备放弃昭应的计策和进攻了。现在您竟然向西周征兵征粮，这明明是告诉楚国韩国已经精疲力竭。如果昭应知道以后，一定劝说楚王增兵包围雍氏，届时雍氏必然被攻陷。"公仲侈说："很好。可是我派去周的使节已经出发了。"苏代接着说："您为什么不把高都之地送给西周呢？"公仲侈听后颇为愤怒，很生气地说："我停止向西周征兵征粮，这已经很对得起西周了，为什么还要送给西周高都呢？"苏代说："假如您能把高都送给西周，那么西周会再次跟韩国修好，秦国知道以后，必然大为震怒，不仅会焚毁西周的符节，而且还会断绝使臣的来往。西周断了与其他国家的联盟，而单单和好韩国，这样一来，阁下就是在用一个破烂的高都，换取一个完整的西周，阁下为什么不愿意呢？"公仲侈说："好吧。"于是公仲侈就果断决定不向周征兵征粮，并把高都送给了西周。楚军当然没能攻下雍氏，只好悻悻离去。

评析

苏代凭着言辞向韩国揭示出了事情的真正规律和发展方向，最终不仅解决了西周的难题，而且给西周带来了意外的收获，这种化不利为有利，化腐朽为神奇的谋略与口才是非常高明的。

审时度势、拨开掩盖在事物之上的遮蔽之物，洞察事物表象背后真理和本质，才能认清事理、把握事物发展的规律和未来发展的方向，才能具有比常人高明一筹的预见性、判断力。战国说客的厉害之处不仅在于有这种预见性，而且还具有实施这种预见的实践能力，依仗三寸不烂之舌的雄辩口才，引导和诱导他人实现自己的预见，使他人的行为成为自己谋划的有机构成。

司寇布为周最谓周君

原文

司寇布为周最谓周君曰①："君使人告齐王②以周最不肯为太子也，臣为君不取也。函冶氏为齐太公买良剑③，公不知善，归其剑而责④之金。越人请买之千金，折而不卖⑤。将死而属⑥其子曰：'必无独知。'今君之使最为太子，独知之契⑦也，天下未有信之者也。臣恐齐王之为君实立果而让之于最，以嫁⑧之齐也。君为多巧⑨，最为多诈，君何不买信货哉？奉养无有爱⑩于最也，使天下见之。"

注解

①司寇布：周臣。司寇，主刑狱的官，布是其名。周最：周的公子。

②齐王：齐闵王。

③函冶氏：齐国善于观察宝剑的人。齐太公：田和，始代姜氏立为齐侯，故称为齐太公。

④责：求取。

⑤折而不卖：折，折本。此言虽千金仍不够本价，故不肯卖。

⑥属：嘱咐，告诫。

⑦契：契约，类似现在的合同，由双方分执。

⑧嫁：反推。

⑨巧：诈。

⑩爱：吝惜。

译文

司寇布替周最向周君说："您派人告诉齐王说是周最不愿做太子，我感到这种做法不妥。函冶氏曾经替齐太公买宝剑，太公不知是好剑，让他归还宝剑而要回钱。越国的人愿出千金购买，函冶氏认为价格不到位而不肯出卖。临终嘱咐他的儿子说：'不能只是自己知道剑好。'现在您让周最做太子，只有自己单方面知道，天下都没有人相信啊。我担心齐王认为您本打算立周果而却说周最自愿不做太子，从而欺骗齐国。您的态度不定，周最也富于心计，您为什么不买人人知道的好货呢？供养周最的东西不要吝惜，应该让天下人都看得清清楚楚。"

评析

函冶氏由于没有告诉人宝剑的高贵品质结果宝剑遭到人们的嫌弃，周君没有指出周最是太子的最佳候选人选而使人产生了众多误会。所谓："良言一句三冬暖，恶语伤人暑日寒。"语言产生的后果是非常严重的。"城门失火，殃及池鱼"，每一行动、话语必将牵涉到方方面面的关系，从而产生正负大小各异的效应、反馈。人们说话时既要考虑到行动的正效应，又要考虑到一连串的负效应，不应该像贵为一国之君的周君那样轻率。

秦欲攻周

原文

秦欲攻周，周最谓秦王①曰："为王之国计者，不攻周。攻周，实不足以利国，而声畏②天下。天下以声畏秦，必东合于齐。兵弊于周，而合天下于齐，则秦孤而不王矣。是天下欲罢秦，故劝王攻周。秦与天下俱罢③，则令不横行于周矣。"

注解

①秦王：指秦昭襄王。

②声畏：名声不好。畏，恶。

③罢：通"疲"，疲惫困顿。

译文

秦打算进攻西周，周最对秦王说："真的为大王的国家利益着想的话，就不应该攻打西周。秦如果攻打西周，对秦国自己毫无现实利益，反而会在众国间把名声搞臭，为天下诸侯所唾弃。到时诸侯们不再联合秦，相反都会到东边和齐国联合。秦为攻周陷于疲惫，天下诸侯联合了齐国，那么秦国就不能称霸诸侯了。可见攻周一事，完全是诸侯们为了使秦军筋疲力尽，才怂恿君王干的。当秦国和天下诸侯们的实力都消耗尽了，那么任何国家的号令都不能通行于周了。"

评析

作为有实力者更应该重视名誉对自己长远利益的巨大帮助，千万不能因为蝇头小利而干那些有损自己声誉的事。对那些人所共知的道义形象，应该是保护和利用，而绝不应该毁坏他。政治家们最善于树立道德形象，对那些血统高贵的遗老遗少、文化名人、道德楷模一定要加以尊重，以笼络人心、以德治天下。

秦策一

苏秦始将连横说秦

原文

苏秦①始将连横②说③秦惠王曰："大王之国西有巴、蜀、汉中④之利，北有胡貉、代马⑤之用，南有巫山、黔中⑥之限，东有肴、函⑦之固。田肥美，民殷富，战车万乘，奋击⑧百万，沃野千里，蓄积饶多，地势形便。此所谓'天府'，天下之雄国也。以大王之贤，士民之众，车骑之用，兵法之教，可以并诸侯，吞天下，称帝而治。愿大王少留意，臣请奏其效！"秦王曰："寡人闻之：毛羽不丰满者不可以高飞，文章⑨不成者不可以诛罚，道德不厚者不可以使民，政教不顺者不可以烦大臣。今先生俨然不远千里而庭教之，愿以异日。"

注解

①苏秦：战国时期纵横家的典型代表。

②连横：一种军事策略，东西为横，南北为纵。秦国在函谷关以西，六国在崤山以东，所以秦与六国的联合称为连横。

③说：游说。

④巴、蜀、汉中：巴、蜀，两国之名。巴，今重庆地区。蜀，在今四川境地。汉中，郡名，在今湖北西部以及陕西西南一带。

⑤胡貉(mò)、代马：指今山西北部内蒙古南部一带游牧民族所生产的兽皮、马匹等畜牧产品。

⑥巫山、黔中：巫山，今重庆巫山东部；黔中，今贵州东北地区以及湖南西部地区。

⑦肴、函：肴，山名，即崤山，在今河南洛宁北；函，即函谷关，在今河南灵宝一带。

⑧奋击：指代奋勇作战的士兵。

⑨文章：在这里指法度。

译文

合纵派的领军人物苏秦一开始却对秦惠王倡导连横战略，他游说秦惠王说："大王的国家，西面有巴、蜀、汉中等地的富饶物产，北方有来自胡人地区的贵重兽皮与代地的良马，南边有巫山、黔中作为屏障，东方又有崤山、函谷关这样坚固的要塞。土地肥沃，民殷国富；战车万辆，壮士百万；沃野千里，资源丰富，积蓄充足；地势险要，能攻易守。这正是天下公认的'天府之国'，秦国因而真正是雄霸天下的强国。凭着大王您的贤能，秦国士卒与百姓的众多，战车、骑兵等武器的巨大作用，兵法和谋略的运用之妙，完全有把握吞并其他诸侯，一统天下，称号皇帝，统治全中国。希望大王能考虑一下这一前景，允许臣陈述自己的方略。"秦惠王说："寡人常听人说，羽毛不够丰满的鸟儿不可以高飞；法令不完备的国家不可以奖惩刑罚；道德不崇高的君主不可统治万民；政策教化不顺应天意的君主不可以号令大臣。如今先生不远千里来到我秦国登庭指教，寡人内心非常感激，不过关于军国大计，最好还是等将来再说吧！"

原文

苏秦曰："臣固疑大王不能用也。昔者神农伐补遂[①]，黄帝伐涿鹿[②]而擒蚩尤，尧伐驩兜[③]，舜伐三苗[④]，禹伐共工[⑤]，汤伐有夏[⑥]，文王伐崇[⑦]，武王伐纣，齐桓任战而伯天下。由此观之，恶有不战者乎？古者使车毂击驰[⑧]，言语相结，天下为一；约从连横，兵革不藏；文士并饬，诸侯乱惑，万端俱起，不可胜理；科条既备，民多伪态；书策稠浊，百姓不足；上下相愁，民无所聊；明言章理，兵甲愈起；辩言伟服[⑨]，攻战不息；繁称文辞，天下不治；舌弊耳聋，不见成功；行义约信，天下不亲。

"于是，乃废文任武，厚养死士，缀甲厉兵[⑩]，效胜于战场。夫徒处[⑪]而致利，安坐而广地，虽古五帝、三王、五伯、明主贤君，常欲坐而致之，其势不能，故以战续之。宽则两军相攻，迫则杖戟相撞，然后可建大功。是故兵胜于外，义强于内；武立于上，民服于下。今欲并天下，凌万乘，诎[⑫]敌国，制海内，子元元[⑬]，臣诸侯，非兵不可。今之嗣主，忽于至道，皆惽于教，乱于治，迷于言，惑于语，沈于辩，溺于辞。以此论之，王固不能行也。"

注解

①补遂：古代的国家名。

②涿鹿：山名，位于今天的河北涿鹿县西。

③驩兜：尧时曾与共工相互勾结，后被舜流放。

④三苗：古代的部落名。

⑤共工：官名，主要管理水利。

⑥有夏：夏朝。

⑦崇：崇侯虎，商朝人，曾助纣王肆虐天下。

⑧车毂击驰：车轴相互撞击，即指出使人数颇多。

⑨伟服：奇异的衣服，代指儒者。

⑩厉兵：磨砺兵器。厉，通“励”。

⑪徒处：无所作为。

⑫诎：屈服、折服。

⑬元元：百姓，人民。

译文

苏秦说：“我本来就怀疑大王能否听取我的意见。以前神农攻打补遂，黄帝讨伐涿鹿擒获蚩尤，唐尧放逐驩兜，虞舜攻打三苗，夏禹王攻打共工，商汤王灭夏桀，周文王攻打崇侯虎，周武王灭商纣，齐桓公用战争雄霸天下，都说明了一个国家要想称霸天下，哪有不经过战争就达到目的的？古代使者都坐着兵车奔驰，各国互相缔结口头盟约，谋求天下统一；虽然讲究合纵连横，却是战争不息；说客和谋士们进行巧辩和权诈之术，致使诸侯慌乱疑惑，结果一切纠纷都从此发生，简直复杂到无法处理的地步；章程和法律都完备的国家，人们又常常做出虚伪的行为；文书、籍策杂乱繁琐，百姓生活贫困不足；君臣上下都愁眉不展，百姓无所依赖；法令规章越多，战争发生的也就越多；能言善辩穿着儒士服装的人越多，战争就越发无法停止。什么事如果不顾根本而专门讲求文辞末节，天下就越发无法太平。因此说客的舌头说焦了，听的人耳朵都听聋了，却不见什么成效；做事即使讲义气、守信用，也没办法使天下和平安乐。

“因此就废除文治而使用武力，召集并且礼遇敢死之士，制作好各种甲胄，

磨光各种刀枪，然后到战场上去争胜负。大王要明白，没有行动却想使国家富强，安居不动却要使国土扩大，即使是古代帝王、三王、五霸和明主贤君，想不用刀兵而获得这些，也是无法实现雄心的。所以只有用战争才能达成国家富强的目的。距离远的就用军队互相攻伐，距离近的就短兵相杀，只有如此才能建立伟大功业。所以军队如果能得胜于外国，那么国内民众的义气就会高涨，君王的威权就会增强，人民会自然地服从统治。现在假如想要并吞天下、夺取王位、征服敌国、辖制海内、治理百姓、号令诸侯，实在是非用武力不行。可是如今继嗣当政的君主，却都忽略了用兵的重要性，不懂得教化人民；不修明政治，常被一些诡辩之士的言论所迷惑，沉溺在游说之士的言语辩词中，而误信各种不适当的外交政策。依照这样的情形，大王一定不能实现连横。”

原文

说秦王书十上而说不行，黑貂之裘弊，黄金百斤尽，资用乏绝，去秦而归。羸縢履蹻[1]，负书担橐[2]，形容枯槁，面目犁黑，状有归[3]色。归至家，妻不下纴，嫂不为炊，父母不与言。苏秦喟叹曰：“妻不以我为夫，嫂不以我为叔，父母不以我为子，是皆秦之罪也！”乃夜发书，陈箧数十，得《太公阴符》[4]之谋，伏而诵之，简练以为揣、摩。读书欲睡，引锥自刺其股，血流至足。曰：“安有说人主不能出其金玉锦绣、取卿相之尊者乎？”期年《揣》、《摩》成，曰：“此真可以说当世之君矣。”

注解

①羸（léi）：包扎缠绕。縢：绑腿布。履：鞋。此处做动词，脚上穿鞋。蹻：草鞋。

②橐（tuó）：没有底的口袋。

③归：通“愧”，羞愧。

④《太公阴符》：太公，指姜太公尚，大智之人，善用兵用人，周国的开国功臣，封地于齐。《太公阴符》相传为太公所作兵法权术之书。

译文

苏秦游说秦王的奏章上呈了十次之多,但终未被采纳。黑貂皮衣都被穿破了,百斤黄金也都被花完了,原本的资财物品来源也没有了,只好离开秦国返回家乡。腿上扎着绑腿布,脚上穿着草鞋,背上书籍担上行囊,面目憔悴,脸色黄黑,带有愧色。回到家里,妻子不下织布机来迎接,嫂子也不给做饭,父母也不和他说话。苏秦长长地叹息道:"妻子不把我当作丈夫看待,嫂子不把我当作小叔子来看待,父母也不当我是儿子,这些都是我自己的罪过啊。"于是晚上便找书,打开几十只书箱,找到《太公阴符》这部讲谋略全书的书,埋头苦读,挑选研读精要并开始写作《揣情》《摩意》之篇。看书看得困了就用铁锥刺自己的大腿,血都流到了足跟。苏秦说:"哪里有游说君王却未能让他们拿出金玉锦绣相赠,并取得卿相这样的高官之位的呢?"满一年之后,《揣情》《摩意》之篇写成,苏秦说道:"这个真的能够说服当世的君王了。"

原文

于是乃摩燕乌集阙[①],见说赵王[②]于华屋之下,抵掌而谈,赵王大悦,封为武安君,受相印。革车百乘,锦绣千纯,白璧百双,黄金万镒[③],以随其后,约从散横,以抑强秦。故苏秦相于赵而关不通。当此之时,天下之大,万民之众,王侯之威,谋臣之权,皆欲之决苏秦之策。不费斗粮,未烦一兵,未战一士,未绝一弦,未折一矢,诸侯相亲,贤于兄弟。夫贤人在而天下服,一人用而天下从。故曰:"式[④]于政,不式于勇;式于廊庙之内,不式于四境之外。"当秦之隆,黄金万镒为用,转毂连骑,炫煌于道,山东之国从风而服,使赵大重。且夫苏秦特穷巷掘门,桑户棬枢之士耳[⑤]。伏轼樽衔[⑥],横历天下,廷说诸侯之王,杜左右之口,天下莫之能伉。

注解

①燕乌集阙：关塞名。

②赵王：赵肃侯。

③镒：古代的重量单位，一镒相当于二十两。

④式：决定。

⑤且夫苏秦特穷巷掘门，桑户棬枢之士耳：这两句极言苏秦出身之贫贱。掘门，在墙上凿洞；棬枢，用树条圈起做门枢。

⑥伏轼樽衔：指乘车骑马，言苏秦现在之显贵。轼，车前的横木；樽，控制，约束；衔，马勒口。

译文

于是苏秦就步入赵国的燕乌集阙宫门，在华屋之下游说赵王。他对赵王滔滔不绝地说出合纵的战略和策略，赵王听了大喜过望，立刻封他为武安君，并授以相印，兵车100辆，锦绣1000束，白璧100双，金币20万两，车队尾随他后，到各国去约定合纵，拆散连横，以此压制强秦。因此，当苏秦在赵国做宰相时，秦国不敢出兵函谷关。在当时，广大天下，众多百姓、威武的诸侯、掌权的谋臣，都要听苏秦一人来决定一切政策。没消费一斗军粮，没征用一个兵卒，没派遣一员大将，没有用坏一把弓，没损失一支箭，就使天下诸侯和睦相处，甚至比亲兄弟还要亲近。由此可见，只要有贤明人士当权主政，天下就会顺服稳定；只要有这样的一个人得到合适的使用，天下就会服从领导、归顺朝廷。所以说："应该运用政治手段解决问题，而不必用武力征服来处理一切；要在朝廷上慎谋策划、运筹帷幄，而不必到边疆上去厮杀作战。"当苏秦权势显赫、红极一时的时候，金帛20万两供他使用，他所指挥的战车和骑兵连接不断，所到之处都显得威风八面，崤山以东的各诸侯国，莫不望风听从他的号令，赵国的地位也越来越受到尊重。其实苏秦此人，当初只不过是一个住在陋巷、掘墙做门、砍桑做窗、用弯曲的木头做门框的那类穷人罢了。但现在的他却常常坐上豪华的四马战车，骑着高头大马游历天下，在各诸侯国朝廷上游说君王，使各诸侯王的亲信不敢开口，天下没有谁敢与他对抗了。

原文

将说楚王，路过洛阳。父母闻之，清宫除道，张乐设饮，郊迎三十里；妻侧目而视，倾耳而听；嫂蛇行匍伏，四拜自跪谢。苏秦曰："嫂何前倨而后卑也？"嫂曰："以季子①之位尊而多金。"苏秦曰："嗟乎！贫穷则父母不子，富贵则亲戚畏惧。人生世上，势位富贵，盖可忽乎哉！"

注解

①季子：苏秦的字，也有人认为是对小叔子的尊称。

译文

苏秦要去游说楚威王，路过洛阳。父母得知，就赶紧整理房间，清扫道路，雇用乐队，准备酒席，到距城30里远的地方去迎接；妻子对他敬畏得不敢正视，斜着眼睛来看他的威仪，侧着耳朵听他说话；而嫂子跪在地上不敢站起，像蛇一样在地上爬，对苏秦一再叩头请罪。苏秦问："嫂子你对待我为什么以前那样的傲慢不逊，而现在又这样的卑贱下作呢？"他嫂子答："因为现在你地位尊显、钱财富裕的缘故。"苏秦长叹一声说道："唉！一个人如果穷困落魄，连父母都不把他当儿子，然而一旦富贵显赫之后，亲戚朋友都感到畏惧。由此可见，一个人活在世界上，权势和富贵怎么能忽视不顾呢！"

评析

功利主义有时为了名利，甚至不择手段，苏秦游说连横不成，就去游说合纵，在他的心目中，维护哪个国家的利益、站在哪个国家的立场倒不重要，重要的是自己的功名利禄一定要得到实现，自己的抱负、野心一定要得到依托的载体。苏秦游说时很讲究语言艺术，其字字珠玑、句句精华、文采飞扬、气势磅礴，极具感染力和说服力，可谓中国游说史上的经典之作。虽然秦惠王当时没有马上采纳苏秦的主张，但实际上秦国后来的战略方针和一统天下的霸图，就是沿着苏秦陈述的战略和路线而来的。

张仪说秦王曰

原文

张仪说秦王曰："臣闻之，'弗知而言为不智，知而不言为不忠'。为人臣不忠当死，言不审亦当死。虽然，臣愿悉言所闻，大王裁其罪。臣闻，'天下阴燕阳魏，连荆[①]固齐，收余韩，成从，将西南以与秦为难'。臣窃笑之。世有'三亡'，而天下得之，其此之谓乎！臣闻之曰：'以乱攻治者亡，以邪攻正者亡，以逆攻顺者亡。'今天下之府库[②]不盈，囷仓[③]空虚，悉其士民，张军数千百万，白刃在前，斧质在后，而皆去走不能死，其百姓不能死也，其上不能杀也。言赏则不与，言罚则不行，赏、罚不行，故民不死也。"

注解

①荆：指楚国。

②府库：古代用于储备财物者为府，储备兵器者为库。

③囷(jūn)仓：均是存粮之处，只是形状不一样，圆为囷，方为仓。

译文

张仪游说秦王道："我常听人说，'不知道事情的缘由就开口发言那是不明智；明白事理、可以为事情的解决出谋划策却不开口，那是不忠贞'。作为一个臣子，对君王不忠诚就该死；说话不审慎也该死。尽管事情的出路如此，但我仍然愿意把所有见闻都说出来给大王听，请大王裁决定罪。我听说四海之内，北方的燕国和南方的魏国又在连结荆楚，巩固同齐国的联盟，收罗残余的韩国势力，形成合纵的联合阵线，面向西方，与秦国对抗。对此我私下不禁失笑。天下有三种亡国的情况，而天下终会有人来收拾残局，可能说的就是今天的世道！我听人说：'以治理混乱之国去攻打治理有序之国必遭败亡，以邪恶之国去攻打正义之国必遭败亡，以悖逆天道之国去攻打顺应天道之国必遭败亡。'如今天下诸侯国储藏财货的仓库很不充实，囤积米粮的仓库也很空虚，他们征召所有人民，发动千百万计的军队，虽然是白刃在前，利斧在后，军士仍然都退却逃跑，不能和敌人拼死一战。其实并不是他们的人民不肯死战，而是由于统治者拿不出好办法进行教育。说奖赏而不给予，说处罚却不执行，所以人民才不肯为国死战。"

原文

"今秦出号令，而行赏、罚，有功无功相事也。出其父母怀衽之中，生未尝见寇也，闻战顿足徒裼[①]，犯白刃，蹈煨炭，断死于前者比是也。夫断死与断生也不同，而民为之者是贵奋也。一可以胜十，十可以胜百，百可以胜千，千可以胜万，万可以胜天下矣。今秦地形断长续短，方数千里，名师数百万。秦之号令赏罚，地形利害，天下莫如也，以此与天下，天下不足兼而有也。是

知秦战未尝不胜，攻未尝不取，所当[②]未尝不破也。开地数千里，此甚大功也。然而甲兵顿，士民病，蓄积索，田畴荒，囷仓虚，四邻诸侯不服，伯王[③]之名不成，此无异故，谋臣皆不尽其忠也。”

注解

①顿足徒裼：停止步伐，脱下衣服。顿，停顿；裼，脱掉上衣。

②当：通“挡”，抵挡。

③伯王：霸王。

译文

“现在秦国号令鲜明，赏罚分明，有功无功都按照实际情形进行奖惩。每个人离开父母怀抱之初，从来就没有见过敌人，所以一听说作战就跺脚、露胸，决心死战，迎着敌人的刀枪，勇往直前，赴汤蹈火，在所不惜，几乎全都决心要为国家死在战场上。大王知道，一个人决心要去战死，和决心要逃生是不同的，但秦国人仍然愿意去战死，就是由于重视奋战至死精神的缘故。一人可以战胜十人，十人可以战胜百人，百人可以战胜千人，千人可以战胜万人，万人可以战胜全天下。如今秦国的地势，截长补短方圆有数千里，强大的军队有几百万。而秦国的号令和赏罚，险峻有利的地形，天下诸侯都望尘莫及。用这种优越条件和天下诸侯争雄，全天下也不够秦国吞并的。由此可以知道，只要秦国作战绝对是战无不胜，攻无不克，所向无敌，完全可以开拓土地几千里，那将是很伟大的功业。然而如今，秦国军队疲惫、人民穷困、积蓄用绝、田园荒废、仓库空虚、四邻诸侯不肯臣服、霸业不能树立，出现这种令人惊讶的情况并没有其他原因，主要是秦国谋臣不能尽忠的缘故。”

原文

“臣敢言往昔。昔者，齐南破荆，中破宋，西服秦，北破燕，中使韩、魏之君[①]，地广而兵强，战胜攻取，诏令天下，济清河[②]浊，足

以为限，长城钜坊[3]，足以为塞。齐五战之国也，一战不胜而无齐。故由此观之，夫战者万乘之存亡也。”

注解

①中使韩、魏之君：指齐湣王役使韩王与魏王作战讨伐楚与秦之事。

②河：特指黄河。

③长城钜坊：以长城为巨大的防守。

译文

“我愿用历史史实为证加以说明：从前齐国往南击破荆楚，往东战败了宋国，往西征服了秦国，北方更打败了燕国，在中原地带又指挥韩、魏两国的君主。土地广大，兵强马壮，攻城略地，战无不胜，号令天下诸侯，清清的济水和混浊的黄河都是它的天然屏障，巨大的长城足可以做它的防守掩体。齐国是一连五次战胜的强国，可是只战败一次，齐国就没有了。由此可见，用兵作战可以决定万乘大国的生死存亡。”

原文

“且臣闻之曰：‘削柱掘根，无与祸邻，祸乃不存。’秦与荆人战，大破荆，袭郢[1]，取洞庭、五都[2]、江南，荆王亡奔走，东伏于陈。当是之时，随荆以兵，则荆可举[3]。举荆则其民足贪也，地足利也。东以强齐、燕，中陵三晋，然则是一举而伯王之名可成也，四邻诸侯可朝也，而谋臣不为，引军而退，与荆人和。今荆人收亡国，聚散民，立社主，置宗庙，令帅天下西面以与秦为难，此固已无伯王之道一矣。天下有比志而军华[4]下，大王以诈破之，兵至梁郭，围梁数旬，则梁可拔。拔梁则魏可举，举魏则荆、赵之志绝，荆、赵之志绝则赵危，赵危而荆孤，东以强齐、燕，中陵三晋。然则是一举而伯王之名可成也，四邻诸侯可朝也。而谋臣不为，

引军而退，与魏氏和，令魏氏收亡国，聚散民，立社主，置宗庙，此固已无伯王之道二矣。前者穰侯⑤之治秦也，用一国之兵，而欲以成两国之功。是故兵终身暴灵于外，士民潞病于内，伯王之名不成，此固已无伯王之道三矣。”

注解

①郢（yǐng）：楚国的国都，位于今天的湖北江陵。

②五都：指五渚，即长江、资水、澧水、沅水、湘江五条大河。

③举：攻取，夺取。

④华：华阳城，位于今天的河南新郑东南方向。

⑤穰（ráng）侯：秦国宣太后之弟。穰，为其封地之名。

译文

“我还听说：‘斩草要除根，不给祸留下作为，祸才不会存。’从前秦国和楚国作战，秦兵大败楚军，占领了楚国首都郢城，同时又占领了洞庭湖、五都、江南等地，楚王向东逃亡，藏在陈地。在那个时候，只要把握时机攻打楚国，就可以占领楚国的全部土地。而占领了楚国，那里的人民就足够使用，那里的物产就足可以满足物质需要，东面对抗齐、燕两国，中原可以凌驾在三晋（指韩、赵、魏三国）之上，如果这样就可以一举而完成霸业，使天下诸侯都来秦廷称臣。然而当时的谋臣不但不肯这样做，反而撤兵和楚人讲和，现在楚已收复了所有失地，重新集合逃散的人民，再度建立起宗庙和社稷之主，他们得以率领天下诸侯往西面来跟秦国对抗。这样，当然秦国就第一次失去了建立霸业的机会。后来其他诸侯国同心一致、联合兵临华阳城下。幸亏大王用诈术击溃了他们，一直进兵到魏都大梁外。当时只要继续围困几十天，就可以占领大梁城。占领大梁，就可以攻下魏国;攻下了魏国,赵、楚的联盟就拆散了,赵国就会处于危难之地。赵国陷入危难之地,楚国就孤立无援。这样秦国东可以威胁齐、燕,中间可以驾驭三晋,如此也可以一举建立霸王功业,使天下诸侯都来朝贺。然而谋臣不但不肯这样做,反而引兵自退、与魏讲和,使魏国收复故土,聚集了四处离散的百姓,立下社稷之主,建立起宗庙,如此就第二次失去了建立霸业的机会。前不久穰侯为相,治理秦国,他用一国的军队,却想建立两国才能完成的功业。即使军队在边境外风吹日晒雨淋,人民在国内劳苦疲惫,霸王的功业却始终不能建立,这也就是第三次失去了建立霸业的机会。"

原文

"赵氏,中央之国也,杂民之所居也。其民轻而难用,号令不治,赏罚不信,地形不便,上非能尽其民力,彼固亡国之形也,而不忧民氓,悉其士民,军于长平①之下,以争韩之上党②。大王以诈破之,拔武安。当是时,赵氏上下不相亲也,贵贱③不相信。然则是邯郸不守,拔邯郸,完河间,引军而去,西攻修武④,逾羊肠,降代、上党。代三十六县,上党十七县,不用一领⑤甲,不苦一民,皆秦之有也。代、上党不战而已为秦矣,东阳、河外⑥不战而已反为齐矣,中呼池以北不战而已为燕矣。然则是举赵则韩必亡,韩亡则荆、魏不能独立,荆、魏不能独立,则是一举而坏韩、蠹⑦魏、挟荆,以东弱齐、燕,决白马之口以流魏氏。一举而三晋亡,从者败。大王拱手以须,天下遍随而伏,伯王之名可成也。而谋臣不为,引军而退,与赵氏为和。"

注解

①长平:地名,位于今山西高平以西。

②争韩之上党:白起进攻韩国上党,郡守投奔赵,白起就又去攻打赵。

③贵贱:分别指代地位尊贵和低下的人。

④修武:地名,位于今河南修武境内。

⑤领:古时量词,件。

⑥东阳、河外：东阳，赵国地名；河外，处于齐与赵交界之地。

⑦蠹（dù）：原指虫子，这里是毁坏之意。

译文

“赵国在诸侯中位居中央，人民五方杂居。赵国民众轻浮而不好治理，以致使国家号令无法贯彻，赏罚毫无信用。赵国的地理位置不利于防守，统治者又不能使人民的潜力全部发挥出来，这一切已是一种亡国的形势了。再加上不体恤民间疾苦，几乎把全国的老百姓都征发到长平战场，去跟韩国争上党。大王以计谋战胜赵国，继而攻克武安。当时赵国君臣彼此不合作，官民也互不信赖，这样邯郸就无法固守，如果秦军攻下邯郸，在河间修整军队，再率领军队往西攻打修武，经过羊肠险塞，降服代和上党。代有36县，上党有17县，不用一副盔甲，不费一兵卒，就都成了秦国所有。代和上党不经过战争就成为秦国土地，赵国的东阳和河外等地不经过战争将反归齐国，中呼池以北之地不经过战争将属于燕国。既然如此，攻下赵国之后，韩国就必然灭亡，韩国灭亡以后，楚、魏就不能独立；楚、魏既然不能独立就可一举攻破韩国；韩国既破，就伤害到魏国，然后再挟持楚国往东去削弱齐、燕，挖开白马津的河口来淹魏国。如此一举就可以灭三晋，而六国的合纵联盟也势将瓦解。大王只要拱手在那里等着，天下诸侯就会一个跟着一个来投降，霸王之名号即刻就可以建立。只可惜这一切都是假设，因为谋臣不但不这样做，反而自动退兵跟赵国讲和了。”

原文

“以大王之明，秦兵之强，伯王之业地，尊不可得，乃取欺于亡国，是谋臣之拙也。且夫赵当亡不亡，秦当伯不伯，天下固量秦之谋臣一矣。乃复悉卒乃攻邯郸[①]，不能拔也，弃甲兵怒，战栗而却[②]，天下固量秦力二矣。军乃引退，并于李下[③]，大王又并军而致与战，非能厚胜之也，又交罢却，天下固量秦力三矣。内者量吾谋臣，外者极吾兵力。由是观之，臣以天下之从岂其难矣？内者吾甲兵顿，士民病，蓄积索，田畴荒，囷仓虚；外者天下比志甚固，愿大王有以虑之也。”

注解

①攻邯郸：秦后来又攻打邯郸城，被魏国所败。邯郸，今河北邯郸。
②却：退却。
③李下：地名，位于今河南温县。

译文

“凭大王的贤明和秦兵的强盛，竟然建立不起天下霸主的基业，而且被即将灭亡的各诸侯国欺凌，这一切都是由于谋臣的愚昧笨拙所导致的。赵国当亡不亡，秦国该称霸又不能称霸，天下人已经看透了秦国谋臣的本领高低，此其一。秦国曾用全国之兵，去攻打赵国的邯郸，不但没有攻下反而被敌人打得丢盔卸甲，将士们又气又怕地败下阵来，天下人已经看透了秦国将士的斗志，此其二。军队退下来以后，都聚集在李下，大王又重新编整努力督促将士们作战，可是并没有取得大胜，就纷纷罢兵撤退，天下人又都看透了秦国军队的战斗力，此其三。在内看透了秦国的谋臣，在外看透了秦国的将士。由此观之，臣认为天下的合纵力量，难道不是更难对付了？秦国的军队疲劳不堪，人民极端困顿，再加上积蓄用尽，田园荒芜，仓库空虚；而国外诸侯合纵，团结一致，甚为坚固。但愿大王能多加考虑这危机！”

原文

“且臣闻之：‘战战栗栗，日慎一日，苟慎其道，天下可有也。’何以知其然也？昔者，纣为天子，帅天下将甲百万，左饮于淇谷①，右饮于洹水②，淇水竭，而洹水不流，以与周武为难。武王将

素甲三千，领战一日，破纣之国，禽其身，据其地，而有其民，天下莫不伤。智伯帅三国之众，以攻赵襄主于晋阳，决水灌之，三年，城且拔矣。襄主错龟、数策[3]占兆，以视利害，何国可降？而使张孟谈[4]，于是潜行而出，反智伯之约，得两国之众，以攻智伯之国，禽其身，以成襄子之功。今秦地断长续短，方数千里，名师数百万。秦国号令赏罚，地形利害，天下莫如也。以此与天下，天下可兼而有也。"

注解

①淇谷：位于现在的河南淇县。

②洹水：河名，在商代朝歌附近，今位于河南安阳、鹤壁一带。

③错龟、数策：均为占卜之术。

④张孟谈：襄王的臣子。

译文

"我又听人说：'战战兢兢，日慎一日。假如谨慎得法，可以占有全天下。'怎么知道是这样呢？古代殷纣王做天子，率领天下百万大军，左边的军队还在淇谷饮马，右边军队已到洹水喝水了，竟把淇水和洹水都喝干了。殷纣王是用这么雄壮庞大的大军跟周武王作战，可是武王只率领了3000名穿着简单盔甲的战士，仅仅经过一天战斗就打败了纣王之军，俘虏了殷的全部臣民，拥有了殷的全部的土地，天下竟没有一个人同情纣王。以前智伯率领韩、赵、魏三国的兵众，前往晋阳去攻打赵襄子，智伯掘出晋水河采取水攻，经过三年之久的攻打，当晋阳城快被攻下时，赵襄子用乌龟进行占卜，看看自己国家命运的吉凶，预测双方到底谁败降。赵襄子又使用反间计，派赵国大臣张孟谈，悄悄出城，破坏韩、魏与智伯的盟约，结果争取到韩魏两国的合作，然后合力来攻打智伯，终于大败智伯的军队，俘虏了智伯本人，张孟谈于是成为赵襄子的一大功臣。如今秦国的号令严明赏罚分明，再加上地形的优势，天下诸侯没有能比得上的。如果凭这种优势，而与天下诸侯争胜，整个天下就可以被秦征服。"

原文

"臣昧死望见大王，言所以即举天下之从，举赵亡韩，臣荆、魏，亲齐、燕，以成伯王之名，朝四邻诸侯之道。大王试听其说，一举而天下之从不破，赵不举，韩不亡，荆、魏不臣，齐、燕不亲，伯王之名不成，四邻诸侯不朝，大王斩臣以徇[①]于国，以主为谋不忠者。"

注解

①徇：通"殉"。

译文

"臣冒死罪，希望见到大王，谈论秦国的战略以及怎样能够破坏天下的合纵战略及其力量，灭赵亡韩，迫使楚、魏称臣，联合齐、燕加盟，建立霸王之业，让天下诸侯都来朝贡。请大王姑且采用我的策略，假如不能一举而瓦解天下合纵，攻不下赵，灭不了韩，魏、楚不称臣，齐、燕不加盟，霸王之业不能建立，天下诸侯不来朝贡，那就请大王砍下我的头，在全国各地轮流示众，以惩戒那些为君主谋划而不尽忠的臣子。"

评析

"世有非常之人，才有非常之功"，诸如苏秦、张仪这样的人都是草民出身，但在贵为一国之主的君主面前没有一丝的畏惧和委琐，他们心中的自信和心灵力量让我们想起来也是万分折服的。

楚攻魏张仪谓秦王

原文

楚攻魏。张仪谓秦王曰:“不如与魏以劲之①,魏战胜,复听于秦,必入西河之外;不胜,魏不能守,王必取之。”

王用仪言,取皮氏卒万人,车百乘,以与魏。犀首战胜威王,魏兵罢弊②,恐畏③秦,果献西河之外。

注解

①与:帮助。劲:加强。

②罢弊:疲困。罢:同“疲”。

③恐畏:惧怕。

译文

楚国攻打魏国。张仪对秦王说:“大王不如加入魏国阵营以强化魏国的势力,假如魏国能取胜,从此就会更加听命于秦,一定会送来西河之外的土地;假如魏国不能取胜,那魏国就不能守住边塞,到那时大王就可以发兵攻占。”

于是秦王就采纳张仪的计策,调派皮氏之军一万人,战车一百辆,交给魏国。魏将犀首战胜楚威王的军队,但魏军已是疲惫不堪,他们害怕秦军乘机来攻城,果然把西河之外的地方献给了秦国。

评析

说服他人的根本还在于打消对方的各种疑虑。要将事情的各种可能性都讲出来,如果各种可能性都是有利于你的观点的,那么对方就不得不对你心悦诚服。

陈轸去楚之秦

原文

陈轸去楚之秦。张仪谓秦王[①]曰:“陈轸为王臣,常以国情输楚,仪不能与从事,愿王逐之。即复之楚,愿王杀之。”王曰:“轸安敢之楚也?”

注解

①秦王:秦惠王。

译文

陈轸离开楚国来到秦国。张仪对秦王说:“陈轸是您的大臣,常常把秦国的机密透露给楚国,我不能和这样的人共事,请大王驱逐他。如果他再想到楚国,请大王杀了他。”秦王说:“陈轸怎么敢再回楚国呢?”

原文

王召陈轸告之曰:“吾能听子言,子欲何之?请为子车约[①]。”对曰:“臣愿之楚。”王曰:“仪以子为之楚,吾又自知子之楚,子非楚且安之也?”轸曰:“臣出,必故之楚,以顺王与仪之策,而明臣之楚与不[②]也。楚人有两妻者,人诽其长者[③],长者詈之;诽其少者,少者许之。居无几何,有两妻者死。客谓诽者曰:‘汝取长者乎?少者乎?’曰:‘取长者。’客曰:‘长者詈汝,少者和汝,汝何为

取长者？'曰：'居彼人之所，则欲其许我也。今为我妻，则欲其为我詈人也[4]。'今楚王明主也，而昭阳[5]贤相也。轸为人臣，而常以国情输楚王[6]，王必不留臣，昭阳将不与臣从事矣。以此明臣之楚与不。"

注解

①车约：当作"约车"。约，准备。

②不：即"否"字，下同。

③誂(tiáo)：同"挑"，挑逗，引诱。

④欲其为我詈(lí)人：言欲其忠于己。詈，骂。

⑤昭阳：楚怀王柱国(军政首脑)。

⑥楚王：楚怀王。

译文

秦王召见陈轸，对他说："我能听你说说，你想前往何处？请让我为你准备好车马。"陈轸说："我想回到楚国。"秦王说："张仪认为你想到楚国，我也知道你要到楚国去，除了楚国，你还能到哪里去呢？"陈轸说："我离秦必然故意到楚国去，以顺从大王和张仪的想法，这样来证明我是否倾向楚国。楚国有个人娶了两个妻子，有人调戏那个年龄较大的，受到责骂；调戏那个年龄较小的，她就答应了。过了不久，有两个妻子的那个人死了。旁人对调戏的人说：'你娶年龄大的还是年龄小的？'调戏的人答道：'娶年龄大的。'旁人说：'年龄大的骂你，年龄小的顺着你，你为什么还要娶年龄大的呢？'他回答：'在别人那里，就愿意她答应我的要求；现在做我的妻子，就愿意她为我去骂别人。'现在楚王是一个明智的君主，昭阳是贤明的丞相。我作为秦国的臣子，如果常把本国的情况泄露给楚国，楚王必然不会留下我，昭阳也就不会和我合作共事了。我将用这样的行动来证明我是否倾向楚国。"

原文

轸出，张仪入，问王曰："陈轸果安之？"王曰："夫轸天下之辩士也。孰视[1]寡人曰：'轸必之楚。'寡人遂无奈何也。寡人因问曰：'子必之楚也，则仪之言果信矣。'轸曰：'非独仪之言也，行道之人皆知之。昔者，子胥忠其君，天下皆欲以为臣；孝己爱其亲，天下皆欲以为子。故卖仆妾不出里巷而取者，良仆妾也；出妇嫁于乡里者，善妇也。臣不忠于王，楚何以轸为？忠尚见弃，臣不之楚而何之乎？'"王以为然，遂善待之。

注解

①孰视：仔细地看。

译文

陈轸出去，张仪进来，问秦王说："陈轸究竟会到哪里去？"秦王说："陈轸是天下最能言善辩的人。他注视着寡人说：'我定会到楚国去。'我对他就是没有办法。我就问他道：'你一定要到楚国去，那么张仪的话果然说对了。'陈轸说：'不仅仅张仪这么说，路上的行人都知道会这样。从前，伍子胥对他的君主尽忠，天下都想让他做自己的臣子；孝己爱他的父亲，天下都想让他做自己的儿子。所以卖奴仆不离开里巷就卖掉的，这是好奴仆啊；被弃的妇人嫁到本乡本土的，定是好妇人啊。如果我对大王不忠心，楚国又怎么会让我做他的臣子呢？忠心尚且被抛弃，我不到楚国，又能到哪里去呢？'"秦王认为他说得对，就好好对待他。

评析

陈轸的辩解让人忍俊不禁，看来他对男人的自私有着深刻的理解。希望他人的妻子风流放荡，但却一定要叫自己的妻子严守本分。这就是以不同的标准来对待女人，对女人来说当然不公平。人性就是这样，自私自利使人对人对物的取舍标准永远是是否符合自己的利益。

秦策二

齐助楚攻秦

原文

齐助楚攻秦，取曲沃[1]。其后秦欲伐齐，齐、楚之交善[2]，惠王患之，谓张仪曰："吾欲伐齐，齐、楚方欢，子为寡人虑之奈何？"张仪曰："王其[3]为臣约车并币，臣请试之。"

注解

①曲沃：地名，此时为秦地，位于今天的河南陕县境内。

②交善：相交亲密友好。

③其：委婉的语气词。

译文

齐国帮助楚国进攻秦国，攻下了曲沃（秦地）。后来秦想要报仇进攻齐国。可是由于齐、楚是友好国家，秦惠王为此甚感忧虑，于是秦惠王就对张仪说："寡人想要发兵攻齐，无奈齐、楚两国关系正密切，请贤卿为寡人考虑一下怎么办才好？"张仪说："请大王为臣准备车马和金钱，让臣去南方游说楚王试试看！"

原文

张仪南见楚王曰："弊邑之王所说[1]甚者无大[2]大王，唯仪之所甚愿为臣者亦无大大王；弊邑之王所甚憎者亦无先齐王，唯仪之甚憎者亦无大齐王。今齐王之罪，其于弊邑之王甚厚，弊邑欲伐之，而大国与之欢，是以弊邑之王不得事令，而仪不得为臣也。大王苟能闭关绝齐，臣请使秦王献商、於之地，方六百里。若此，齐必弱，齐弱则必为王役矣，则是北弱齐，西德于秦，而私商、於之地以为利也，则此一计而三利俱至。"

注解

①说：通"悦"，喜悦、喜爱之意。

②大：大于，超过。

译文

于是张仪去南方楚国见楚怀王说："敝国国王最敬重的人莫过于大王了，我做臣子，也莫过于希望给大王你做臣子；敝国所最痛恨的君主莫过于齐国，而臣张仪最不愿侍奉的君主莫过于齐王。现在齐国罪恶，对秦王来说是最严重的，因此秦国才准备发兵征讨齐国，无奈贵国跟齐国缔结有军事攻守同盟，以致使秦王无法好好侍奉大王，同时也不能使臣张仪做大王的忠臣。但是如果大王能关起国门跟齐断绝交邦，让臣劝秦王献上方圆600里商、於土地。如此一来，齐就丧失了后援，而必定走向衰弱；齐走向衰弱以后，就必然听从大王号令。由此看来，大王如果能这样做，楚国不但在北面削弱了齐国的势力，而又在西南对秦国施有恩惠，同时更获得了商、於600里的土地，这真是一举三得的上策。"

原文

楚王大说[1]，宣言之于朝廷，曰："不谷得商、於之田，方六百里。"群臣闻见者毕贺，陈轸后见，独不贺。楚王曰："不谷不烦一

兵,不伤一人,而得商、於之地,六百里,寡人自以为智矣,诸士大夫皆贺,子独不贺,何也?”陈轸对曰:“臣见商於之地不可得,而患必至也,故不敢妄贺。”王曰:“何也?”对曰:“夫秦所以重王者,以王有齐也。今地未可得,而齐先绝,是楚孤也,秦又何重孤国?且先出地绝齐,秦计必弗为也;先绝齐后责[②]地,且必受欺于张仪。受欺于

张仪,王必惋之。是西生秦患,北绝齐交,则两国兵必至矣。”楚王不听,曰:“吾事善矣,子其弭口[③]无言,以待吾事。”楚王使人绝齐,使者未来,又重绝之。

注解

①说:通“悦”。

②责:通“债”,要债,索取。

③弭口:闭上嘴巴。

译文

楚怀王一听,非常高兴,就赶紧在朝廷宣布:“寡人已经从秦国得到商、於600里肥沃的土地!”群臣听了怀王的宣布,都一致向怀王道贺,唯独客卿陈轸最后晋见,而且根本不向怀王道贺。这时怀王就很诧异地问:“寡人不发一卒,而且没有伤亡一名将士,就得到商、於600里土地,寡人认为这是一次外交上的重大胜利,朝中文武百官都向寡人道贺,偏只有贤卿一人不道贺,这是为什么?”陈轸回答说:“因为我认为,大王不但得不到商、於600里,反而会招来祸患,所以臣才不敢随便向大王道贺。”怀王问:“什么道理呢?”陈轸回答说:“秦王所以重视大王的原因,是因为有齐国这样一个强大盟邦。如今秦国还没把地割给大王，大王就跟齐国断绝邦交，如此就会使楚国陷于孤立状态，秦国又怎会重视一个孤立无援的国家呢？何况如果先让秦国割让土地，楚国再来跟齐断绝邦交，秦国必不肯这样做；要是楚国先跟齐国断交，然后再向秦要求割让土地，那么必然遭到张仪欺骗而得不到土地。受了张仪的欺骗，以后大王必然懊悔万分；结果是西面惹出秦国的祸患，北面切断了齐国的后援，这样秦、齐两国的兵都将进攻楚国。"楚王不听从，说："我的事已经办妥当了，你就闭口，不要再多说，你就等着看寡人的吧！"于是怀王就派使者前往齐国宣布跟齐断绝邦交，还没等第一个绝交使者回来，楚王竟急着第二次派人去与齐国绝交。

原文

张仪反，秦使人使齐，齐、秦之交阴合①。楚因使一将军受地于秦。张仪至，称病不朝。楚王曰："张子以寡人不绝齐乎？"乃使勇士往詈齐王。张仪知楚绝齐也，乃出见使者，曰："从某至某广从②六里。"使者曰："臣闻六百里，不闻六里。"仪曰："仪固以小人，安得六百里？"

注解

①阴合：暗地里结盟。

②广从：宽与长，即方圆之意。

译文

张仪回到秦国之后，秦王就赶紧派使者前往齐国游说，秦齐的盟约暗暗缔结成功。果然不出陈轸所料，当楚国一名将军去秦国接收土地时，张仪为了躲避楚国的索土使臣，竟然装病不上朝。楚怀王说："张仪以为寡人不愿诚心跟齐国断交吗？"于是楚怀王就派了一名勇士前去齐国骂齐王。张仪在证实楚齐确实断交以后，才勉强出来接见楚国的索土使臣，说："敝国赠送贵国的土地，是这里到那里，方圆总共是6里。"楚国使者很惊讶地说："臣只听说是600里，却没有听说是6里。"张仪赶紧郑重其事地巧辩说："我张仪在秦国只不过是一个微不足道的小官，怎么能说有600里呢？"

原文

使者反报楚王,楚王大怒,欲兴师伐秦。陈轸曰:"臣可以言乎?"王曰:"可矣。"轸曰:"伐秦非计也。王不如因而赂之一名都,与之伐齐,是我亡于秦,而取偿于齐也,楚国不尚全乎?王今已绝齐,而责欺于秦,是吾合齐、秦之交也,固必大伤。"楚王不听,遂举兵伐秦。秦与齐合,韩氏从之,楚兵大败于杜陵①。故楚之土壤、士民非②削弱,仅以救亡者,计失于陈轸,过听于张仪。

注解

①杜陵:楚国之地,今位于陕西洵县一带。

②非:在此指不但、不仅。

译文

楚国使节回国报告楚怀王以后,怀王大怒,就准备发兵去攻打秦国。这时陈轸走到楚王面前表示:"现在我可以说话了吗?"怀王说:"可以。"于是陈轸就很激动地说:"楚国发兵去攻打秦国,绝对不是一个好办法。大王实在不如趁此机会,不但不向秦国要求商、於600里土地,反而再送给秦一个大都市,目的是跟秦连兵伐齐,如此或许可以把损失在秦国手里的再从齐国得回来,这不就等于楚国没有损失吗?大王既然已经跟齐国绝交,现在又去责备秦国的失信,岂不是等于在加强秦、齐两国的邦交吗,这样的话,楚国必受大害!"可惜楚怀王仍然没有采纳陈轸的忠谏,而是照原定计划发兵北去攻打秦国。秦、齐两国组成联合阵线,同时韩国也加入了他们的军事同盟,结果楚军被三国联军在杜陵打得惨败。可见,楚国的土地并非不大,而人民也并非比其他诸侯软弱,但是之所以会弄得几乎要亡国的惨境,就是由于怀王没有采纳陈轸的忠实良言,而过于听信张仪诡诈游说的缘故。

评析

张仪这次充当了一次国际骗子，把楚怀王骗得既失去了友邦，又丢失了土地。国与国之争所有的谋略应当坚持国家利益这个大前提，坚持公平和正义。我们不能指责张仪，只能怪楚怀王政治上的幼稚和愚昧。

楚绝齐齐举兵伐楚

原文

楚绝齐，齐举兵伐楚。陈轸谓楚王①曰："王不如以地东解于齐，西讲于秦。"

注解

①楚王：楚怀王。

译文

楚国与齐绝交后，齐发兵攻打楚国。陈轸对楚怀王说："大王实在不如把土地送给东方的齐国求得谅解，然后再跟西方的秦国建立邦交。"

原文

楚王使陈轸之秦。秦王谓轸曰："子秦人也，寡人与子故①也。寡人不佞②，不能亲国事也，故子弃寡人事楚王。今齐、楚相伐，或谓救之便，或谓救之不便，子独不可以忠为子主计，以其余

为寡人乎?"陈轸曰:"王独不闻吴人之游楚者乎?楚王甚爱之,病,故使人问之曰:'诚病乎?意亦思乎?'左右曰:'臣不知其思与不思,诚思则将吴吟③。'今轸将为王'吴吟'。王不闻管与之说乎?有两虎争人而斗者,管庄子④将刺之,管与止之曰:'虎者戾⑤虫;人者甘饵也。今两虎争人而斗,小者必死,大者必伤,子待伤虎而刺之,则是一举而兼两虎也。无刺一虎之劳,而有刺两虎之名。'齐、楚今战,战必败。败,王起兵救之,有救齐之利,而无伐楚之害。计听知覆逆⑥者,唯王可也。计者,事之本也;听者,存亡之机。计失而听过,能有国者寡也。故曰:'计有一二者难悖也,听无失本末者难惑⑦。'"

注解

①故:故交。

②不佞:谦词,不才。

③吴吟:吴歌。

④管庄子:又名卞庄子。

⑤戾:贪暴。

⑥计听知覆逆:计听,听取计谋。覆逆,事情未出现称为"覆",事情已完结称作"逆"。

⑦惑:乱,迷乱。

译文

于是楚怀王派陈轸出使秦国。秦惠王对陈轸说:"贤卿本来就是秦国人,而且是寡人的老臣。可惜由于寡人不能识才,对于处理国家大事又欠周详,以致贤卿离开寡人去给楚王服务。如今齐、楚两国互相攻伐,有的人认为救援有利,有的人认为不救援有利。贤卿为何不在为楚国效忠之余,也为我出一点主意呢?"陈轸说:"大王难道没听说过吴国人到楚国去做官的故事吗?楚王很喜欢这位客卿,可是某次这位客卿生了病,楚王就派人去问候说:'是真生病吗,还是思念吴国呢?'左右侍臣回答说:'不知道他是否怀乡,假如真是怀乡的话,那他就要唱吴歌了。'现在我就准备为大王唱'吴歌'。不知大王有没有听说管与的故事？这个故事是说有两只老虎，因为争吃人肉而打斗起来，管庄子准备去刺杀这两只虎，可是管与赶忙来制止说：'老虎是贪狠的大虫，人肉是它的最香甜的食物。现在两只老虎为争吃人肉而打斗，小虎必然因斗败而死，大虎也必然因苦斗而伤，你就等着去刺杀那只受伤的大虎吧！这是一举而杀两虎的妙计，不用费杀死一只老虎的辛苦，实际上却能兼得刺杀两只虎的英名。'如今齐、楚两国既然正在苦战，战则双方必有伤亡，那时大王再度救援，既能获得救齐的好处，而又没有伐楚的危险与害处。是否听从我的计谋，预知事情的反复逆顺，那就全看大王自己定夺了。计谋是做事的根本，听从良计是国家存亡的关键。计谋错了，或听从错计，而能保住国家的君王很少。所以说：'计谋要再三反复思虑才不会错误，听从必然事物、本末兼顾才不会迷惑。'"

评析

陈轸用两个故事形象、直接地说明了事理。第一个故事说明了他自己的处境，意蕴深厚，颇耐人寻味。第二个故事说明了秦国可以等到两败俱伤时坐收渔利，直观明白，最具有信服力。在说话、演说时我们要切记多讲一些故事、寓言，将一些深奥的道理直白化，让受众更易于理解，对一些复杂的不能直说的隐情也可以用故事来暗喻。

医扁鹊见秦武王

原文

医扁鹊见秦武王[①]，武王示之病，扁鹊请除。左右曰："君之病在耳之前，目之下，除之未必已也，将使耳不聪，目不明。"君以告扁鹊。扁鹊怒而投其石[②]曰："君与知者[③]谋之，而与不知者[④]败之。使此知秦国之政也，则君一举而亡国矣。"

注解

①扁鹊:姓秦名越人,春秋战国间的名医。秦武王:秦惠王子,名荡。

②石:针石,治病的工具。

③知者:指懂得医术的扁鹊。

④不知者:指秦王身边不懂医术的人。

译文

医生扁鹊拜见秦武王,武王谈了自己的病情,扁鹊愿意给他治病。武王身边的人说:“大王的病,在耳朵的前面,眼睛的下面。治疗它未必能治好,将让听力受损,视力模糊。”武王告诉扁鹊。扁鹊生气地丢掉用来治病的针石,说:“您向懂得病情的人求教,而让不懂得病情的人从中破坏。要是秦国的政治也如此,那么您将会一下就亡国了。”

评析

医人和医国虽然不同,但在听取专家意见,不胡乱采纳纷扰的意见上是一致的。我们行事施政时最忌讳不能果断决策,而果断决策的前提就是要听取最合理的各种建议,如果有正确的、有针对性的建议,那么我们决策起来就比较容易。最可怕的是乱听建议,听一些专业不对口、对问题知之不详的人的胡说八道,那么问题是得不到解决的。

甘茂亡秦且之齐

原文

甘茂亡秦，且之齐，出关遇苏子[1]，曰："君闻夫江上之处女[2]乎？"苏子曰："不闻。"曰："夫江上之处女，有家贫而无烛者，处女相与语，欲去之。"

注解

①苏子：苏代。

②处女：未出嫁的女子。

译文

甘茂离开秦国逃往齐国，当他走出函谷关时，遇见了苏代，他对苏代说："请问先生知不知道江上摆船少女的故事？"苏代回答说："没听说过。"甘茂说："所谓'江上处女'就是一群长江之畔的少女，她们平日自命清高，而不肯跟出身贫贱的凡人接触。这时有个家里穷到没蜡烛点的少女，也由于某种关系而跟她们生活在一起。不久少女们就决定把她赶走。"

原文

"家贫无烛者将去矣，谓处女曰：'妾以无烛，故常先至，扫室布席，何爱余明之照四壁者？幸以赐妾，何妨于处女？妾自以有益于处女，何为去[1]我？'处女相语以为然而留之。"

注解

①去：赶走。

译文

“当时这个家里穷到没蜡烛点的少女对她们说：‘就因为我家里穷到没蜡烛，所以我才来给你们打扫房间，并且为你们铺席子、叠被褥，你们为什么要吝啬那照在四壁上的一点点蜡烛余光，而一起决定要把我赶出去呢？我住在这里对各位不但没妨碍，反而有很多帮助，你们为什么要把我赶出去呢？’少女们经过一番商议，都觉得这个贫家少女说得很有道理，于是就又把她留下来。”

原文

“今臣不肖①，弃逐于秦而出关，愿为足下扫室布席，幸无我逐也。”苏子曰：“善。请重公于齐。”

注解

①不肖：指没有才能。

译文

“如今臣实在很无能，所以才遭受秦的遗弃而出关，我宁愿为先生打扫房间铺席子，希望先生不要赶我走。”苏代说：“好的！请允许我让齐国来重用阁下吧。”

原文

乃西说秦王曰:"甘茂,贤人,非恒士①也。其居秦累世重矣,自殽塞、谿谷,地形险易尽知之。彼若以齐约韩、魏,反以谋秦,是非秦之利也。"秦王曰:"然则奈何?"苏代曰:"不如重其贽②,厚其禄以迎之。彼来则置之槐谷,终身勿出,天下何从图③秦?"秦王曰:"善。"与之上卿,以相迎之齐。

注解

①恒士:普通人。

②贽:古代拜见尊长时的礼物。

③图:图谋。

译文

于是苏代就西去秦国见秦王说:"甘茂是一位贤才,他绝对不是一个平庸之辈,所以秦历代先王都极重用他。从崤关和谿谷等要塞起,所有的战略地形他都了如指掌。他如促使齐去联合韩、魏,反过来再率兵攻打秦国,那就对秦国很不利了!"秦王说:"那可怎么办呢?"苏代说:"最好是用贵重的礼物和优厚的俸禄,派使者请甘茂回来。把他安顿在槐谷,一辈子不让他出来,天下人还能从什么地方算计秦国呢?"秦王说:"好!"于是秦王就赐给甘茂上卿的官爵,拿相印到齐国去迎接他。

原文

甘茂辞不往,苏代伪谓齐王曰:"甘茂,贤人也。今秦与之上卿,以相迎之,茂德王之赐,故不往,愿为王臣。今王何以礼之?王若不留,必不德王。彼以甘茂之贤,得擅用强秦之众,则难图也!"齐王曰:"善。"赐之上卿,命而处之。

译文

可是甘茂却婉言拒绝了秦王的重聘。这时苏代就趁机对齐王说:“甘茂是一位贤能的将才。现在秦王赐他上卿的官职,拿相印迎接他;甘茂感激大王您对他的赏识,所以不愿意离开齐国去秦国,情愿做大王的一名臣子,不知大王准备如何重用他?大王如果不挽留并重用他,那他就必然不再感激大王的恩德。但是大王必须明白一点,凭甘茂的超人才干,再加上他最善于指挥秦兵作战,万一他真的被秦国请回去,那齐国以后就难以抵抗强秦啦!”齐王说:“贤卿的话非常对!”于是齐王就立刻授甘茂上卿的官职,特别加以优待,让他居住在齐国。

评析

苏代很会战略谋划,也善于包装他人,使他人奇货可居,他这种造势、整体策划能力非常高超,值得我们学习。另外苏代威胁秦、齐两国甘茂会来攻打,他这种威胁的话锋也收到了奇效。我们在说话时也不能太过斯文,该露锋芒就该露锋芒,除了利益的诱惑,对未来的恐惧也会使受众听命于你。

秦策三

秦客卿造谓穰侯

原文

秦客卿造[1]谓穰侯[2]曰："秦封君以陶[3]，藉君天下数年矣。攻齐之事成，陶为万乘，长小国[4]，率以朝天子，天下必听，五伯[5]之事也；攻齐不成，陶为邻恤[6]，而莫之据也。故攻齐之于陶也，存亡之机也。

"君欲成之[7]，何不使人谓燕相国曰：圣人不能为时，时至而弗失。舜虽贤，不遇尧也，不得为天子；汤、武虽贤，不当桀、纣不王[8]。故以舜、汤、武之贤，不遭时不得帝王。"

注解

①客卿造：名叫造的客卿。

②穰侯：魏冉。

③陶：秦地名，穰侯的封地，位于今山东定陶的西北方向。

④长小国：领导小国。

⑤五伯：指春秋五霸。伯，指年长的、大的，引申为强大的。

⑥邻恤：被邻国所觊觎。

⑦之：代词，指代攻打齐国之事。

⑧王：称王。

译文

秦国客卿造对秦国相国穰侯魏冉说："自从秦王把陶邑封给您，至今您在秦国已经掌权好几年了。如果你能攻下齐国的话，您的封地陶邑做万乘大国就指日可待了，这样您可以成为小国之长、小国的领袖，诸侯无不俯首听命，这可以同春秋时代的五霸相比啊！如不攻齐，邻国必然对陶邑虎视眈眈，从此永无宁日。所以进攻齐国，这对陶邑来说，是存亡的关键。

"您如果想得到成功，为什么不派人去燕国对燕国相国公孙操说：即使是品格、智慧最高超的圣人，他也不能创造时势，时机来了就不能把它放过。虞舜虽贤，如果不遇到唐尧，他也不会成为天子；商汤、周武王虽贤，如果不是遇到昏君夏桀和商纣，他们也不会称王于天下。"

原文

"令①攻齐，此君之大时也已。因②天下之力，伐雠国③之齐，报惠王之耻，成昭王之功，除万世之害，此燕之长利，而君之大名也。《书》云：树德莫如滋，除害莫如尽。吴不亡越，越故亡吴④；齐不亡燕，燕故亡齐⑤。齐亡于燕，吴亡于越，此除疾不尽也。以非此时也，成君之功，除君之害，秦卒有他事而从齐，齐、赵合，其雠君必深矣。"

注解

①令:如果,假设。

②因:凭借。

③雠国:敌国。

④吴不亡越,越故亡吴:指当年吴王夫差战胜越国,吴王没有杀了越王勾践,后来吴王为越王勾践所杀,并灭国。

⑤齐不亡燕,燕故亡齐:齐国击败燕国,30年后齐国又被燕王攻破。

译文

“现在进攻齐国,这是您的大好时机啊。凭借诸侯的力量,讨伐齐国,报复惠王的耻辱,完成昭王的功业,铲除万世的祸害,这是燕国的长远利益,也是您个人的好声誉。《尚书》上说:做好事越多越好,除祸害越彻底越好。吴国没有灭亡越国,越国反而灭亡了吴国;齐国没有灭亡燕国,燕国反而控制了齐国。齐国被燕国控制,吴国被越国灭亡,这都是因为铲除祸根不彻底的缘故。不在这个时候成就您的功名,铲除您的祸害,那么一旦秦国突然发生变故,而与齐国联合,齐、赵两国又联合起来,他们就会更加仇恨您了。”

原文

“挟君之雠以诛[①]于燕,后虽悔之,不可得也已。君悉燕兵而疾攻之,天下之从君也,若报父子之仇。诚能亡齐,封君于河南[②],为万乘,达途于中国,南与陶为邻,世世无患。愿君之专志于攻齐,而无他虑也。”

注解

①诛：在此指讨伐。

②河南：黄河以南。河，特指黄河。

译文

“如果让秦国携同齐国来讨伐燕国，到那时，就后悔莫及了。如果您动员燕国所有的兵力去消灭齐国，诸侯一定像报父子之仇一样来响应您。如果真能消灭齐国，把黄河以南的土地封给您，您将等同于拥有万辆兵车的大国，身居中原，四通八达，南面和陶邑为邻，世世代代没有忧患。希望您专心进攻齐国，不要有别的想法。”

评析

要想强大，必须要拥有他人的力量和资源，人与人之间如此，国家之间也如此。所以客卿造认为魏冉只有攻下齐国才能使陶邑强大称霸。而对付敌国，一定要寻找盟友，从盟友的自身利益出发，说服他加盟，如此就有了攻克敌国的胜算。

范子因王稽入秦

原文

范子[①]因王稽入秦，献书昭王曰：“臣闻明主莅正[②]，有功者不得不赏，有能者不得不官；劳大者其禄厚，功多者其爵尊，能治众者其官大。故不能者不敢当其职焉，能者亦不得蔽隐。使以臣之言为可，则行而益利其道；若将弗[③]行，则久留臣无为也。”

注解

①范子:指魏国人范雎。

②正:通"政",执政。

③弗:不。

译文

范雎通过王稽到了秦国,他首先上了一篇奏章给秦昭王说:"我听说,一个贤明君主当朝秉政,对有功劳的臣子一定要奖赏,对有才干的臣子一定让他担任重要官职;有能力的臣子俸禄优厚,功劳多的臣子爵位尊贵;对能治理人民的官吏要提拔他们担任重要官职,对不能治理人民的官吏,就不应给他们重要官职。而有才能的官吏,更不可以埋没他们。假如大王认为臣所说的话有道理,大王就可以按照臣所说的去做,并请让这种主张顺利推行;假如不按照臣所说的实行,那臣久留在秦国也无用。"

原文

"语曰:'人主赏所爱,而罚所恶。明主则不然,赏必加于有功,刑必断于有罪。'今臣之胸不足以当椹质①,要不足以待斧钺,岂敢以疑事尝试于王乎?虽以臣为贱而轻辱臣,独不重任臣者后无反覆于王前耶!"

注解

①椹质:古代杀人时用的垫板。

译文

“常言道：‘一般的君主赏他所喜欢的人，而罚他所讨厌的人。贤明的君主就不是如此，奖赏必然给有功劳的人，刑罚必然给有罪的人。’现在臣的胸膛挡不住钢刀，而腰部也抵挡不住斧头，哪里又敢用不切实的建议来困惑大王呢？大王虽然认为臣出身卑贱，而看不起臣，难道还不重视推荐我的人，他以后不会在大王面前又有反复吧？”

原文

“臣闻周有砥厄，宋有结绿，梁有悬黎，楚有和璞[①]。此四宝者，工之所失也，而为天下名器。然则圣王之所弃者，独不足以厚国家乎？”

注解

①砥厄、结绿、悬黎、和璞：这里皆指闻名当世的玉器。

译文

“臣听说周室有块美玉名叫砥厄，宋有块美玉名叫结绿，梁有块美玉名叫悬黎，楚有块美玉名叫和氏璧。这四种天下奇宝，最初石工都不能鉴别出来，到后来经过很多波折才成为天下的名器。既然这样，那么圣王所遗弃的人难道就不能使国家富强吗？”

原文

“臣闻善厚家者，取之于国；善厚国者，取之于诸侯。天下有明主，则诸侯不得擅厚矣。是何故也？为其凋荣[①]也。良医知病

人之死生,圣主明于成败之事,利则行之,害则舍之,疑则少尝之,虽尧、舜、禹、汤复生,弗能改已!"

注解

①凋荣:指植物荣枯。

译文

"臣听说善于治家的人,都是从国家得到好处;善于治国的人,都是向诸侯招揽人才。假如天下有贤明天子,诸侯就不能随便肥己了。这是什么道理呢?这就像花草树木的循环荣枯一般。一个好的医生能预知病人的生死,一个贤明的君主能预见事情的成败;有利益的就去实行,有害处就先舍弃,有疑惑的地方就稍加尝试。即使唐尧、虞舜、夏禹、商汤复活,可能也无法改变这个法度!"

原文

"语之至者,臣不敢载之于书;其浅者又不足听也。意者,臣愚而不阖①于王心耶!抑其言臣者,将贱而不足听耶!非若是也,则臣之志,愿少赐游观之间,望见足下而入之。"

注解

①阖:通"合",合乎。

译文

"语言中的至理名言,臣不敢把它们写在信上;而粗浅的话又不足以供大王一听。或者因为臣愚昧无知,大王才不把臣的话放在心上?或许是推荐臣的人出身卑贱,大王就认为他们的话不可信吧?假如不是因为这些,那就请大王稍微给臣一点时间,恩准臣来拜见陛下!"

原文

书上，秦王说之，因谢王稽说，使人持车召之。

译文

范雎的奏章送给昭襄王以后，昭襄王看了非常高兴，并向王稽表示谢意，然后派车去请范雎。

评析

人一生其实只有一项工作，那就是推销自己。每个人的生存都需要大量的物质和精神资源，你要得到资源，就要与对方进行交易——销售自己的资源，换来自己想要的资源。范雎向秦昭王写的自荐信，先谈论治国的一般道理，再谈人才对国家的重要性，最后在说明自己是真心献计的同时，委婉地要求见面。范雎以他简略而委婉的说辞很容易就达到了这个目的。只要见到了秦王，那么更详细更富有智慧的谋划一定会使秦王折服，会使自己的抱负和愿望得到实现。

范雎至秦

原文

范雎①至，秦王②庭迎，谓范雎曰："寡人宜以身受令久矣，今者义渠③之事急，寡人日自请太后。今义渠之事已，寡人乃得以身受命。躬窃闵然不敏，敬执宾主之礼。"范雎辞让。

注解

①范雎(jū):战国时魏人,字叔,著名辩士,因得罪魏相魏齐,受笞几乎死去,后被郑安平所救,改名张禄,由秦国使者谒者令王稽秘密带入秦国,后封应侯。

②秦王:指秦昭王,名稷,公元前306—公元前251年在位。

③义渠:羌族所建立的小国。

译文

范雎来到秦国,秦王在宫殿前的庭院里迎接他。秦王对他说:"我早就该亲自聆听你的教诲了,现在恰好碰上要处理义渠的问题,我每天都得向太后请示。现在义渠的事已经办完,我这才有机会亲自接受你的教导。我深感自己行动迟缓,没有及时接见,请让我现在恭行宾主之礼吧!"范雎表示谦让。

原文

是日见范雎,见者无不变色易容者。秦王屏左右,宫中虚无人。秦王跪①而请曰:"先生何以幸教寡人?"范雎曰:"唯唯。"有问,秦王复请。范雎曰:"唯唯。"若是者三。

注解

①跪:古人席地而坐,坐时臀部压在脚跟上。跪是谈话时为了表示敬意,抬起臀部,挺直大腿。

译文

这天在场见此情景的人，脸上无不表现出感动的神情。秦王让身旁的人退下，宫中已没有旁人。秦王挺直腰腿，诚恳地向范雎请教说："先生将会怎样荣幸地来指教我呢？"范雎只是"是是"这样子回答了两声。片刻之后，秦王又一次请求赐教，范雎又说"是是"。一连好几次都是这个样子。

原文

秦王跽[①]曰："先生不幸教寡人乎？"范雎谢曰："非敢然也。臣闻始时吕尚之遇文王也[②]，身为渔父，而钓于渭阳之滨耳，若是者交疏也。已一说而立为太师，载与俱归者，其言深也。故文王果收功于吕尚，卒擅天下，而身立为帝王。即使文王疏吕望而弗与深言，是周无天子之德，而文、武无与成其王也。今臣羁旅之臣也，交疏于王，而所愿陈者皆匡君之事，处人骨肉之间，愿以陈臣之陋忠，而未知王心也，所以王三问而不对者是也。"

注解

①跽(jì)：与跪相似，也是席地而坐，但是臀部不再坐在脚上，上身直立。

②吕尚之遇文王也：吕尚，姜太公，姜子牙。文王，周文王。姜子牙曾辅佐周文王伐纣，后辅佐文王之子武王伐商建立周朝。

译文

秦昭王又上身直立更加恭敬地恳请道："先生您难道不想赐教于我了吗？"范雎拜谢说："我并不敢如此。我曾听闻姜太公吕尚遇到周文王之前，只是一个渔夫而已，当时他只是在渭河边垂钓而已，这两个人交情是如此疏浅。后来吕尚一向文王进言就被封立为太师，与周文王一起乘车归去，这是因为吕尚的话已经深为文王认可。因此周文王果真因为重用了吕尚而立下了功业，最终统领天下，自己也成了天下的帝王。假若让文王疏离吕尚，吕尚也不会向他进言，这样周朝也不会有天子的圣德了，周文王、周武王也成不了帝王之业。如今我仅仅是一个客居秦国的人而已，与大王交情十分疏浅，但是我想要说的又都是匡正秦王您的朝廷政务的事。我处于秦王您与您的骨肉至亲之间，我原本打算言述我的愚笨的忠诚，但是又不清楚大王的想法怎样，因此秦王您问了我好几次我都不能回答。”

原文

“臣非有所畏而不敢言也，知今日言之于前，而明日伏诛于后。然臣弗敢畏也。大王信行臣之言，死不足以为臣患，亡不足以为臣忧，漆身而为厉，被发而为狂，不足以为臣耻。五帝①之圣而死，三王②之仁而死，五伯③之贤而死，乌获④之力而死，贲、育⑤之勇焉而死。死者，人之所必不免也，处必然之势。可以少有补于秦，此臣之所大愿也，臣何患乎？”

注解

①五帝：指中国历史上早期非常贤明的五位帝王，分别是黄帝、颛顼、帝喾、尧、舜。

②三王：战国之前的三个朝代（夏、商、周）贤明的帝王，即夏禹、商汤、周文王。

③五伯：春秋时期的五位霸主。

④乌获：秦武王时期非常有名的大力士。

⑤贲、育：非常骁勇的两位勇士，即孟贲和夏育。

译文

“我并非有些害怕才不敢向您进言的，我很清楚我今天在大王您面前进言，也许明日就会被诛杀。但是我并不害怕被诛杀，只要大王您能听信并按照我所说的去做，即使是死我也不会害怕；即使是流放逃亡我也不会忧心；即使满身都长了癞子，成了披头散发的疯子，我也不会觉得耻辱。即使是三皇、五帝、五霸这样的圣贤之人也终究会死亡;即使乌获这样富有力量的人,像孟贲、夏育这样勇敢的人也终究会死亡。死,是每个人都无法避免的,是无法更改的必然趋势。能够稍稍对秦国有所增益,这是我最大的愿望,我还担心什么呢?”

原文

“伍子胥橐载而出昭关,夜行而昼伏,至于菱水①,无以饵其口,坐行蒲服,乞食于吴市,卒兴吴国,阖庐②为霸。使臣得进谋如伍子胥,加之以幽囚,终身不复见,是臣说之行也,臣何忧乎?箕子、接舆③漆身而为厉,被发而为狂,无益于殷、楚。使臣得同行于箕子、接舆,漆身可以补所贤之主,是臣之大荣也,臣又何耻乎?臣之所恐者,独恐臣死之后,天下见臣尽忠而身蹶也,是以杜口裹足莫肯即秦耳。足下上畏太后之严,下惑奸臣之态,居深宫之中,不离保傅之手;终身暗惑,无与照奸,大者宗庙灭覆,小者身以孤危。此臣之所恐耳。若夫穷辱之事、死亡之患,臣弗敢畏也。臣而秦治,贤于生也。”

注解

①菱(líng)水:溧水,源出安徽芜湖,经江苏入太湖。

②阖庐:吴国君主,春秋末年在伍子胥的帮助下复兴了吴国。

③箕子、接舆:是指两位狂人。箕子,商纣王的叔父,因不满纣王的昏庸无道而假装癫狂;接舆,楚国人,也因对当时的政治不满而佯装癫狂。

译文

“忠义之臣伍子胥是躲在袋子里被人用车拉出昭关逃离出国的,他晚上的时候行路,白天的时候躲起来,到了菱水,就没有什么吃的了,他双膝跪地爬行,在吴市乞讨,最终吴国得以复兴,帮助吴王阖庐建立了霸主之业。如果能让我像伍子胥一样进谏,即使被囚禁起来,到死都不能再见到大王,只要我的谋略能够得以实行,我又有什么可担心的呢?当初纣王的叔叔箕子,楚国的接舆,漆身为癞，披散着头发佯装为癫狂，却始终不能对殷、楚有所裨益。即使让我遭受箕子、接舆的漆身为癞之苦，只要能够对您有所裨益，这就将是我最为荣耀的事情，我又有何羞耻啊？我所忧患的只是，恐怕在我死之后，天下之人看着我因为向大王尽忠而身死，以至于天下之人都闭口裹足不愿来秦国。大王您对上害怕太后的威严，对下又被奸诈臣子的谄媚之态所迷惑，居住在幽深的宫中，不能独立，脱离太保太傅之手，一生都糊糊涂涂，不能分辨奸邪。从大处来说将会使得国家社稷覆灭，从小处来说将会使您自己孤立、危险。这是我最为担心的。而我自身的穷困、耻辱，死与逃亡，这些我都不会畏惧。如果我死了但是秦国得到了很好的整治，这比让我活着更有意义。”

原文

秦王跽曰：“先生是何言也！夫秦国僻远，寡人愚不肖，先生乃幸至此，此天以寡人慁[1]先生，而存先王之庙也。寡人得受命于先生，此天所以幸先王而不弃其孤也，先生奈何而言若此？事无大小，上及太后，下至大臣，愿先生悉以教寡人，无疑寡人也。”范睢再拜，秦王亦再拜。

注解

①慁：劳烦。

译文

秦王挺直上身跪着说：“先生为何会说出这种话呢？秦国非常偏远，我又比较愚钝缺乏才能，有幸先生您来到秦国，此乃天意让我劳烦先生赐教，以保存先王的功业。我能得到先生您的赐教，这是上天对先王的恩幸，不丢弃我。先生怎么能够这样说呢？从今以后事情无论大小，上至太后，下及大臣，希望先生您都能予以赐教，一定不要对我有什么怀疑。”范睢于是又一次向秦王拜谢致礼，秦王也又一次地回拜。

原文

范雎曰："大王之国，北有甘泉、谷口①，南带泾、渭②，右陇③、蜀，左关阪④；战车千乘，奋击百万。以秦卒之勇，车骑之多，以当诸侯，譬若驰韩卢⑤而逐蹇兔也，霸王之业可致。今反闭关而不敢窥兵于山东者，是穰侯⑥为国谋不忠，而大王之计有所失也。"

注解

①甘泉：山名，在今陕西淳化西北。谷口：地名，当为泾水出山的口子，在今陕西礼泉东北。

②泾、渭：二水名，在今陕西中部。

③陇：陇山，在今陕西陇县西北。

④关阪：函谷关与陇阪。

⑤韩卢：韩国出产的著名猛犬。

⑥穰（ráng）侯：名魏冉，战国时楚国人，秦昭王母宣太后异父弟。昭王年少，宣太后掌权，被任为相，封于穰（今河南邓县），号穰侯。

译文

范雎说："大王的国家北有要塞甘泉、谷口，南有泾、渭两水环绕，西有险峻的陇、蜀山地，东边有险要的函谷关与陇阪；拥有战车千辆，精兵百万。凭着秦兵的勇敢，车马的众多，以这样的实力去对付诸侯，就像是用良犬去追逐跛足的兔子一样，霸王之业真是手到擒来。现在反而闭起关门，不敢向东方诸国用兵，这都怪穰侯没有忠心地为国家出谋划策，而大王的决策也有所失误啊！"

原文

王曰："愿闻所失计。"

雎曰："大王越韩、魏而攻强齐，非计也。少出师则不足以伤

齐,多之则害于秦。臣意王之计,欲少出师而悉韩、魏之兵,则不义矣。今见与国之可亲,越人之国而攻,可乎?疏于计矣!昔者,齐人伐楚[①],战胜,破军杀将,再辟千里,肤寸之地无得者,岂齐不欲地哉,形弗能有也。诸侯见齐之罢露[②],君臣之不亲,举兵而伐之,主辱军破,为天下笑。所以然者,以其伐楚而肥韩、魏也。此所谓藉贼兵而赍[③]盗食者也。王不如远交而近攻,得寸则王之寸,得尺亦王之尺也。今舍此而远攻,不亦缪乎!"……王曰:"善。"

注解

①齐人伐楚:公元前286年,齐灭宋,接着攻占了楚的淮北地区。

②罢(pí)露:人力物力受到消耗。罢:同"疲",疲劳,疲惫。

③赍(jī):把东西送人。

译文

昭王说:"我很想知道究竟错在哪里?"

范雎说:"大王越过韩、魏去攻打强大的齐国,这不是好办法。您派出的军队少了,就不能打败齐国;多派军队,又会对秦国有损。我估计大王想少派军队,而让韩、魏两国投入全部军力,但这是不恰当的。如今片面认为盟国韩、魏可靠,越过它们去攻齐,能行吗?这是谋划不周啊!从前,齐国人去攻打楚国,取得胜利,打败楚军,杀掉楚国将领,再次开拓上千里的土地,但最后齐国却连分寸土地都没有得到,哪里是齐国不想要土地,而是形势不允许啊!诸侯看到齐国军队疲劳,君臣又不团结,于是兴兵攻打齐国,齐王蒙羞,部队瓦解,被天下人所耻笑。之所以会这样,是因为攻打楚国实际上反而壮大了韩、魏的势力。这就是人们常说的把武器借给强盗,把粮食送给小偷啊!我认为大王不如与远方国家结盟而攻打邻近的国家,这样,得寸土就是大王的寸土,得尺地就是大王的尺地,现在不采用这个策略而去攻打远方的国家,不是犯了严重的错误吗?"……昭王说:"你说得对。"

评析

远交近攻，是国家外交和人际关系上常用的手段，因为与近邻的关系错综复杂、利益冲突比较大，也由于对邻国进攻可以收到“得寸则王之寸，得尺亦王之尺”的效果，所以古往今来的国际谋略都确定在远交近攻上，其在人际关系的处理上也有着广泛的运用。范雎对秦国外交战略的调整，使秦国在最后完成霸业过程中起到了决定性的作用。

范雎曰臣居山东

原文

范雎曰：“臣居山东，闻齐之内有田单，不闻其有王；闻秦之有太后、穰侯、泾阳、华阳①，不闻其有王。夫擅国之谓王，能专利害之谓王，制杀生之威之谓王。今太后擅行不顾，穰侯出使不报，泾阳、华阳击断无讳。四贵备而国不危者，未之有也。为此四者，下乃所谓无王已。然则权焉得不倾，而令焉得从王出乎？臣闻善为国者，内固其威，而外重其权。穰侯使者操王之重，决裂诸侯，剖符②于天下，征敌伐国，莫敢不听；战胜攻取，则利归于陶，国弊御于诸侯；战败则怨结于百姓，而祸归社稷。《诗》曰：‘木实繁者披③其枝，披其枝者伤其心，大其都者危其国，尊其臣者卑其主。’淖齿管齐之权，缩闵王之筋，县之庙梁，宿昔而死。李兑用赵，减食主父，百日而饿死。今秦太后、穰侯用事，高陵、泾阳佐之，卒无秦王。此亦淖齿、李兑之类已。臣今见王独立于庙朝矣。且臣将恐后世之有秦国者非王之子孙也。”秦王惧，于是乃废太后，逐穰侯，出高陵，走泾阳于关外。昭王谓范雎曰：“昔者齐公得管仲，时以为仲父，今吾得子，亦以为父。”

注解

①泾阳、华阳:泾阳君、华阳君,分别为秦昭王的弟弟和舅舅。

②符:古代君主下达命令的凭证兵符。

③披:压弯,折断。

译文

范雎说:"臣在山东时,只知道齐有相国田单,不曾听说过有齐王;只听说秦国有太后、穰侯、泾阳君、华阳君,而不晓得有秦王。能手握国政、独断专谋、操生杀大权的,方称得上国君。但如今宣太后专行无忌,穰侯遣使臣不上报,泾阳、华阳只按自己心意判决事务。国家有这四个显贵操纵朝政,不出危险,是不可能的。文武诸臣都屈从于这四人,心中哪里还有大王!如此下去,大权旁落,政令又怎能出自大王之手?臣听说善于治国的君主,一方面在国内加强权威,一方面亲自执掌外交政策。穰侯派出的使者操纵王权,任意和诸侯结盟或断交,擅自对外用兵,征伐敌国,朝野上下,莫敢不从。于是,打了胜仗,战果全归穰侯他们所有,以致国家困弱,受制于诸侯;一旦失利,则令百姓怨声载道,祸害由国家承受。《诗经》上说:'果子多会压损枝条,树枝折了会伤及根本;扩大封君城邑会危及国家安全,过分尊宠大臣会削弱君王权威。'淖齿控制齐政,到头来将闵王吊在庙堂大梁上面,使闵王一夜之间横遭惨死。李兑执掌赵国,围困赵武灵王,只一百天工夫,便将他活活饿死。当今秦国,太后、穰侯呼风唤雨,高陵、泾阳推波助澜,没有臣民知道上有大王。这些都是淖齿、李兑一类的人。臣可幸今日尚能看见大王孤立于朝堂,真担心将来秦国主持国政的君王,不再是大王的子孙!"听了这番话,秦昭王不寒而栗,便废太后,逐穰侯,将高陵、泾阳赶出函谷关。他对范雎说:"当年齐桓公得到管仲,把他称为'仲父',寡人今日得到先生,先生也是寡人的'叔父'啊!"

评析

"内固其威、外重其权"是一条颠扑不破的强国之路,适用于古今中外的任何一个政治实体。"尊臣卑主",臣和主的地位颠倒、名实分离,那么就是臣不臣、君不君，纲常崩溃，秩序混乱。一个国家中央集权程度、最高行政权力的集中和权威性对国家强弱有很大的影响，如果君王、首脑被外戚、权臣、下属架空权力，政局被人操纵，那么这个国家定会内忧外患，面临亡国之险。所以果断地铲除那些干扰、分割最高权力的乱臣贼子，不仅是巩固君王和最高权力权威性的举措，也是维护国家尊严、增强国力的必由之路。

天下之士合从相聚于赵

原文

天下之士，合从[①]相聚于赵，而欲攻秦。秦相应侯曰："王勿忧也，请令废[②]之。秦于天下之士非有怨也，相聚而攻秦者，以己欲富贵耳。王见大王之狗，卧者卧，起者起，行者行，止者止，毋[③]相与斗者；投之一骨，轻起相牙者，何则？有争意也。"于是唐且载音乐，予之五十金，居武安[④]，高会相与饮，谓："邯郸人谁来取者？"于是其谋者固未可得予也，其可得与者，与之昆弟[⑤]矣。

注解

①合从：一种军事策略，东西方向的诸侯建立盟约关系为连横，南北方向的诸侯联盟为合纵。从，通"纵"。

②废：破坏。

③毋：不，表示否定。

④武安：赵国地名，位于今河北邯郸西。

⑤昆弟：兄弟，像兄弟一样。

译文

天下之士为了实行合纵聚合在赵国,想要联合起来攻打秦国。秦国丞相应侯范雎说:"大王不要担忧,请让我把他们打散。秦国对于天下之士来说没有什么仇恨,他们聚合在一起打算攻打秦国,无非是因为他们想得到富贵罢了。大王看看您养的那些狗,它们躺的躺,起的起,走的走,站的站,没有互相争斗的;扔给它们一块骨头,它们就会立刻跳起来互相撕咬,为什么呢?因为它们有互相争夺的意图啊。"于是就派唐且带着乐人乐器和五千金,住到了武安。唐且大摆宴席,和天下之士一块饮酒作乐,并声称:"住在邯郸的人谁要是愿意,就来领取黄金吧!"这样,主谋攻秦的人全都不肯收赠金,那些肯收赠金的人都是和秦国友好的。

评析

"人为财死,鸟为食亡",当利益出现时,人的本性就会暴露出来。许多多年友好的朋友,会为眼前的金钱利益而反目成仇;一个安定团结的集体,由于突然出现的利益,定会发生纷争、掀起波澜。所以我们了解他人考验关系,也不妨用用金钱这块试金石。

秦策四

秦王欲见顿弱

原文

秦王欲见顿弱[1]，顿弱曰："臣之义不参拜，王能使臣无拜即可矣，不即[2]不见也。"秦王许之。于是顿子曰："天下有有其实而无其名者，有无其实而有其名者，有无其名又无其实者，王知之乎？"王曰："弗知。"顿子曰："有其实而无其名者，商人是也。无把铫推耨[3]之势，而有积粟之实，此有其实而无其名者也。无其实而有其名者，农夫是也。解冻而耕，暴背而耨，无积粟之实，此无其实而有其名者也。无其名又无其实者，王乃是也。已立为万乘，无孝之名；以千里养，无孝之实。"秦王悖然[4]而怒。

注解

①秦王：嬴政，即后来的秦始皇。顿弱：秦国辩士。

②不即：否则。不，同"否"。

③铫（diào）：古代的大锄。耨（nòu）：古代的锄草工具。

④悖然：生气的样子。

译文

秦王想召见顿弱，顿弱说："我的主张是不作参拜，大王能让我不拜，就可以相见，不然就不必见面。"秦王同意了，于是顿弱说："天下有有其实而无其名的，有无其实而有其名的，有无其名又无其实的，大王知道吗？"秦王说："不知道。"顿弱说："有其实而无其名的就是商人。不需要拿起农具，耕种土地，就有储蓄粮食的实际收益，这就是有其实而无其名的人。无其实而有其名的就是农夫。土地解冻就下田耕种，顶着烈日去锄草，实际上却没有粮食的储蓄，这就是无其实而有其名的人。无其名又无其实的就是大王。立为万乘的君王，却没有孝名，用千里供养，却没有孝的实际。"秦王听了非常生气。

原文

顿弱曰："山东[1]战国有六，威不掩于山东而掩于母[2]，臣窃为大王不取也。"秦王曰："山东之建国可兼与？"顿子曰："韩，天下之咽喉；魏，天下之胸腹。王资臣万金而游，听之韩、魏，入其社稷之臣于秦，即韩、魏从。韩、魏从，而天下可图也。"秦王曰："寡人之国贫，恐不能给也。"顿子曰："天下未尝无事也，非从即横也。横成则秦帝，从成即楚王。秦帝，即以天下恭养；楚王，即王虽有万金，弗得私也。"秦王曰："善。"乃资万金，使东游韩、魏，入其将相。北游于燕、赵而杀李牧[3]。齐王[4]入朝，四国必[5]从，顿子之说也。

注解

①山东:指崤山以东。

②威不掩于山东而掩于母:秦始皇母和嫪毐私通,生二子。始皇九年,诛杀毐三族,迁太后于贡阳宫,杀其二子。此文所说秦王不孝事,均指此。

③李牧:赵国名将。

④齐王:齐王建。

⑤必:通"毕"。

译文

顿弱说:"山东有六个国家,您的威势不能压倒山东,却压倒了自己的母亲,我私下认为大王的行动是不可取的。"秦王说:"山东的几个国家可想法兼并吗?"顿弱说:"韩国是天下的咽喉,魏国是天下的胸腹。大王为我提供万金去活动,让我到韩、魏,使他们的大臣入秦朝见,那么韩、魏就服从了。韩、魏服从,天下也就可设法兼并了。"秦王说:"我的国家贫穷,恐怕不能充分保证。"顿弱说:"天下从来没有安定的时候,不是合纵就是连横。连横成功,则秦国称帝,合纵成功,则楚国称王。秦国称帝,就可以用天下来供养。楚国称王,大王纵有万金也不能享用。"秦王说:"好。"于是提供万金,让他往东到韩、魏活动,使他们的将相入秦朝拜。往北到燕、赵活动,使李牧被杀。齐王入秦朝见,四国都服从秦国,这都是采纳了顿弱意见的结果啊。

评析

游说君主,一定要出奇谋,因为对于君主来说,普通的说话方式及寻常计谋实在是太多太滥了。如果一开始就指责他的过失,反而会引起对方的重视,对方会欣赏你的勇气和胆识,继而倾听建议、计谋。顿弱就采用这种说话方式给秦王来个当头一棒,结果反而使秦王采纳了自己的建议。

顷襄王二十年

原文

顷襄王[1]二十年，秦白起拔楚西陵，或拔鄢郢夷陵，烧先王之墓，王徙东北，保于陈城，楚遂削弱，为秦所轻。于是白起又将兵来伐。

注解

①顷襄王：楚国国君，楚怀王之子。

译文

楚顷襄王二十年，秦将白起攻取了楚国的西陵之地，另一路秦军攻陷鄢、楚国都城郢、夷陵，烧毁了楚国历代先王的陵墓，顷襄王往东北方向迁徙，在陈城这个地方得以栖身保存，楚国于是也日渐衰弱，被秦国看不起。不久，白起又领兵前来讨伐。

原文

楚人有黄歇者，游学博闻，襄王以为辩，故使于秦，说昭王曰："天下莫强于秦楚，今闻大王欲伐楚，此犹两虎相斗，而驽犬受其弊，不如善楚，臣请言其说。臣闻之：'物至而反，冬、夏是也；致至而危，累棋是也。'今大国之地半天下，有二垂[1]，此从生民以来，万乘之地未尝有也。先帝文王、庄王、王之身，三世而不

接地于齐,以绝从亲[2]之要。今王三使盛桥守事于韩,成桥[3]以北入燕。是王不用甲,不伸威,而出百里之地,王可谓能矣。王又举甲兵而攻魏,杜大梁[4]之门,举河内[5],拔燕、酸枣、虚、桃人[6],楚、燕之兵云翔不敢校,王之功亦多矣。王申息众二年然后复之,又取蒲、衍、首垣[7],以临仁、平兵,小黄、济阳婴城,而魏氏服矣。王又割濮磨之北,属之燕,断齐、秦之要,绝楚、魏之脊,天下五合六聚而不敢救也,王之威亦惮矣。王若能持功守威,省攻伐之心,而肥仁义之诫,使无复后患,三王不足四,五伯不足六也。"

注解

①垂:通"陲",边陲。

②绝从亲:断绝合纵结盟。从,通"纵",合纵。

③成桥:上文所谓盛桥。

④大梁:魏国的都城。

⑤河内:魏国之地,位于今河南省北部。

⑥燕、酸枣、虚、桃人:魏国之地,位于今河南延津县一带。

⑦蒲、衍、首垣:位于今河南长垣县一带。

译文

有个楚人名叫黄歇,四处游学,非常的博学,见识很广,楚襄王觉得他是个雄辩之士,因此就让他出使秦国。黄歇游说秦王说:"天下诸侯没有谁能比秦国、楚国更为强大,现在我听闻大王想要征讨楚国,这就像是两虎相斗,最终将被呆滞的狗得了好处,大王您不如对楚国友好相待。我请求大王让我说说原因。我曾听说:'事情到了极点必然会朝相反的方向发展,就好像冬夏的交替一样;安全到了极点就会危险,这就像是下棋一样。'现在秦国拥有整个天下一半的土地,西面和北面还有两个边陲,整个人类诞生以来,还没有哪个国家能像秦国一样成为万乘之国。但是从先帝孝文王、庄襄王,到大王您这一代,三代都没能够把土地扩展到和齐国相接壤,以断绝合纵的交通之道。如今大王您多次派盛桥到韩国帮助韩国驻守,使韩国归顺于秦,盛桥又使北面的燕国归顺于秦,这样大王您不用耗费兵甲,不用施加威力,就得到了方圆百里的土地。之后大王

您又举兵攻打魏国，封锁魏国的都城大梁，占领了河内地区，攻占了南燕、酸枣、虚、桃人等地，楚国和燕国的军队只能像天上飘的云一样，不敢与您较量，大王的功业已经很大了。大王您又使军队百姓休养生息两年，两年后再次出兵，又攻取了蒲、衍、首垣，军队已经到达仁、平城下，小黄、济阳又不战而降，魏国最终臣服于秦国。大王您又把濮、磨以北之地割给燕国，这样就切断了齐国和秦国间的要道，斩断楚国与魏国之间的联系，天下诸侯五次联合六次聚首也始终不敢相互救援，大王您的威信已经很让人害怕了。大王您如果能够守住功业威名的话，停止攻伐的想法，并且广施仁义的教导，使得不再有后患，这样的话‘三皇’就不愁达到四个，五帝也不难达到六个。”

原文

“王若负人徒之众，仗兵车之强，乘毁魏氏之威，而欲以力臣天下之主，臣恐有后患。《诗》云：‘靡不有初，鲜克有终。’《易》曰：‘狐濡其尾。’此言始之易，终之难也。何以知其然也？智氏见伐赵之利，而不知榆次之祸[1]也；吴见伐齐之便，而不知干隧之败[2]也。此二国者非无大功也，设利于前，而易患于后也。吴之信越也，从而伐齐，既胜齐人于艾陵，还为越王禽于三江[3]之浦；智氏信韩、魏，从而伐赵，攻晋阳之城，胜有日矣，韩、魏反之，杀智伯瑶于凿台之上。今王妒楚之不毁也，而忘毁楚之强魏也，臣为大王虑而不取。《诗》云‘大武远宅不涉。’从此观之，楚国援也，邻国敌也。”

注解

①榆次之祸：智伯在榆次这个地方遭到杀身之祸。榆次，位于今山西榆次县。

②干隧之败：吴王夫差在干隧这个地方被越王勾践战败并擒获杀死。

③三江：指松江、娄江、东江。

译文

“倘若大王您仰仗自己的百姓众多，依仗自己军队的强大，想要借灭亡魏国的威力，让天下所有的诸侯都臣服于您，我唯恐必定会留下后患。《诗经》上说：‘事情往往都有一个好的开端，却很少有坚持到底的。’《易经》上说：‘狐狸过河把尾巴都给弄湿了。’这是说开始时会比较容易，但要坚持到最后就很难了。怎么知道事情会是这个样子的呢？六晋时期的智伯只看到了攻打赵国的好处，可却没有想到会有榆次之祸；吴王夫差只看到攻打齐国的便利，却没有想到会有干隧之败。这两个国家并非没有建立大的功业，而是只贪图眼前的利益，换来了后面的祸害。吴王信任越，因此才讨伐攻齐，虽然在艾陵大败齐国，但是却在三江的河畔被越王勾践擒获；智伯信任韩、魏两国，因此才讨伐赵国，攻打赵国的晋阳城，胜利在即，韩、魏却反过来攻打智氏，在凿台之上杀死智伯。现在大王妒恨楚国没有被灭亡，却忘了楚国一旦灭亡就会使魏国强大，我替大王担心这并不可取。《诗经》上说：‘即使再勇武，也不涉足遥远的地方。’从这来看的话，楚国与秦相距遥远，是秦国的援助力量，邻近的国家才是您的敌人。”

原文

“《诗》云：‘他人有心，予忖度之。跃跃毚兔，遇犬获之。’今王中道而信韩、魏之善王也，此正吴信越也。臣闻敌不可易，时不可失，臣恐韩、魏之卑辞虑患，而实欺大国也。此何也？王既无重世之德于韩、魏，而有累世之怨矣。韩、魏父子兄弟接踵而死于秦者百世矣，本国残，社稷坏，宗庙涂隳[①]，刳腹折颐，首身分

离，暴骨草泽，头颅僵仆，相望于境，父子老弱系虏，相随于路，鬼神狐祥[2]，无所食，百姓不聊生，族类离散，流亡为臣妾满海内矣。韩、魏之不亡，秦社稷之忧也。今王之攻楚，不亦失乎？”

注解

①隳（huī）：毁灭，破坏。

②祥：非本地的，外来的鬼神称为“祥”。

译文

“《诗经》上还说：‘其他人对我有什么坏心思，我要多思量揣摩它。兔子跑得再快，遇到狗也一定会被捉到。’现在大王您半路上竟然相信韩、魏两国与大王您有十分牢固的邦交，这就和吴王轻信越国一样。我还听说：‘对待敌人不能轻视，有了机遇不能错过。’臣担心韩国和魏国表面上非常卑微，十分害怕祸害的样子，实际上却是在欺骗大王。为何会这样说呢？大王您不仅对韩国和魏国历代都没有施与什么恩德，而且代代有仇。韩、魏百姓的历代父子兄弟一个接一个地被秦军杀死，自己的国家也已经破败，国家社稷毁掉了，宗庙倒塌了，胸腹被剖开，面颊被割裂，身体和头颅被分开，头颅、白骨暴露在荒野沼泽，国境内外皆是如此，父子老弱都被绑着成为俘虏，就像没有家的孤魂野鬼一样，没有吃的，百姓无以生存，同族人颠沛流离，四处逃难成为奴仆。韩、魏两国不灭亡的话，秦国的国家社稷将十分忧心。如今大王您攻打楚国，难道不是错误的吗？”

原文

“是王攻楚之日，则恶[1]出兵？王将藉路于仇雠之韩、魏乎？兵出之日，而王忧其不反也，是王以兵资于仇雠[2]之韩、魏。王若不藉路于仇雠之韩、魏，必攻阳右壤。随阳右壤此皆广川大水，山林谿谷，不食之地，王虽有之，不为得地，是王有毁楚之名，无得地之实也。且王攻楚之日，四国必应悉起应王；秦、楚之构而不离[3]，魏氏将出兵而攻留、方与、铚、胡陵、砀、萧、相[4]，故宋必

尽。齐人南面，泗北必举。此皆平原四达膏腴之地也，而王使之独攻，王破楚于以肥韩、魏于中国而劲齐。韩、魏之强足以校于秦矣，齐南以泗为境，东负海，北倚河，而无后患。天下之国莫强于齐，齐、魏得地葆利而详事⑤吓吏，一年之后，为帝若未能，于以禁王之为帝有余。"

注解

①恶：表示疑问，哪里。

②仇雠(chóu)：仇敌。

③秦、楚之构而不离：指秦楚交战，互相勾连，秦国将无法脱身。构，联结。

④留、方与、铚、胡陵、砀、萧、相：以前都属于宋国，后宋灭亡，土地为秦国占领。

⑤详事：悉心治理。

译文

"大王您发兵攻打楚国的时候，将要从哪里发兵呢？难道大王您要向您的仇人韩国和魏国借路吗？大王您发兵进攻楚国的时候，估计就会害怕无法返回秦国了，您这等于是用自己的军队资助韩、魏两国。大王您倘若不向韩、魏这两个敌国借路的话，那就必然会攻打楚国的随阳和右壤。但是随阳和右壤都是大川大河、高山深谷，没有人烟之地，大王您即使攻取了，也等于没有得到土地。这样的话，大王您只能得到灭楚的恶名，却没有获得土地的实利。并且秦王您进攻楚国的时候，齐、赵、韩、魏四国必然都会乘机袭击秦国；秦兵无法从秦、楚之战中抽身，魏国就会出兵攻打留、方与、铚、胡陵、砀、萧、相，必然占尽以往宋国的土地。齐国会从南面攻取，泗北之地就会全部被占领。这些都是平原地区，四通八达，物产丰富，大王您却只能让齐攻占，大王你攻破了楚国，却让中部的韩、魏强大起来，让齐国也更为强劲。韩、魏两国更为强大，就足以和秦国相抗衡了。而齐国西面以泗水作为边境，东面又接邻大海，北面倚仗黄河，就再也不会有什么后患了。那时候天下的诸侯没有哪个会比齐国更为强大，齐国和魏国得到土地、保存实力，再认真教导官吏悉心治理，一年之后，即使还不能称帝于天下，但阻挠大王您称帝还是绰绰有余的。"

原文

“夫以王壤土之博，人徒之众，兵革之强，一举众而注[①]地于楚，诎令韩、魏归帝重于齐，是王失计也。臣为王虑，莫若善楚。秦、楚合而为一临以韩，韩必授首[②]。王襟以山东之险，带以河曲之利，韩必为关中之候。若是王以十成郑[③]，梁氏寒心[④]，许、鄢陵婴城，上蔡、召陵不往来也，如此而魏亦关内候矣。王一善楚，而关内二万乘之主[⑤]注地于齐，齐之右壤可拱手而取也。是王之地一任两海，要绝天下也。是燕、赵无齐、楚，无燕、赵也，然后危动燕、赵，持齐、楚，此四国者不待痛而服矣。”

注解

①注：在此指割让。

②授首：授上首级，也就是指臣服。

③以十成郑：也有其他版本作“以十万戍郑”。

④寒心：指心存恐惧。

⑤关内二万乘之主：指韩国、魏国。二，两。

译文

“凭借大王您广阔的疆土、众多的百姓、强大的军队，举兵之时就会与楚国结下怨恨，反而让韩、魏把帝王之位送给了齐王，这是大王您的失策啊。我为大王您考虑，不如与楚国友好相处。秦楚一旦联合，发兵军临韩国，韩国肯定会向您俯首称臣。大王您占据崤山以东的险要之地，再加上占有河曲之利，韩国一定会成为您在关中的耳目。如果大王再以十万大军进攻郑，魏国肯定也会十分恐惧，许邑、鄢陵就会闭城自守，上蔡、召陵也不会再和魏国往来。如此一来，魏国也将成为大王您在关中的耳目。一旦大王您对楚国友好相待了，关内的韩国、魏国必然会进攻齐国，大王您拱手就能得到齐国的右壤。这样大王您的土地就会联结东、西两海，横绝于天下。这样燕、赵、齐、楚彼此之间就会没有往来。这之后您就可以胁迫燕、赵，挟持齐、楚，这四个国家不用等到出兵就会自动臣服。”

评析

黄歇是个大辩之才，向秦昭王说明了秦国攻楚的弊端和不攻楚的好处。旁征博引、铺陈排比，用极具感染力的语言说明为了能够防止“靡不有初，鲜克有终”、始易终难的结局，为了防止韩魏借隙袭秦和齐国乘机坐大的危险，秦楚应该联手，建立合作伙伴关系。如此才能征服其他五国，雄踞天下。不管后来的历史如何发展，黄歇的外交雄辩毕竟能自圆其说，收到了暂时抑制秦国攻楚步伐的效果。

或为六国说秦王

原文

或为六国说秦王[①]曰：“土广不足以为安，人众不足以为强。若土广者安，人众者强，则桀、纣[②]之后将存。昔者，赵氏亦尝强矣。曰赵强何若？举左案齐，举右案魏，厌案[③]万乘之国，二国千乘之宋也。筑刚平，卫无东野，刍牧薪采莫敢窥东门。”

注解

①秦王：秦昭王。

②桀、纣：夏桀、商纣。夏、商两代的亡国之君。

③厌案：压制。厌，通“压”。

译文

有人替山东六国游说秦王说："土地广阔，不能认为国家就安稳了；人口众多，不能认为国家就强大了。如果土地广阔国家就能安稳，人口众多国家就能强大，那么夏桀、商纣的后代还应当继续存在。从前，赵国也曾经强盛过。赵国强盛又怎么样呢？当初，赵国向左发兵可以攻下齐国，向右进兵可以攻下魏国，制伏这两个万乘大国，就像制伏千乘的宋国一样容易。赵国修筑刚平城，卫国就失去了东野，就连放牧打柴的人也不敢出入东门。"

原文

"当是时，卫危于累卵[①]。天下之士相从[②]谋曰：'吾将还其委质[③]，而朝于邯郸之君[④]乎！'于是天下有称伐邯郸者，莫[⑤]不令朝行。"

注解

①危于累卵：蛋堆起来极易倒塌破碎，比喻情况非常危险。

②从：随。

③还：退还。质：同"贽"，礼品；此处是说，与别国交好，送去礼品，表示友好，亦示诚信。

④邯郸之君：赵君、赵王。

⑤莫：同"暮"。

译文

"在这个时候，卫国危如累卵。天下的士人聚集在一起谋划道：'我们能让卫国归还礼物，改侍奉赵王吗？'于是诸侯中有号召攻打赵国的，晚上发布命令，第二天早晨就行动起来。"

原文

"魏伐邯郸，因退为逢泽之遇[①]，乘夏车[②]，称夏王，朝为天子，天下皆从。齐太公闻之，举兵伐魏，壤地两分，国家大危。梁王身[③]抱质执璧，请为陈侯臣，天下乃释梁。郢威王[④]闻之，寝不寐，食不饱，帅[⑤]天下百姓，以与申缚遇于泗水之上，而大败申缚。赵人闻之至枝桑[⑥]，燕人闻之至格道。格道不通，平际绝。齐战败不胜，谋则不得，使陈毛释剑掫，委南听罪[⑦]，西说赵，北说燕，内喻[⑧]其百姓，而天下乃释齐。于是夫[⑨]积薄而为厚，聚少而为多，以同言郢威王于侧牖之间。臣岂以郢威王为政衰谋乱以至于此哉？郢为[⑩]强，临[⑪]天下诸侯，故天下乐伐之也！"

注解

①逢泽之遇：旧说逢泽在今河南开封市东北。遇，会。

②夏车：大车，古代帝王专乘之车。

③梁王：魏国梁惠王。身：亲自。

④郢威王：楚威王。

⑤帅：通"率"。

⑥枝桑：一说齐地，位置不详。

⑦听罪：服罪。

⑧喻：告。

⑨夫：乎。

⑩为：用。

⑪临：侵凌。

译文

"魏国进攻邯郸，打败了赵国，于是在逢泽和诸侯会盟，梁惠王乘坐天子之车，称为夏王，朝拜天子，诸侯都顺从他。齐威王听说后，发兵攻打魏国，致使魏国国土分裂，国家面临危境。梁惠王亲自怀抱礼物、手持玉璧，甘愿对齐威王称臣，诸侯这才放过魏国。楚威王听说后，觉也睡不着，饭也吃不下，于是率领天下民众和齐将申缚交战于泗水之滨，大败申缚。赵国听说以后，发兵到枝桑；燕国听说以后，出兵到格道。格道和平际的交通都被断绝。齐国作战不能取胜，计谋不能得逞，于是派陈毛解下佩剑，向楚王南面服罪，又西去赵国游说，北往燕国游说，对不明事理的百姓说明情况，诸侯这才停止进攻齐国。于是积薄为厚，聚少成多，人们街谈巷议，都在议论楚威王。难道是楚威王的政治衰败、谋略混乱造成这种情况的吗？这是因为楚国凭借武力侵凌天下诸侯，所以天下诸侯才讨伐楚国啊！"

评析

说客依次说出霸主们的次序：赵王—梁惠王—齐侯—楚威王，总结出各国称霸更替的规律，揭示出凡是称霸者必是一时的、必有人代替的必然性，说明各国逞强出头、野心勃勃就会招致他国的妒羡怨恨、讨伐攻击的事实。

中国人一向把谦虚、内敛作为做人的第一美德，民间有"万事不要强出头""枪打出头鸟"等谚语，成熟的人一定不是锋芒毕露、处处争强好胜之人。因为强出头容易招人怨恨和攻击，所以在人群中称霸、好为人师、好为领袖的人，他实际上危机丛生、覆亡在即。我们要以平常心对待功名，毕竟一切皆是过眼云烟。

秦策五

谓秦王

原文

谓秦王[①]曰："臣窃惑王之轻齐易楚，而卑畜韩[②]也。臣闻，王兵胜而不骄，伯主约而不忿。胜而不骄，故能服世；约而不忿，故能从邻。今王广德[③]魏、赵，而轻失齐，骄也；战胜宜阳，不恤楚交，忿也。骄忿非伯主之业也。臣窃为大王虑之而不取也。"

注解

①秦王：秦武王。

②卑畜韩：对韩的鄙称。

③广德：广施恩德。

译文

有人对秦武王说："我在私下很不理解，大王为什么要轻视齐、楚，而且对韩国也很不礼貌。我听说，圣王的兵即使战胜也不骄傲，霸主的兵即使战败了也不泄气。胜利而不骄傲，所以才能威服天下；严格约束而不怨怒，所以才能和邻国和睦相处。现在大王对魏、赵广施恩德，却轻易地失去与齐国的交往，这就是因为骄傲了；宜阳的战事胜利以后，就不顾秦、楚的邦交，这就是因为愤怒了。而容易骄傲和愤怒的君主，都不能建立王霸事业。因此我常在私下为大王忧虑，认为大王不应该这样做。"

原文

"《诗》云：'靡不有初，鲜克有终。'故先王之所重者，唯始与终。何以知其然？昔智伯瑶残范、中行，围逼晋阳，卒为三家笑；吴王夫差栖越于会稽，胜齐于艾陵，为黄池之遇，无礼于宋，遂与勾践禽[①]，死于干隧；梁君伐楚胜齐，制赵、韩之兵，驱十二诸侯以朝天子于孟津，后子[②]死，身布冠而拘于秦。三者非无功也，能始而不能终也。"

注解

①禽：通"擒"，抓获。

②子：指太子申。

译文

"《诗经》中有'万事万物都有个开端，但是很少有圆满的结局'的说法，所以圣王特别重视开始和结局。怎么才能明白这个道理呢？从前智伯瑶灭范、中行氏时，率军围攻赵国的晋阳，结果失败，而被韩、赵、魏三家所耻笑；吴王夫差把越王勾践围困在会稽，并且在艾陵战胜齐国，在黄池大会诸侯时，得罪了宋国，结果被勾践擒获，在干隧把他杀死；梁惠王攻打楚国，战胜齐国，控制住赵、韩的军队，然后率领十二个诸侯到孟津去朝见周天子，后来太子申被杀死，梁惠王头戴布帽被囚禁在秦国。智伯瑶、吴王夫差、梁惠王等三人，当初并不是没有立功，只是因为他们能够善始而不能善终，所以才招致惨败。"

原文

“今王破宜阳，残三川，而使天下之士不敢言；雍[1]天下之国，徙两周之疆，而世主不敢交阳侯之塞；取黄棘，而韩、楚之兵不敢进。王若能为此尾，则三王不足四，五伯不足六。王若不能为此尾，而有后患，则臣恐诸侯之君，河、济[2]之士，以王为吴、智之事也。”

注解

①雍：“拥”的通假字，拥有。

②济：指济水。

译文

“现在大王攻破宜阳，占领三川，灭亡东西周，竟使天下人都不敢议论。现在秦国又拥有天下的各诸侯国家，变更东周和西周的疆界，也使各国诸侯都不敢在边疆险隘之地会合；又夺取了黄棘，让韩、楚之军不敢前进。大王如果能善始善终，那么三王不愁变成四个，五霸也不愁变成六个。假如大王不能坚持到底，一定后患无穷。我怕诸侯国的君主和黄河济水一带士人会认为大王是在步吴王和智伯瑶的后尘。

原文

“《诗》云：‘行百里者半于九十。’此言末路之难。今大王皆有骄色，以臣之心观之，天下之事，依世主之心，非楚受兵，必秦也。何以知其然也？秦人援魏以拒楚，楚人援韩以拒秦，四国之兵敌，而未能复战也。”

译文

"《诗经》上说：'走一百里路的人，如果走到九十里就放弃，那也只能算是走了一半的路程。'这意思也就是说，最后的路很难走。现在大王做什么事都有骄纵之色，由我的想法来推测，天下大事，各诸侯的心里都认为，不是楚国遭受战祸，就是秦国招致兵灾。何以见得呢？秦人援助魏国抗拒楚国，楚人援助韩国抗拒秦国。由于四国的兵力均衡，都无法战胜对方。"

原文

"齐、宋在绳墨[①]之外以为权，故曰先得齐、宋者伐秦。秦先得齐、宋，则韩氏铄[②]；韩氏铄，则楚孤而受兵也。楚先得齐，则魏氏铄；魏氏铄，则秦孤而受兵矣。若随此计而行之，则两国者必为天下笑矣。"

注解

①绳墨：代指战线。

②铄：削弱、消损。

译文

"齐、宋在战线以外做出援助的姿态，所以先得到齐、宋的就可以攻秦。秦国要是先得到齐、宋的援助，韩国必定衰败；韩国衰弱以后，楚国就孤立无援，容易遭受战祸。假如楚国先得到齐国的援助，魏国就会衰弱；魏国衰弱之后，秦国就孤立无援，因而遭受诸侯的攻击。假如按照这条计策进行下去，秦、楚两国必定将被天下人嘲笑。"

评析

善于纳谏有无穷的功效，作为身居高位者，可以通过忠谏大臣这面“人镜”来看到自己的缺陷，使自己能反省进取。作为大臣，看到君王虚心纳谏就会在欣慰之余，更加有积极性为君王出谋划策甚至肝脑涂地。古往今来，能够直言进谏者无一不是忠心为国的正直之人，而那些说好话或者不说话的大臣，实际上都是自私自利、不为国家着想的平庸、奸猾之辈。我们要想使自己进步，使自己的事业发展壮大，就一定要虚怀若谷、善于听取他人的批评和忠告。

濮阳人吕不韦

原文

濮阳①人吕不韦贾②于邯郸，见秦质子③异人④，归而谓父曰：“耕田之利几倍？”曰：“十倍。”“珠玉之赢几倍？”曰：“百倍。”“立国家之主赢几倍？”曰：“无数。”曰：“今力⑤田疾作，不得暖衣余食；今建国立君，泽⑥可以遗世。愿往事之。”

注解

①濮阳：今河南濮阳一带。

②贾：行商，做买卖。

③质子：被作为人质的王子。

④异人：人名，秦国孝文王的儿子。

⑤力：致力于。

⑥泽：恩泽，福泽。

译文

濮阳人吕不韦去赵国首都邯郸经商，看到秦国人质孝文王的庶子异人，回去以后就对父亲说："耕田的利润有几倍？"他父亲回答说："十倍。""经营珠玉利润有几倍？"他父亲回答说："一百倍。"吕不韦又问："拥立国家的君主可以赢利多少呢？"他父亲回答说："无法计算。"于是吕不韦就说："现在我们每年辛苦耕种，仍然不能获得温饱或发财。但是假如能建立国家，拥立一个君主，就可以把利润传给子孙，我现在决心去做这件事。"

原文

秦子异人质于赵，处于聊城。故往说[1]之曰："子傒[2]有承国之业，又有母在中。今子无母于中，外托于不可知之国，一日倍[3]约，身为粪土。今子听吾计事，求归，可以有秦国。吾为子使秦，必来请子。"

注解

①说：游说。

②子傒：秦国的太子。

③倍：通"背"，背弃，背叛。

译文

秦国的王子异人在赵国当人质，他住在赵国的聊城，于是吕不韦特地去见异人说："你的异母兄子傒有继承秦国王位的资格，并且在朝中有母亲的势力作为后盾。而你现在朝中既没有母亲的援助,在外面又身在敌国当人质,一旦秦、赵两国发生战争,那你的性命将成为两国的牺牲品。现在你如果听我的计划,设法回到你的祖国,你就可以继承王位。我替你到秦国去活动以后,秦国必然派人来请你回去。"

原文

乃说秦王后弟阳泉君曰:"君之罪至死,君知之乎?君之门下无不居高尊位,太子门下无贵者。君之府藏珍珠宝玉,君之骏马盈外厩,美女充后庭。王之春秋①高,一日山陵崩②,太子用事,君危于累卵,而不寿于朝生③。说有可以一切而使君富贵千万岁,其宁于太山四维④,必无危亡之患矣。"

注解

①春秋:指年纪。

②山陵崩:指秦王逝世。古时称帝王、诸侯的去世为"崩"。

③朝生:植物名,早上长出来晚上凋谢。

④太山四维:太山,即泰山;四维,东北、西北、东南、西南四个维度。

译文

于是吕不韦就去了秦国,对秦孝文王王后华阳夫人的弟弟阳泉君说:"阁下的罪状可以判处死刑,阁下知道吗?阁下的食客都身居高位,可是太子门下反而没有显贵;阁下府中珍藏有大量珍宝,阁下的骏马拴满了马房,而后宫更住满了美女。当今的秦王已经年纪很高,一旦不幸崩逝,太子子傒即位以后,那阁下的命运就比累卵还要危险十分,生命就像朝生暮谢的小植物那样短。现在我有一个计划,阁下可以努力去实行,不但能使阁下富贵,而且能使阁下享尽天年,那种稳固性就像泰山压住一样,绝对没有任何危险和忧虑。"

原文

阳泉君避席[1]，请闻其说。不韦曰："王年高矣，王后无子，子傒有承国之业，士仓[2]又辅之。王一日山陵崩，子傒立，士仓用事，王后之门，必生蓬蒿[3]。子异人贤材也，弃在于赵，无母于内，引领西望[4]，而愿一得归。王后诚请而立之，是子异人无国而有国，王后无子而有子也。"阳泉君曰："然。"入说王后，王后乃请赵而归之。

注解

①避席：离开座位。

②士仓：秦国的臣子。

③王后之门，必生蓬蒿：王后的门前必然会生长很多蓬蒿野草，暗指受到冷落，无人问津。

④引领西望：伸长脖子向西看，即盼望之意。

译文

阳泉君赶紧站起让座，并请吕不韦详细说明。吕不韦继续说道："秦王的年岁已经很高了，王后又没有儿子，只有子傒有资格继承王位，由秦臣士仓辅佐，君王一旦崩逝以后，子傒即位为秦王，由士仓掌理大权，到那时王后的门前必然会冷落到生蓬蒿长野草。如今王子异人是一位很有才能的人，可惜却被遗弃赵国当人质，朝中又没有母亲的爱护，他经常伸长脖子向西望，很想能回国一次。假如王后能请君王立异人为太子，就等于是使无国的异人变成有国，使无子的王后变成有子了。"阳泉君说："是的。"于是就赶紧劝说王后。不久王后要求赵国将异人送回秦国。

原文

赵未之遣[①]，不韦说赵曰："子异人，秦之宠子也，无母于中，王后欲取而子之[②]。使[③]秦而欲屠赵，不顾一子以留计，是抱空质也。若使子异人归而得立，赵厚送遣之，是不敢倍德畔施[④]，是自为德讲。秦王老矣，一日晏驾[⑤]，虽有子异人，不足以结秦。"赵乃遣之。

注解

①未之遣：还没有被送回来。

②子之：把他像儿子一样对待。

③使：倘使，倘若。

④倍德畔施：背弃恩德。倍，通"背"，背叛。畔，通"叛"，叛逆。德、施，皆指恩德、恩惠。

⑤晏驾：秦王去世的委婉表达。

译文

还没等送异人回秦，吕不韦又去对赵王说："秦王子异人是秦王所宠爱的王子，只是在朝中没有母亲的爱护，现在王后想要把他收为王子。假如秦国想要灭亡赵国，也不会由于顾及一个王子在赵国而推迟秦国灭亡赵国的计划，所以赵国只拥有一个空的抵押品。假如异人回国能继承王位，而赵国又很有礼貌地送他回国，他必然不敢忘怀赵国的恩惠，即位以后就和赵国结为盟邦。现在秦王已经老了，一旦驾崩以后，那时赵国虽然有王子异人为人质，赵国也无法和秦国结盟。"于是赵国就把异人送回秦国。

原文

异人至，不韦使楚服而见。王后悦其状，高其知[1]，曰："吾楚人也。"而自子之，乃变其名曰楚。王使子诵，子曰："少弃捐在外，尝无师傅所教学，不习于诵。"王罢之。乃留止。

注解

①高其知：认为他很聪明。知，通"智"。

译文

异人回到秦国之后，吕不韦让他穿楚国服装去见王后。王后看到异人很高兴，就一再夸奖他的聪明，说："我也是楚国人。"于是就立刻收异人为子，并且替他改名为"子楚"。孝文王想叫异人当场背诵一段经书，异人回答说："儿臣从小就被送到外国当人质，并没有老师教我读书，所以不会背诵经书。"这样孝文王才不让子楚背诵经书，并把他留在宫中。

原文

间[1]曰："陛下尝轫车于赵[2]矣，赵之豪桀，得知名者不少。今大王反[3]国，皆两面而望。大王无一介之使以存之，臣恐其皆有怨心。使边境早闭晚开。"王以为然，奇其计。王后劝立之。王乃召相，令之曰："寡人子莫[4]，若楚。"立以为太子。

注解

①间：一会儿。

②轫车于赵：在赵国停车，暗指做赵国的人质。

③反：通“返”。

④莫：没有。

译文

过了一会儿，子楚对孝文王说：“君王以前曾在赵国停车，因此赵国豪杰都知道君王的大名。现在君王回国了，他们都向西方遥望君王。假若君王不派一个使者去问候他们，我唯恐他们都要存有怨恨的心情，不如让边境的关门早闭晚开。”孝文王认为子楚这话说得有道理，并夸他善于奇谋。这时王后就劝孝文王立子楚为太子。于是孝文王就召见相国说：“我的王子都不如子楚，现在我就立子楚为太子。”

原文

子楚立，以不韦为相，号曰文信侯，食[1]蓝田十二县。王后为华阳太后，诸侯皆致秦邑。

注解

①食：以……为食禄、俸禄。

译文

后来子楚继承秦国王位以后，任命吕不韦为相国，封他为文信侯，用蓝田十二个县的收入为俸禄。同时封王后为华阳太后，天下诸侯都到秦国为太后来进献养地。

评析

吕不韦是中国历史上的一个奇人，他凭着一人之力、三寸不烂之舌，就促成了自己终生的荣华富贵。他是那种善于进行大的策划、善于实施和完成这个策划的人。

尤其让人佩服的是他的游说口才，每次他都正中游说对象的下怀，都能够使对方欣然接受。这是因为他能够深刻地洞察到对方的需求，能够预期到事情的未来变化，以替对方着想的角度来使对方轻易就范。说服对方，首先必须要有一个将自己置换成对方的过程。掌控对方的需求，才能投其所好、对症下药、以为我用。

文信侯欲攻赵以广河间

原文

文信侯[①]欲攻赵以广河间[②]，使刚成君蔡泽事燕，三年，而燕太子质于秦。文信侯因请张唐相燕，欲与燕共伐赵，以广河间之地。张唐[③]辞曰："燕者必径于赵，赵人得唐者，受百里之地。"文信侯去而不快。少庶子甘罗[④]曰："君侯何不快甚也?"文信侯曰："吾令刚成君蔡泽事燕，三年，而燕太子已入质矣。今吾请张卿相燕，而不肯行。"甘罗曰："臣行之。"文信君叱去曰："我自行之而不肯，汝安能行之也?"甘罗曰："夫项橐生七岁而为孔子师，今臣生十二岁于兹矣！君其试臣，奚以遽言叱也?"

注解

①文信侯：吕不韦，秦相国。

②河间：吕不韦的封地。

③张唐：秦国的臣子。

④少庶子甘罗：文信侯吕不韦的家臣，秦将甘茂之孙，年少聪明。

译文

文信侯想要出兵攻打赵国，从而扩展自己的封地河间。他让刚成君蔡泽臣奉燕国，三年之后，燕国的太子丹来到秦国作为人质。文信侯又通过秦人张唐出任燕国的相国，想要与燕国联手攻打赵国，拓展自己的封地河间。张唐推辞说："想要到燕国必定会经过赵国，赵国正悬赏捉拿我呢，凡是抓到我的人，就可以得到百里之地的奖赏。"文信侯走了，心中十分不高兴。少庶子甘罗问："君侯您为何如此的不快乐啊？"文信侯回答说："我让刚成君蔡泽到燕国为官，三年之后燕国太子丹已经来到秦国做人质。今天我想请张唐出任燕国的相国，他却不肯去！"甘罗说："我去让他去。"文信侯非常生气地说："我亲自让他去他都不肯去，你又怎么能让他去呢？"甘罗说："项橐7岁的时候就做了孔子的老师，我今年都已经12岁了，君侯您就让我去试一下吧，怎能立刻就训斥我呢？"

原文

甘罗见张唐曰："卿之功孰与武安君？"唐曰："武安君①战胜攻取不知其数，攻城堕②邑不知其数；臣之功不如武安君也。"甘罗曰："卿明知功之不如武安君欤？"曰："知之。""应侯之用秦也，孰与文信侯专？"曰："应侯不如文信侯专。"曰："卿明知为不如文信侯专欤？"曰："知之。"甘罗曰："应侯欲伐赵，武安君难之，

去咸阳七里，绞而杀之。今文信侯自请卿相燕，而卿不肯行，臣不知卿所死之处矣！”唐曰：“请因孺子[3]而行！”令库具[4]车，厩具马，府具币。行有日矣。甘罗谓文信侯曰：“借臣车五乘，请为张唐先报赵。”

见赵王，赵王郊迎。谓赵王曰：“闻燕太子丹之入秦与？”曰：“闻之。”“闻张唐之相燕与？”曰：“闻之。”“燕太子入秦者，燕不欺秦也；张唐相燕者，秦不欺燕也。秦、燕不相欺，则伐赵危矣。燕、秦所以不相欺者，无异故，欲攻赵而广河间也。今王赍[5]臣五城以广河间，请归燕太子，与强赵攻弱燕。”赵王立割五城以广河间，归燕太子。赵攻燕，得上谷[6]三十六县，与秦十一。

注解

①武安君：秦将白起，为秦国屡立战功。

②堕：破坏，毁坏，此处指夺取。

③孺子：指甘罗。

④具：准备，预备。

⑤赍（jī）：赠送给人东西。

⑥上谷：燕地名，位于河北与北京交界一带。

译文

甘罗于是就去拜见秦将张唐，对他说：“大人您认为自己与武安君白起相比谁的功绩更大？”张唐回答说：“武安君打下无数个胜仗，攻取无数个城池，攻城略地，无法计算，我远远不如武安君。”甘罗又问：“您的确知道自己的功劳不如武安君吗？”张唐答道：“知道啊！”甘罗接着问：“大人您觉得曾经执掌国政的应侯与文信侯比较的话，谁的权势大？”张唐说：“应侯范雎比不上文信侯。”甘罗问：“您的确知道是这样吗？”张唐说：“知道。”甘罗说：“应侯曾经想要进攻赵国，武安君认为非难他，最终应侯范雎在距离咸阳七里的地方绞死了武安君。如今文信侯亲自请求您出任燕国的相国，但是您却不答应，我不知道大人您将在何处葬身啊！”张唐道：“请孺子您替我告诉文信侯，我愿意前行出任燕国相国。”于是就准备车辆和马匹，备好礼品。秦将张唐走了好几天之后，甘罗又对文信侯说道："请君侯您帮我准备五辆车子，我要替张唐先到赵国。"

于是甘罗就去面见赵王，赵王到郊外去迎接甘罗。甘罗说："赵王您可曾听说燕国太子丹已经来了秦国做人质的事情了吗？"赵王回答道："听说了。"甘罗又问道："您听说张唐要到燕国出任相国之事了吗？"赵王回答说："听说了。"甘罗又道："燕太子丹来到秦国做人质，燕国必然不会欺骗秦国；而张唐到燕国为相，秦国必定也不会欺骗燕国。秦国和燕国彼此之间不欺骗的话，就会攻打赵国，赵国也就危险了。秦国和燕国不互相欺骗，没有别的原因，仅仅是为了要讨伐赵国，拓展文信侯封地河间的土地而已。如今大王您如果能够送给我五座城邑以扩展河间的土地的话，我就可以替您让秦国归送燕太子丹，和强大的赵国联手一起攻打弱小的燕国。"赵王马上割让五座城邑以扩展文信侯在河间的封地，秦国也把太子丹送回燕国。赵国进攻燕国，得到了上谷之地三十六个县，并把其中的十分之一送给秦国。

评析

甘罗悟透了人性的善恶和国家作为主体的利益所在，他用祸患来威胁张唐，终于使他就范。他也用对赵国国家安全将要构成的巨大灾难来震慑赵国，也使赵国屈服。对待人性，要么用肯定的、褒扬的、激励的方式以利益和荣誉使他就范，要么就要靠否定的、威胁的、惩罚的方式以恐惧和灾难使他就范。人性中如果积极成分多，他就容易接受激励的方式；如果人性中否定性的东西太多，那就只能"敬酒不吃吃罚酒"，采取威逼和震慑的方式了。

文信侯出走

原文

文信侯出走，与[①]司空马之赵，赵以为守相[②]，秦下甲而攻赵。司空马说赵王曰："文信侯相秦，臣事之为尚书，习秦事。今大王

使守小官习赵事。请为大王设秦、赵之战,而亲观其孰胜[3],赵孰与秦大?"曰:"不如。""民孰与之众?"曰:"不如。""金钱、粟孰与之富?"曰:"弗如。""国孰与之治?"曰:"不如。""相孰与之贤?"曰:"不如。""将孰与之武?"曰:"不如。""律令孰与之明?"曰:"不如。"司空马曰:"然则大王之国百举而无及秦者,大王之国亡。"赵王曰:"卿不远赵而悉教以国事,愿于因计[4]。"

注解

①与:党羽,同党。
②守相:官职名,没有实权的一个小官。
③孰胜:哪一个会取胜。孰:谁。
④因计:按照计谋实行。

译文

文信侯吕不韦被秦王驱逐,他的亲信司空马逃到了赵国,赵王封了他个没有实权的小官。这个时候秦国正在调集军队兵马准备攻打赵国。司空马就对赵王说道:"文信侯担任秦国相国的时候,我曾侍奉过他,当过尚书,对秦国的情况比较了解。现在大王您让我做小官,也需要熟悉一下赵国的情况。请大王您允许我替您做一番秦国、赵国作战的比较,您亲自看看谁取胜的可能性更大。赵国与秦国哪个比较强大呢?"赵王回答说:"赵国不如秦国更强大。"司空马又问:"哪个国家的百姓更多?"赵王答道:"赵国不如秦国人口众多。"司空马又问道:"金钱、粮食哪个国家更富有?"赵王答:"不如秦国富有。""哪个国家更为安定?"赵王回答说:"赵不如秦。"司空马又问:"哪个国家的相国更有贤能?"赵王回答:"赵相不如秦相。"司空马又问:"哪个国家的将军更为英武?"赵王回答说:"赵将不及秦将勇武。""哪个国家的政治更为严明?"赵王回答说:"赵不如秦。"于是司空马就说:"既然这样,赵国各个方面都比不上秦国,大王您的国家就将要灭亡了。"赵王恳求说:"先生您这么远来到赵国,希望您不吝赐教,把救国之道全都教给我,我愿意听从先生的计策。"

原文

司空马曰："大王裂[1]赵之半以赂秦，秦不接刃而得赵之半，秦必悦。内恶赵之守，外恐诸侯之救，秦必受之。秦受地而却兵，赵守半国以自存。秦衔赂以自强，山东必恐；亡赵自危，诸侯必惧。惧而相救，则从事可成。臣请大王约从。从事成，则是大王名亡赵之半，实得山东以敌秦，秦不足亡。"

赵王曰："前日秦下甲攻赵，赵赂以河间十二县，地削兵弱，卒不免秦患。今又割赵之半以强秦，力不能自存，因以亡矣。愿卿之更计。"司空马曰："臣少为秦刀笔[2]以官，长而守小官，未尝为兵首，请为大王悉赵兵以遇。"赵王不能将。司空马曰："臣效愚计，大王不能用，是臣无以事大王，愿自请。"

注解

①裂：分裂，引申为割让。

②刀笔：战国时期采用刀往竹简上刻字的方法来记事，所以称为"刀笔"。

译文

司空马说："如果大王您可以割一半的土地来贿赂秦国的话，秦国不劳费刀刃就可以得到赵国一半的土地，秦王一定十分高兴。秦国自己也会担心赵国军队的守卫，同时还害怕其他诸侯前来救援，秦国必定会接受土地然后退兵，赵国虽然只剩下一半的国土，但还可以自存。秦国得到赵国的贿赂必然会骄傲自大，崤山以东的各诸侯必定会十分恐惧；一旦赵国灭亡了他们自己就会很危险，他们定然会十分害怕。他们恐惧了就会出兵援救赵，这样事情就可以完成了。我请求替大王您与诸侯合纵。如果合纵成功的话，大王您表面上是丢失了一半的江山，实际上却可以联合崤山以东的各个诸侯共同抵抗秦国，秦国就不足以使我们灭亡了。"

赵王说："前些日子秦国攻打赵国，我为了求得自保，曾把河间地区12个县割给秦国，国土削弱，兵力衰减，始终不能消除秦国的祸害。现在您又让我把一半的国土割给秦国让秦国变得更加强大，而赵国将无法自存，这样就会灭亡了。希望您能再想个办法。"司空马回答说："我年轻的时候是执笔的官员，做了很长时间依然是个小官，未曾统率过军队，请大王允许我率领赵国的全部军队去抵抗秦国。"赵王不同意司空马为将。司空马说："我向您进谏愚计，大王您不肯采纳，这样我对大王也没什么用了，我请求离开赵国。"

原文

司空马去赵，渡平原。平原津令郭遗劳而问："秦兵下赵，上客从赵来，赵事何如？"司空马言其为赵王计而弗用，赵必亡。平原令曰："以上客料之，赵何时亡？"司空马曰："赵将武安君[①]期年而亡；若杀武安君，不过半年。赵王之臣有韩仓者，以曲合于赵王，其交甚亲，其为人疾贤妒功臣。今国危亡，王必用其言，武安君必死。"

注解

①武安君：李牧。

译文

司空马于是离开了赵国，经过平原津。平原津的县令郭遗便慰劳他并问道："秦兵要攻打赵国，客人您自赵国而来，战况什么样啊？"司空马告诉他替赵王出谋划策而赵王却不采纳的事，赵国必然会灭亡啊。平原津令说："按照您的预料，赵国何时会灭亡？"司空马说："赵王如果能使武安君李牧统率军队的话，可以支撑一年灭亡；倘若杀掉了武安君的话，不出半年就会灭亡。赵国有个大臣叫韩仓，对赵王曲意逢迎，和赵王很亲近，此人非常妒忌贤良和有功之臣。如今赵国危机，赵王必定会听信韩仓之言，武安君必然会被处死。"

原文

韩仓果恶之，王使人代。武安君至，使韩仓数之曰："将军战胜，王觞将军。将军为寿于前而捍匕首，当死。"武安君曰："缲[①]病钩[②]，身大臂短，不能及地，起居不敬，恐获死罪于前，故使工人为木杖以接手。上若不信，缲请以出示。"出之袖中，以示韩仓，状如杖续，缠之以布。"愿公入明之。"韩仓曰："受命于王，赐将军死，不赦。臣不敢言。"武安君北面再拜赐死，缩剑将自诛，乃曰："人臣不得自杀宫中。"过司空马门，趣甚疾，出諔门也。右举剑将自诛，臂短不能及，衔剑征之于柱以自刺。武安君死，五月赵亡。

平原令见诸公，必为言之曰："嗟乎，司空马！"又以为司空马逐于秦，非不知也；去赵，非不肖也。赵去司空马而国亡。国亡者，非无贤人，不能用也。

注解

①缲（zuǒ）：指武安君李牧。

②病钩：指胳膊不能伸直，只能弯曲着。

译文

韩仓果然诋毁武安君李牧，赵王就派人代替了李牧统帅军队。武安君返回邯郸后，赵王就派韩仓数落武安君李牧："之前将军您打了胜仗，大王向您敬酒，将军您向大王贺寿，手却握着匕首，应该被诛杀！"武安君解释说："那是因为我的右胳膊有病，不能伸展，我的身躯虽高大胳膊却比较短，向大王跪拜的时候双手够不到地，我害怕这样对大王不敬，担心犯了死罪，于是就叫木工用木头做了一个假臂。赵王如果不信的话，我请求出示我的手臂。"于是就从袖中取出假臂，向韩仓出示。假臂像是木橛一样，缠着布条。李牧恳求道："希望您能入宫替我辨明。"韩仓却说："我仅是听从于大王的命令而已，大王要赐死将军，决不赦免，我不敢替你说话。"于是武安君只好向北面朝赵王拜谢赐予他死罪，将要抽出宝剑自杀，又说道："为人臣子不能在宫中自杀。"于是就走出司空马的门，走得越发地快，出了诹门，右手拿着宝剑要自杀，但是胳膊太短够不着，于是就用嘴含住剑，将剑柄抵在柱子上刺杀自己。武安君死后，五个月赵国就灭亡了。

平原令之后每次见到别人，总会替司空马感慨道："可惜啊，司空马！"同时他还认为，司空马被秦国驱逐，并非是因为他不聪明；离开赵国，不是因为无能。司空马离开赵国，赵国就灭亡。由此可以看出，国家灭亡不是因为没有贤人，而是因为君主不能采用贤人。

评析

司空马的确是个政治贤才，他老成谋国，不为清名所羁绊，不为节气所累，他所追求的是一种实实在在的政治效用，他暂时的退让忍辱和委曲求全的谋略，是为了保存实力和维护更大的利益，如果只为某种节气道义宁为玉碎，那么由于自己的实力不够只能导致全局的崩溃。司空马深深懂得政治的较量就是实力的较量，所以他向赵王反复询问赵国与秦国的实力对比，要让赵王感到自己的实力不够，实力不够就不能贸然行事，就不能为清名而牺牲，相反的，只有保存实力、徐图长计，只有退缩、忍耐和委曲求全才是正确的抉择。

四国为一，将以攻秦

原文

四国[1]为一，将以攻秦。秦王召群臣宾客六十人而问焉，曰："四国之一，将以图秦，寡人屈于内，而百姓靡于外，为之奈何？"群臣莫对。姚贾[2]对曰："贾愿出使四国，必绝其谋而安其兵。"乃资车百乘，金千斤，衣以其衣，冠舞以其剑。姚贾辞行，绝其谋，止其兵，与之为交以报秦。秦王大悦，贾封千户，以为上卿。

注解

①四国：据下文，指的是荆、吴、燕、代，荆即楚，代即赵，代并于赵仍称赵。
②姚贾：魏人，始皇时仕秦。

译文

荆、吴、燕、代四国联合，准备攻秦。秦王政召集臣下六十人，向他们问计，说："四国合一，打算对付秦国，寡人内则财力困窘，外则百姓耗损，如何应对？"群臣个个沉默不语。姚贾挺身说道："为臣愿出使四国，打消他们攻秦的念头，让他们停止军事行动。"秦王于是准备了百辆车，千斤金，让姚贾穿上自己的衣服，戴上自己的帽子，佩带上自己的宝剑。姚贾拜别秦王，打消了四国攻秦的念头，让他们停止了军事行动，并和他们结交而还。秦王非常高兴，把千户封给姚贾，并拜他为上卿。

原文

韩非短之,曰:“贾以珍珠重宝南使荆、吴[1],北使燕、代之间三年,四国之交未必合也,而珍珠重宝尽于内,是贾以王之权、国之宝,外自交于诸侯,愿王察之。且梁监门子,尝盗于梁,臣于赵而逐。取世监门子,梁之大盗,赵之逐臣,与同知社稷之计,非所以厉群臣也。”

注解

①吴:此指越,越灭吴,故此以吴代越。

译文

韩非诽谤他说:“姚贾带上珍贵的物品,南到荆、吴,北到燕、代,活动三年,未必能把四国真正拉拢,但带去的珍宝财物耗尽,这是利用大王的权势、国家的珍宝,和诸侯相勾结,希望大王明察。况且他是大梁守门人的儿子,曾有在大梁盗窃的前科,在赵国又曾被驱逐出境。用守门人之子、魏国的大盗、赵国的逐臣来过问国家的大政方针,恐怕不是鼓励群臣之道。”

原文

王召姚贾而问曰:“吾闻子以寡人财交于诸侯,有诸?”对曰:“有之。”王曰:“有何面目复见寡人?”对曰:“曾参[1]孝其亲,天下愿以为子;子胥[2]忠于君,天下愿以为臣;贞女工巧,天下愿以为妃[3]。今贾忠王而王不知也,贾不归四国,尚焉之?使贾不忠于君,四国之王尚焉用贾之身?桀听谗而诛其良将,纣闻谗而杀其忠臣,至身死国亡。今王听谗,则无忠臣矣。”

注解

①曾参:鲁人,孔子弟子,以孝著称。

②子胥:伍员,楚人,忠于吴,被吴王夫差所杀。

③妃:匹配。这里是配偶的意思。

译文

秦王召见姚贾问他道:"我听说你带上我的财物去和诸侯交往,有这回事吗?"姚贾回答道:"有。"秦王说:"你有什么脸面再来和我相见?"姚贾回答说:"曾参孝敬他的父母,天下都愿让他做自己的儿子;伍子胥对他的君王尽忠,天下的君主都愿让他做自己的臣子;女子善于刺绣,男人都愿让她做自己的配偶。如今我忠于大王却得不到信任。我不到四国,又到哪里去呢?假使我不忠于自己的君王,四国的君王怎么会信用我呢?夏桀听信谗言而杀掉他的良将,商纣听信谗言而杀掉他的忠臣,终于导致身死国亡。如今大王听信谗言,就不会再有人为你效忠了。"

原文

王曰:"子监门子,梁之大盗,赵之逐臣。"姚贾曰:"太公望[①],齐之逐夫,朝歌之废屠,子良之逐臣,棘津之雠不庸[②],文王用之而王[③]。管仲[④],其鄙之贾人也,南阳之弊幽[⑤],鲁之免囚[⑥],桓公用之而伯。百里奚,虞之乞人,传卖以五羊之皮,穆公[⑦]相之而朝西戎。文公用中山盗[⑧],而胜于城濮[⑨]。此四士者,皆有诟丑,大诽天下,明主用之,知其可与立功。使若卞随、务光、申屠狄[⑩],人主岂得其用哉!故明主不取其污,不听其非,察其为己用。故可以存社稷者,虽有外诽者不听;虽有高世之名,无咫尺之功[⑪]者不赏。是以群臣莫敢以虚愿望于上。"

秦王曰:"然。"乃复使姚贾而诛韩非。

注解

①太公望：姜尚，周开国功臣，后封于齐。

②棘津：在今山东日照境内。雠：同“售”。雠不庸：无人过问的佣工。

③文王：姬昌，西周开国之君。王(wàng)：称王。

④管仲：字夷吾，春秋时齐国名臣，佐齐桓公称霸。

⑤南阳：地区名，指今山东泰山以南，汶水以北一带。弊幽：隐没不为人知。

⑥鲁之免囚：齐国内乱，管仲奉公子纠奔鲁，后公子小白入齐，纠死，鲁入囚管仲，送他归齐。

⑦穆公：秦穆公，名任好，公元前？—前621年在位，为春秋五霸之一。

⑧文公：晋文公，名重耳，公元前？—前628年在位，为春秋五霸之一。中山：古国名，在今河北正定东北。中山盗指晋文公的侍从里凫须。

⑨城濮：在今山东鄄城西南临濮集。公元前633年，晋、楚两国在此作战，晋军大获全胜，于是晋文公成为霸主。

⑩卞随、务光：都是商汤王时的隐士，不愿接受汤的让位。申屠狄：商纣时人，见纣无道，投水自杀。

⑪咫尺之功：小功。周八寸为咫。

译文

秦王说：“你是守门人的儿子，魏国的大盗，赵国不要的臣子。”姚贾说：“太公望在东海之滨被老妇抛弃，在朝歌屠牛，牛肉无人问津，在子良手下办事被赶走，在棘津打工没有人雇用，但文王用他却成就了王业。管仲是齐国边远地区的小商贩，在南阳不为人知，又是鲁国赦免的囚犯，但齐桓公用他而成为霸主。百里奚是虞国的穷人，被人用五张羊皮转卖到秦国，但秦穆公用他使得西戎来朝。晋文公用中山的小偷，却取得了城濮之战的胜利。这四个人，都忍受过耻辱,遭受天下人的诽谤,但明君能任用他们,因为知道他们可以为国立功。假使像卞随、务光、申屠狄那样的隐士,人君怎么能使用他们呢?所以明君不看他的污点,不听人指摘他的过失,主要看他能否为自己所用。只要能安定国家,就不听外边对他的诽谤;即使有很大的名气,要是没有微功可录,也不加以赏赐,所以群臣就不会有无功受禄的非分之想。”秦王说:“你说得对。”就重新派出姚贾而杀掉了韩非。

评析

在一个很重视伦理道德的社会,诽谤他人最常用最狠毒的办法就是从道德上攻击他人,姚贾没有被权臣的诬陷吓倒,他也深知需要自己来表白来辩解,不然的话误解会更加严重。其实姚贾所指出的不重清名而重功利的作风正是战国时代的优点所在,那时儒家还没有列为正统,后代那种道德至上的虚骄之气还没有充斥官场,务实精神而非泛道德化为国家增添了活力,为战国时代成为中华文明的巅峰时期起到了关键的作用。

齐策一

靖郭君将城薛

原文

靖郭君[①]将城薛[②]，客多以谏。靖郭君谓谒者[③]，无为客通。齐人有请者曰："臣请三言而已矣！益[④]一言，臣请烹[⑤]。"靖郭君因见之。客趋而进曰："海大鱼。"因反[⑥]走。君曰："客有于此[⑦]。"客曰："鄙臣不敢以死为戏。"君曰："亡[⑧]，更言之。"对曰："君不闻大鱼乎？网不能止，钩不能牵，荡而失水，则蝼蚁得意焉。今夫齐亦君之水也。君长有齐阴[⑨]，奚以薛为？夫齐[⑩]，虽隆薛之城到于天，犹之无益也。"君曰："善。"乃辍城薛。

注解

①靖郭君：田婴。

②城薛：为薛地修筑城墙。

③谒者：通报者，通传者。

④益：增加。

⑤烹：古时把人放到油锅里或者沸水中处死的一种惩治罪行的方式。

⑥反：转身。

⑦客有于此：客人请留在这。
⑧亡：通“无”。
⑨阴：当读“阴”为“荫”。
⑩夫齐：一说为“失齐”，这里作“失齐”解。

译文

靖郭君田婴打算为薛地修建城墙，很多宾客都来进谏劝阻。靖郭君对通报者说不要替那些人通传。有个齐国人请求面见靖郭君，说：“我只请求说三个字就可以了，如果增加一个字的话，我请求对我处以烹刑。”靖郭君因此就召见了这位齐人。齐客快步走进去说：“海大鱼。”说完这三个字转身就想走。靖郭君说：“客请您留步。”齐客说：“我不敢把死当作儿戏。”靖郭君又说：“不，请您再接着说。”齐客继续说：“您难道没有听闻过大鱼吗？渔网捉不住它，鱼钩拉不动它；可是一旦海里变得空荡荡没有水的时候，蝼蛄、蚂蚁就能随意地把它吃了。现在齐国也就是您的水。假如您能永远地受到齐国的荫护，薛邑又有何用处呢？而如果没有了齐国的荫护，薛地的城墙即使修筑到天那么高，依然没有什么用处。”靖郭君说：“是。”因此就放弃了在薛地修筑城墙的想法。

评析

“一山不能容二虎”，与国王是兄弟既显贵也很危险，绝不能让国王觉得你有取而代之的野心。在公司、在单位，我们位高权重时，也要时时摆正自己的位置，绝不要让他人抓住你有非分之想的把柄。

靖郭君善齐貌辨

原文

靖郭君善齐貌辨①。齐貌辨之为人也多疵②,门人弗说③。士尉④以证靖郭君,靖郭君不听,士尉辞而去。孟尝君⑤又窃⑥以谏,靖郭君大怒,曰:"刬而类⑦,破吾家,苟可慊⑧齐貌辨者,吾无辞为之。"于是舍之上舍,令长子御,旦暮进食。

注解

①齐貌辨:人名,靖郭君的门客。

②多疵:许多毛病,在此指其不拘泥于小节。

③说:通"悦",喜欢。

④士尉:人名,靖郭君的门客。

⑤孟尝君:田文,靖郭君田婴的儿子,"战国四公子"之一。

⑥窃:暗中。

⑦刬而类:灭了我们这一族。刬:灭。类:族类。

⑧慊:使之满意。

译文

靖郭君对齐貌辨特别的亲近。但是齐貌辨和人相处不拘泥于小节,因此许多门客都不喜欢他。一个名叫士尉的门客想要劝说靖郭君,靖郭君不听取他的进谏,士尉就告辞离开了。孟尝君又在暗中进谏把齐貌辨驱逐出去,靖郭君十分恼怒,说:"哪怕是灭了我们这个家族,破坏了我的家业,如果能让齐貌辨满意，我将对此没有任何推辞！”于是田婴就安排齐貌辨住在上等客房，还派长子给齐貌辨驾车，早晚服侍他吃饭。

原文

数年，威王薨[1]，宣王立。靖郭君之交，大不善于宣王，辞而之薛，与齐貌辨俱留。无几何，齐貌辨辞而行，请见宣王。靖郭君曰：“王之不说[2]婴甚，公往，必得死焉。”齐貌辨曰：“固[3]不求生也，请必行。”靖郭君不能止。

注解

①薨（hōng）：古时对帝王或诸侯去世的委婉表达。

②说：通“悦”，喜欢。

③固：原本。

译文

几年之后威王驾崩了，齐宣王继位莅政。靖郭君田婴与齐宣王相交很不好，于是就辞官回到自己的封地薛地，和齐貌辨都留在了薛城。可是没过多少时间，齐貌辨就向田婴告辞，请求晋见齐宣王。田婴对他说：“宣王不喜欢我田婴，你去的话，必然会被处死！”齐貌辨说：“我原本也不想活着了，我一定要去。”田婴没有办法阻止他。

原文

齐貌辨行至齐，宣王闻之，藏怒以待之。齐貌辨见宣王，王曰：“子，靖郭君之所听爱夫？”齐貌辨曰：“爱则有之，听则无有。

王之方为太子之时，辨谓靖郭君曰：‘太子相不仁，过颐豕视，若是者[1]倍反。不若废太子，更立卫姬婴儿郊师。’靖郭君泣，而曰：‘不可，吾不忍也。’若听辨而为之，必无今日之患也。此为一。至于薛，昭阳请以数倍之地易[2]薛。辨又曰：‘必听之。’靖郭君曰：‘受薛于先王，虽恶于后王，吾独谓先王何乎！且先王之庙在薛，吾岂可以先王之庙与楚乎？’又不肯听辨。此为二。”宣王大息，动于颜色曰：“靖郭君之于寡人一至此乎？寡人少，殊不知此。客肯为寡人来靖郭君乎？”

齐貌辨对曰：“敬诺[3]。”

注解

①若是者：像这样的人。

②易：交换。

③敬诺：对对方很恭敬地做出肯定答复。

译文

齐貌辨出行，来到了齐国，宣王听闻了这件事，储藏着愤怒等待齐貌辨的到来。齐貌辨朝见宣王，宣王对他说：“你，是不是靖郭君所恩宠、听信的人？”齐貌辨说：“靖郭君的确对臣很恩宠，但并不是听信。当年宣王您还是太子的时候，我曾经对靖郭君说：‘太子相貌不够仁爱，两腮太大，喜欢像猪一样偷看。像这样的人如果当了国君的话必然违背正道。不如废掉太子，再立卫姬的儿子郊师为太子。’靖郭君却大哭着对我说：‘不行，我不忍心。’倘若靖郭君什么都听信并按照我说的做的话，靖郭君肯定不会有今天的祸害，这是第一件事。到了薛城之后，楚相国昭阳请求用几倍的土地和靖郭君交换薛地，我又对靖郭君进谏说：‘您一定要听信这个请求啊。’靖郭君说：‘薛地是我从先王那里得到的，即使宣王厌恶我，我该怎么向先王交代啊？并且薛地还是先王的宗庙所在的地方，我怎么能够把先王的宗庙给楚国呢？’他又不肯听信于我。这是第二件事。”齐宣王长叹一声，脸上的颜色都变了，说：“靖郭君对我的感情竟然会如此深厚啊！我年少，不知道这些。先生您肯为我请求靖郭君回来吗？”齐貌辨答道：“可以。”

原文

靖郭君衣①威王之衣，冠舞其剑。宣王自迎靖郭君于郊，望之而泣。靖郭君至，因请相之。靖郭君辞，不得已而受。七日谢病强辞，三日而听。

当是时，靖郭君可谓能自知人矣。能自知人，故人非之，不为沮。此齐貌辨之所以外生、乐患、趣难者也。

注解

①衣：穿上。

译文

靖郭君田婴穿上威王赐给自己的衣服，戴上威王赐给自己的帽子，腰里佩戴着威王赐给自己的宝剑。宣王自己到都城的郊外迎接他，宣王一看到他就哭了。靖郭君来到朝廷之后，宣王就请求他担任相国。靖郭君田婴推辞，没有办法最后就接受了。但是七天之后，就声称生病而强行推辞，三天之后宣王总算才答应了田婴的辞职。

这时候，靖郭君这才可以说是能够了解别人啊！由于自己可以了解别人，因此即使别人非议，他也不会为此沮丧。这也就是齐貌辨把生死放在外边、乐于帮人解除忧患、救助处于危难中之人的原因。

评析

齐貌辨果然不负靖郭君的器重和信任，以卓越的口才与谋略使自己的主人挽回了一切。齐貌辨对齐王先是沉默，这样可以先揣摩齐王的心理，静候齐王开口以找到机会。当齐王开口就说到靖郭君是否对齐貌辨言听计从时，齐貌辨终于找到机会，把自己一番丑化，从而衬托出了靖郭君的忠心和伟大来。这实际上是游说中的苦肉计，通过污损自己来换取信任，来达到目的。让一个人甘心为自己赴汤蹈火、肝脑涂地是很不容易的，这既需要物质上的接济帮助，更需要心灵上的肝胆相照、心心相印。“女为悦己者容，士为知己者死”。当你成为一个人的知己时，那么他才有可能为你做出牺牲和付出。光有一番雄才大略，而没有几个知己，是绝不能成大事的。

成侯邹忌为齐相

原文

成侯邹忌为齐相，田忌为将，不相说。公孙闬[1]谓邹忌曰：“公何不为王谋伐魏？胜，则是君之谋也，君可以有功；战不胜，田忌不进[2]，战而不死，曲挠[3]而诛。”邹忌以为然，乃说王而使田忌伐魏。

注解

①公孙闬（hàn）：齐国人，邹忌的门客。

②不进：指不再威胁到邹忌。

③曲挠（náo）：这里指混淆视听、罗织罪名。

译文

成侯邹忌是齐国的相国，田忌是齐国的大将，两人感情不睦，互相猜忌。公孙闬献计给邹忌说：“阁下何不策动大王，令田忌率兵伐魏。打了胜仗，那是您策划得好，大可居功；一旦战败，田忌假如不死在战场，回国也必定枉死在军法之下。”邹忌认为他说得有理，于是劝说齐威王派田忌讨伐魏国。

原文

田忌三战三胜，邹忌以告公孙闬，公孙闬乃使人操十金①而往卜②于市，曰："我田忌之人也，吾三战而三胜，声威③天下，欲为大事④，亦吉否？"卜者出，因令人捕为人卜者⑤，亦验其辞⑥于王前。田忌遂走。

注解

①十金：当时齐国二十两为一金。

②卜（bǔ）：烧灼龟甲，看其裂纹以预测吉凶。

③威：威慑，使恐惧而屈服。

④为大事：这里指谋反夺权的事。

⑤为人卜者：帮人占卜预测吉凶的人。

⑥验其辞：验证占卜者讲的话。

译文

谁料田忌三战皆胜，邹忌赶紧找公孙闬商量对策。公孙闬就派人带着二十斤黄金招摇过市，找人占卜，自我介绍道："我是田忌将军的臣属，如今将军三战三胜，名震天下，现在欲图大事，麻烦你占卜一下，看看吉凶如何？"卜卦的人刚走，公孙闬就派人逮捕卖卜的人，在齐王面前验证这番话。田忌闻言大恐，出走避祸。

评析

战功可以抹杀，事实可以歪曲，好事顷刻变成了坏事。语言的危险性又一次暴露出来。事实上人们的确生活在一个传播的世界中，传播决定了事实，事实本身是什么，在于那些有心计的人来设计了。

田忌亡齐而之楚

原文

田忌亡[1]齐而之楚，邹忌代之相齐，恐田忌欲以楚权复于齐。杜赫曰："臣请为君留之楚引。"

注解

①亡：逃亡。

译文

由于邹忌的诬陷，田忌逃出齐国，避祸于楚。邹忌在齐国取得了更大的权柄，却每日忧心不已，生怕哪一天田忌借助楚国的势力重回齐国掌权。杜赫对他说："我可以为您设法让田忌留在楚国"。

原文

谓楚王曰："邹忌所以不善楚者，恐田忌之以楚权复[1]于齐也。王不如封田忌于江南，以示忌之不返齐也，邹忌必以齐厚事楚。田忌亡人也，而得封，必德王。若复于齐，必以齐事楚。此用二忌之道也。"楚果封之于江南。

注解

①复：返。

译文

杜赫于是对楚宣王说："齐相邹忌之所以不愿意与楚交好，只是因为担心亡臣田忌借重楚国重返于齐。大王何不封田忌于江南，以此向邹忌表明田忌不再返齐国。邹忌感激大王，一定会让齐国很好地对待楚国。再者，田忌是个逃亡的人，能得到封地，已是意外之喜，定然对大王感激涕零。他日假如能回到齐国，同样也会尽力促进两国交好。这是充分利用邹忌、田忌的两全之策啊。"楚王果然把田忌封在江南。

评析

杜赫抓住了楚王期望与齐国交好的心理，一切从此出发，来诱导楚王按自己的计划行事。杜赫的高明之处还在于指出了自己策略是个两全之策，既能满足当前的利益，又能利于今后的利益，如此为他着想的上上之谋，楚王岂有不采纳之理。

秦假道韩魏以攻齐

原文

秦假道韩、魏以攻齐，齐威王①使章子将②而应之。与秦交和③而舍，使者数相往来。章子为变其徽章，以杂秦军。候者④言章子以齐入秦，威王不应。顷之间，候者复言章子以齐兵降秦，威王不应。而此者三。有司请曰："言章子之败者，异人而同辞，王何不发将而击之？"王曰："此不叛寡人明矣，曷为击之！"

注解

①齐威王：一说应为齐宣王。

②将：统帅。

③交和：双方军队对峙。

④候者：侦察人员。

译文

秦军向韩国和魏国借道去攻打齐国，齐威王就派大臣章子领兵出迎秦军。齐军和秦军两军对峙，双方使节屡次相互出使来往。匡章就改变了齐军的军旗服装，冒充混杂到秦军里。齐王的侦察人员向齐王报告说："匡章带领齐军向秦军投降了。"齐威王没有什么回应。过了一会儿，侦察人员又向齐王报告说："匡章带领齐军向秦军投降了。"齐威王依然没有什么回应。事情就这样一连反复了好几次。有个军吏向齐王请示道："不同的探兵都一致地声称匡章战败投敌，大王您为什么不派遣军队去征讨他呢？"威王回答说："很明显这个人不会背叛我，为什么要派兵去征讨他呢？"

原文

顷间，言齐兵大胜，秦军大败，于是，秦王拜西藩之臣而谢于齐①。左右②曰："何以知之？"曰："章左之母启，得罪其父，其父杀之而埋马栈之下。吾使者章子将也，勉之曰：'夫子之强，全兵而还，必更葬将军之母。'对曰：'臣非不能更葬先妾③也。臣之母启得罪臣之父。臣之父未教而死。夫不得父之教而更葬母，是欺死父也。故不敢。'夫为人子而不欺死父，岂为人臣欺生君哉？"

注解

①秦王拜西藩之臣而谢于齐：秦王称自己为"西藩之臣"朝拜齐王并向其谢罪。

②左右：近臣。

③先妾：指其母亲，是对先父的妻子的谦称。

译文

不久之后，有人传报说："齐军大获全胜，秦军遭受很大战败。"于是，秦王就作为"西藩之臣"朝拜齐王并向齐王谢罪。近臣们都问齐王："大王您怎么会知道章子没有战败投敌呢？"齐王说："章子的母亲启，对章子的父亲犯下了罪，章子的父亲就杀了他母亲，并把他母亲埋在了马栈之下。我任用章子为将出兵迎击秦军，勉励他说：'倘若你能作战得胜，率领全部的军队返还到齐国，我必定会把您的母亲迁土重葬。'匡章说：'我并非不能替我母亲迁土重葬。只是因为我的母亲启对我的父亲犯下了罪过，我父亲没有教导我为母亲迁土重葬就死了。我未能得到父亲的准许，把母亲迁土重葬了，这实际就是欺骗死去的父亲。因此我不敢为母亲迁葬。’作为儿子他不会欺骗去世的父亲，作为臣子又怎么会欺骗尚且还活着的君王呢。”

评析

“一滴水可以知大海”，是因为海水的构成大体上是同一的，由一部分就可知全部的构成。一个人的品行也有其规律和惯性，通过观察他处理的一件事，基本上就可知道他的为人和操守，尤其是那些同一性质的事情，通过掌握一件事，就可以举一反三、触类旁通。可贵的是齐威王真是一个明君，对章子可谓有“知遇之恩”。齐威王不仅很会识人、鉴人，而且极其坚信自己的判断，在“三人成虎”“谎言说一万遍就是真理”的语言世界里没有丧失意志力和判断力，没有被谣言所迷惑，他的过人之举，除了归功于他对章子有个基本的判断外，也归功于他对语言的危险魔力有着清醒的认识。

苏秦为赵合从说齐宣王

原文

苏秦为赵合从，说齐宣王曰：“齐南有太山，东有琅邪，西有清河，北有渤海，此所谓四塞之国也。齐地方二千里，带甲数十万，粟如丘山。齐车之良，五家之兵，疾如锥矢，战如雷电，解①如风雨，即有军役，未尝倍太山②，绝③清河，涉渤海也。”

注解

①解：解散，散开。

②太山：泰山。

③绝：穿过，经过。

译文

苏秦为了赵国合纵的事去游说齐宣王说:"齐国南有泰山,东有琅琊山,西有清河,北有渤海,这就是所谓四面都有要塞的金城汤池之国。齐国地方两千里,将士有几十万,军粮堆积如山。齐国战车精良,又有五国军队的支援,战争集结会像飞箭一般的快速,作战时像闪电一般凶猛,解散时像风停雨止一样迅速。即使对外发生战争,敌军也从来没有越过泰山,渡过清河,跨过渤海。"

原文

"临淄之中七万户,臣窃度之,下户三男子,三七二十一万,不待发于远县,而临淄之卒,固以二十一万矣。

"临淄甚富而实,其民无不吹竽、鼓瑟、击筑、弹琴、斗鸡、走犬、六博、蹴鞠[1]者;临淄之途,车毂击,人肩摩,连衽成帷,举袂[2]成幕,挥汗成雨;家敦[3]而富,志高而扬。夫以大王之贤与齐之强,天下不能当。今乃西面事秦,窃为大王羞之。"

注解

①蹴鞠:踢球。古代军中习武之戏。

②袂:衣袖、袖子。

③敦:敦厚,淳厚。

译文

"首都临淄有七万户人家,据臣私下的估计,即使一律以小户计算,平均每户也有三名壮丁,三七就是二十一万人,根本不必征调远方的兵力,光是临淄一城就可以组成二十一万大军。

"临淄人民非常富庶,一般人都会吹竽、鼓瑟、击筑、弹琴、斗鸡、赛狗、赌博、踢球,可见临淄人民的生活多么讲究。临淄的街道上车水马龙,车轴相接,人肩膀和肩膀相擦,把衣襟连起来可做成帷帐,把衣袖举起来可以做成幔幕,擦一把汗可以形成雨,家家生活都非常富裕,人人志气都极为高昂。凭大王的贤明和齐国的富强,天下诸侯都不敢跟齐国对抗。不料如今齐国竟然往西去侍奉秦国,臣在私下实在为大王感到羞愧。"

原文

"且夫韩、魏之所以畏秦者,以与秦接界也。兵出而相当,不至十日,而战胜存亡之机决矣。韩、魏战而胜秦,则兵半折①,四境不守;战而不胜,以亡随其后。是故韩、魏之所以重②与秦战而轻为之臣也。"

注解

①折:折损。

②重:注重。

译文

"况且韩、魏所以恐惧秦国,是由于跟秦国接界的缘故。秦国出兵攻打韩、魏,不到十天就可以决定胜败存亡的命运。假如韩、魏能够战胜秦军,那韩、魏之军必然要损失大半,四面的边境就无法防守;假如韩、魏一战而败,那随之而来的就是灭亡。所以韩、魏才不敢轻易向秦国宣战,只好忍气吞声当秦的附庸国。"

原文

“今秦攻齐则不然，倍韩、魏之地，至闱[1]阳晋之道，径亢父之险，车不得方轨，马不得并行，百人守险，千人不能过也。秦虽欲深入，则狼顾[2]，恐韩、魏之议其后也。是故恫[3]疑虚喝，高跃而不敢进，则秦不能害齐，亦已明矣。夫不深料秦之不奈我何也，而欲西面事秦，是群臣之计过也。今无臣事秦之名，而有强国之实，臣固愿大王少留计。”

齐王曰：“寡人不敏，今主君以赵王之教诏之，敬奉社稷以从。”

注解

①闱：卫。

②狼顾：狼性多疑，行走时常回头观看，因以喻人疑虑不安。

③恫：通“痌”。

译文

“现在秦国假如攻打齐国，情形就有所不同，因为在秦国的背后有韩、魏扯秦国的后腿，同时秦军必然经过卫地阳晋的要道和亢父的险阻，在这里车马都不能并行，只要有一百个人守住天险，即使一千人也无法通过。秦国虽然想发兵深入，但是又必须顾及后方，唯恐韩、魏扯秦军的后腿。所以秦兵只是虚张声势，实际上却犹豫不决不敢进攻，可见秦国不能攻齐已经很明显。大王不仔细估量秦国并不敢对齐国如何，反倒想要往西给秦国当附庸国，这就是群臣在计谋上的失误。现在齐国并无臣事秦国的名分，而是具有强国的实力，但愿大王多加考虑！”

齐宣王回答说：“寡人不太聪明，如今贤卿既然用赵王的话来指教寡人，寡人愿以齐国社稷听从您的指挥。”

评析

苏秦为自己的事业四处奔波、极力游说，充满了热忱和力量，所以他不吝词语、滔滔不绝、极尽夸张铺陈渲染之能事。语言的堆砌和重复可以加强话语的力度，加重受众的判断，显示说话者的热情和力量。所以话语的铺陈不是浪费，是十分必要的说话技巧。不善言辞者以为把一个事情讲清楚明白就可以了，实际上他们没有明白除了说服人的理性外，还要在感情上打动受众，用热情、强烈的关心来感染受众。如果苏秦不大肆渲染、铺陈齐国的民殷国富、兵强马壮，齐王就不一定会很快听从。

张仪为秦连横说齐王

原文

张仪为秦连横说齐王曰："天下强国无过①齐者，大臣父兄殷众富乐，无过齐者。然而为大王计者，皆为一时说而不顾②世之利。从人③说大王者，必谓齐西有强赵，南有韩、魏，负海之国也，地广人众，兵强士勇，虽有百秦，将无奈我何！大王览其说，而不察其至实。"

注解

①过：超过。

②顾：考虑，想到。

③从人：想要合纵的人。从，通"纵"，合纵。

译文

张仪为秦国的连横政策而去游说齐宣王说："天下的强国没有超过齐国的，朝野上下的大臣及家族都富足安乐，这一点也没有哪个国家能比得上齐国。可惜为大王出谋划策的人，都是为一时的近利而空谈理论，并不能为万世的长治久安做打算。那些主张合纵的人，必然向大王说：'齐国西面有强赵，南面有韩、魏，东面濒临大海，土地广阔，人民众多，兵强马壮，即使有一百个秦国，也对齐国无可奈何。'大王只接受了他们的游说，却没有考虑到这些话是否实在？"

原文

"夫从人朋党[1]比周，莫不以从为可。臣闻之，齐与鲁三战而鲁三胜，国以危，亡随其后，虽有胜名而有亡之实，是何故也？齐大而鲁小。"

注解

①朋党：结党。

译文

"主张合纵的人，都互相结党，认为合纵政策很好。据臣所知：齐和鲁交战三次，每次都是鲁国胜利，可是鲁国却因胜而衰，最后竟因此而亡国。只徒有虚名，实际上却陷于危亡的命运，这是什么道理呢？因为齐国大而鲁国小。"

原文

“今赵之与秦也，犹齐之于鲁也。秦、赵战于河漳[1]之上，再[2]战而再胜秦；战于番吾[3]之下，再战而再胜秦。四战之后，赵亡卒数十万，邯郸仅存。虽有胜秦之名，而国破矣！是何故也？秦强而赵弱也。”

注解

①河漳：黄河和漳河。

②再：两次。

③番吾：赵国地名，位于今河南平山县附近。

译文

“现在赵国和秦国相比，就如同齐国和鲁国一样。秦、赵战于黄河和漳河之滨，赵国两次交战两次战胜秦军，在赵邑番吾山下作战，又是两次都打败了秦军。但是四次战争以后，赵国损失几十万大军，仅仅只剩下一个首都邯郸。这就是虽然有战胜秦国的虚名，可是赵国却因此而削弱，这是什么缘故呢？还是因为秦国强大而赵国弱小啊。”

原文

“今秦、楚嫁子取妇，为昆弟[1]之国；韩献宜阳，魏效河外，赵入朝渑池，割河间以事秦。大王不事秦，秦驱韩、魏攻齐之南地，悉赵涉河关，指博关，临淄、即墨[2]非王之有也。国一日被攻，虽欲事秦，不可得也。是故愿大王熟[3]计之。”

注解

①昆弟：兄弟，指像兄弟一样亲近。

②临淄、即墨：齐国地名，分别位于今山东博平县、平度县一带。

③熟：仔细。

译文

“如今秦、楚互通婚姻，两国约为兄弟之邦。韩国献宜阳给秦国，魏国献河外给秦国，而赵国更到秦邑渑池给秦王朝贡，并且割让河间地方给秦，他们纷纷成为秦的附庸国。假如大王不臣事秦国，秦国就会驱使韩、魏攻打齐国的南部，然后还将全部征调赵国之兵渡过河关，长驱直入向博关进攻，这样临淄和即墨就不是大王所有了。假如齐国忽然有一天被攻破，那时即使再想臣事秦国已来不及了，因此希望大王慎重考虑！”

原文

齐王曰：“齐僻陋隐居，托①于东海之上，未尝闻社稷之长利。今大客②幸而教之，请奉社稷以事秦。”献鱼盐之地三百里于秦也。

注解

①托：寄托，寄居。

②大客：高贵的客人，暗指张仪。

译文

齐宣王说："齐国地方偏僻鄙陋，而且东临大海，还没考虑过社稷的长远计划，所幸现在有贵客前来指教，寡人愿意以国家社稷来侍奉秦国。"于是齐国献给秦国出产鱼盐的土地三百里。

评析

国与国之间的竞争完全是实力的较量，并不取决于一两次战争的输赢。张仪向齐王说明了这个道理。不仅如此，张仪又列举其他国家附庸、臣事秦国的例子，让其从众效尤。从实力的差距和从众心理出发，张仪终于说服齐国。

在张仪看来，齐国被苏秦说服进行合纵也不是定局，任何事情都不是铁板一块，都有缝隙可钻。所以经过他的谋划和游说，齐国反而听从了连横的主张。事在人为，我们在说服他人时不应该强调客观的障碍、受众一方的定见，只要我们抓住受众内在弱点和裂隙，就可以找到突破口，改变他的思想和观点。

齐策二

张仪事秦惠王

原文

张仪事秦惠王。惠王死，武王立。左右恶张仪，曰："仪事先王不忠。"言未已①，齐让②又至。

张仪闻之，谓武王曰："仪有愚计，愿效③之王。"王曰："奈何？"曰："为社稷计④者，东方有大变，然后王可以多割地。今齐王甚憎仪，仪之所在，必举兵伐之。故仪愿乞不肖身而之梁，齐必举兵伐之。齐、梁之兵连于城下，不能相去⑤，王以其间伐韩，入三川，出兵函谷而无伐，以临周，祭器必出，挟天子，案图籍⑥，此王业也。"王曰："善。"乃具革车三十乘，纳之梁。

注解

①已：完，毕。

②让：责备。

③效：致，献。

④计：考虑，打算。

⑤去：离。

⑥案图籍：案，考察。图籍，地图和户籍。

译文

张仪侍奉秦惠王，惠王死，武王即位。武王的左右近臣乘机毁谤张仪，指责他过去不忠于惠王。祸不单行，齐王这时又派使者前来谴责武王，说他不该重用张仪。

张仪听说这些事后，跑来对武王说："臣有一条计策，虽然并不高明，还望大王裁决。"武王问他："有何计策？"张仪说："为国家社稷利害考虑，其最上策莫如山东诸国发生变乱，大王乘势攻城略地，扩充疆土。如今齐王对臣恨之入骨，无论臣走到哪里，他都会不顾一切发兵攻打。所以臣愿意捐弃不肖之身前往魏国，从而挑动齐王出兵攻魏。当齐、魏兵马在大梁城下打得不可开交之时，大王可乘机侵入韩国三川之地，使秦兵东出函谷畅通无阻，麾兵直逼两周地界，索取天子祭器，然后挟天子，按图籍，君临天下，这可是万世不移的帝王基业啊！"武王称善，于是派出30辆兵车，把张仪送到魏都大梁。

原文

齐果举兵[1]伐之。梁王大恐。张仪曰："王勿患，请令罢齐兵。"乃使其舍人冯喜之楚，借使之齐。齐、楚之事已毕，因谓齐王："王甚憎张仪，虽然，厚矣王之托仪于秦王也。"齐王曰："寡人甚憎张仪，仪之所在，必举兵伐之，何以托仪也？"对曰："是乃王之托仪也。仪之出秦，因与秦王约曰：'为王计者，东方有大变，然后王可以多割地。齐王甚憎仪，仪之所在，必举兵伐之。故仪愿乞不肖之身而之梁，齐必举兵伐梁。梁、齐之兵连于城下不能去，王以其间伐韩，入三川，出兵函谷而无伐，以临周，祭器必出，挟天子，案图籍，是王业也。'秦王以为然，与革车三十乘而纳仪于梁。而果伐之，是王内自罢而伐与国，广邻敌以自临[2]，而信仪于秦王也[3]。此臣之所谓托仪也。"王曰："善。"乃止。

注解

①举兵:发兵,出兵。

②广邻敌以自临:把邻国变成了敌人而自相残杀。

③而信仪于秦王也:齐国如果出兵攻魏就使张仪取信于秦王。

译文

齐王果然发兵攻魏。魏王大恐。这时张仪站出来说:"大王不要忧心,臣可令齐国退兵。"于是张仪授计舍人冯喜,把他派往楚国。冯喜借用楚国使者的名义前往齐国。冯喜到齐,处理完齐、楚之间的事务后借机对齐王说:"素来闻说大王恨张仪入骨,可是令臣奇怪的是,大王为何在秦王面前如此抬举张仪呢?"齐王奇怪地问道:"寡人非常憎恨张仪,张仪在哪里,寡人必定攻打哪里,令其无处藏身,先生何故说寡人抬举张仪?"冯喜说:"这正是大王抬举张仪之处。张仪离开秦国之时,曾与武王密谋计议。张仪说:'为大王计,莫如东方战乱大起,秦国便可乘机扩张土地。齐王对臣十分痛恨,无论臣在何处安身,不管山高水远,不管多高的代价,必然引兵来伐。臣愿以身为饵,到魏为臣,使齐王攻魏。当两国兵连祸结之时,大王可乘势攻韩,取三川,出函谷,直逼周,收取天子祭器,而后挟天子,按图籍,以图王业。'秦王觉得很是不错,就依计而行,用30辆兵车,送张仪到魏。大王果然中了张仪的诡计,为一个张仪而引兵伐魏,此举对内使民众疲弊,对外交恶盟国、广树仇敌于邻邦,使自己陷于不利境地,而且更重要的是使张仪更得到秦王的宠信。这就是臣所说的'抬举张仪'。"齐王醒悟,赶忙停止进攻魏国。

评析

张仪不仅谋略深厚而且反应敏捷,对待祸患很快想出了应变对策。张仪为国家利益四处穿梭、施展计谋、活动能量特别巨大,因此树敌很多,国内外几成众矢之的。张仪也深知自己是个是非之身、纷争之源,所以他以自己的特点出发,作为诱发祸端的诱饵,然后让自己的国家乘乱取利,当秦王取得利益之后,必然会对张仪改变看法,自己也就可以脱离祸患、走出阴影了。张仪的计谋不能不让我们叹服。

昭阳为楚伐魏

原文

昭阳为楚伐魏，覆[1]军杀将，得八城，移兵而攻齐。陈轸为齐王使，见昭阳，再拜贺战胜，起而问："楚之法，覆军杀将，其官爵何也？"昭阳曰："官为上柱国[2]，爵为上执珪[3]。"陈轸曰："异贵于此者何也？"曰："唯令尹耳。"

注解

①覆：灭亡。

②上柱国：又称柱国，楚国最高武官。

③上执珪：楚国最高爵位。珪：一种玉制礼器，长条形，上尖下方。

译文

昭阳为楚国攻打魏国，击溃了魏军，杀死魏将，占领了八座城池，然后又调遣军队去攻打齐国。陈轸作为齐威王的使者去见昭阳，对昭阳拜了两拜，祝贺他打了胜仗，起身问昭阳："依照楚国的法制，击溃敌军，杀死敌将，能够得到什么样的官爵？"昭阳说："官职为上柱国，爵位为上执珪。"陈轸说："此外还有比这更高贵的官爵吗？"昭阳说："只有令尹了。"

原文

陈轸曰："令尹贵矣！王非置两令尹也，臣窃为公譬可也？楚有祠者，赐其舍人卮[1]酒。舍人相谓曰：'数人饮之不足，一人

饮之有余。请画地为蛇,先成者饮酒。'一人蛇先成,引酒且饮之,乃左手持卮,右手画蛇,曰:'吾能为之足。'未成,一人之蛇成,夺其卮曰:'蛇固无足,子安能为之足。'遂饮其酒。为蛇足者,终亡其酒。今君相[2]楚而攻魏,破军杀将,得八城,不弱兵,欲攻齐,齐畏公甚,公以是为名居足矣,官之上非可重也。战无不胜而不知止者,身且死,爵且后归,犹为蛇足也。"昭阳以为然,解军而去。

注解

①卮:古代一种器皿,常用来盛酒。

②相:辅助,扶助。

译文

陈轸说:"令尹是最尊贵的官了,楚王不会设置两个令尹的。我可以私下里为您打个比方吗?楚国有个举行祭祀的人,赏给他左右亲近的人一壶酒。这些人商量说:'这壶酒让几个人喝不够,让一个人喝就有剩余。让我们在地上画条蛇,先画成的喝酒。'其中有一个人先画成了蛇,拿过酒壶准备喝酒,于是左手拿着酒壶,右手继续画着,说:'我还能给蛇添上脚。'蛇脚还没有添完,另一个人把蛇画好了,于是夺过他的酒壶说:'蛇本来没有脚,你怎么能给它画上脚呢?'说着就把酒喝了。给蛇画脚的人始终没有喝上酒。现在你为楚国攻打魏国,击败了魏军,杀死了魏将,还占领了八座城池,你又调动军队想要攻打齐国,齐国很害怕你,你因此取得了威名,这也就够了,官爵也不可能再增加了。况且每次都打胜仗而不知适可而止的人,必将死于战事,死后爵位也要归还国君,这就像画蛇添足一样啊。"昭阳认为陈轸的话有道理,就带领军队回国了。

评析

陈轸果然是个厉害人物，用一个成语故事挽救了一个国家。他这次先分析了楚国大将昭阳自身的私利，挑明了如果昭阳为自身算计的话，就不应该攻打齐国。而这个私利是与陈轸自己的目标相重叠的——昭阳为私利采取行动，那么齐国就得救了。

实施这个谋略的根本在于向昭阳讲明过犹不及，不要画蛇添足，而要适可而止的道理。这个道理被陈轸用"画蛇添足"的寓言故事说得一清二楚、淋漓尽致。

秦攻赵长平

原文

秦攻赵长平，齐、楚救之。秦计曰："齐、楚救赵，亲①，则将退兵；不亲，则遂攻之。"

注解

①亲：指关系友好，亲近。

译文

秦兵攻打赵国的长平，齐、楚两国共同出兵救赵，秦王推断说："现在齐、楚两国来救援赵国，如果这两国和赵国精诚合作我们就退兵，否则我们就乘势攻打长平。"

原文

赵无以食，请粟于齐，而齐不听。苏秦谓齐王曰："不如听之以却[1]秦兵，不听则秦兵不却，是秦之计中，而齐、燕之计过[2]矣。且赵之于燕、齐，隐蔽[3]也，齿之有唇也，唇亡则齿寒。"

注解

①却：退。

②过：错误。

③隐蔽：指屏障。

译文

赵军缺乏食粮，准备向齐国借粮，可是齐国不肯借。苏秦对齐王说："大王不如把粮借给赵国，以便由赵国击退秦兵；假如不肯借粮给赵，那秦兵就不会击退，这正好中了秦国的计谋，而齐、燕的计划也实在有所失误。况且赵国是燕、齐的屏障，彼此的关系就如同牙齿和嘴唇一般，嘴唇如果没有了，那牙齿就会感到寒冷。"

原文

"今日亡赵，则明日及齐、楚矣。且夫救赵之务[1]，宜若奉[2]漏瓮，沃焦釜[3]。夫救赵，高义也；却秦，显名也。义救亡赵，威却强秦，不务为此，而务爱粟，则为国计者过矣。"

注解

①务:事。
②奉:捧。
③沃焦釜:往烧干的锅里加水。

译文

"今天假如让秦灭亡赵国,那明天就会轮到齐、楚灭亡。救援赵国的事如同用漏桶来灌救烧焦的锅一样。何况救赵又是一种高德义行,而击退秦兵又足可名震诸侯。既有救赵的义行,又可抵抗强秦的威风,不把兵用到这方面,却偏吝惜少许米粮,这就是基本国策的错误。"

评析

"唇亡齿寒",这个成语实际上也是地缘政治学上的经典。地缘上的互相依存、联盟抗暴是各国政治家的共识。所以当今世界地域性组织非常的众多。除了互利互助外,还能共同对付敌国。而如果忽视了地缘上互相之间的利害关系,国家之间、朋友之间不互相帮助,那么你的邻国、亲朋的受损境况,就是明天你的景况。

齐策三

楚王死太子在齐质

原文

楚王死，太子在齐质。苏秦谓薛公①曰："君何不留楚太子，以市②其下东国。"薛公曰："不可。我留太子，郢③中立王，然则是我抱空质而行不义于天下也。"苏秦曰："不然，郢中立王，君因谓其新王曰：'与我下东国，吾为王杀太子；不然，吾将与三国共立之。'然则下东国必可得也。"苏秦之事可以请行；可以令楚王亟④入下东国；可以益割于楚；可以忠太子而使楚益入地；可以为楚王走太子；可以忠太子使之亟去；可以恶苏秦于薛公；可以为苏秦请封于楚；可以使人说薛公以善苏子；可以使苏子自解于薛公。

注解

①薛公：孟尝君田文，"战国四公子"之一，因世袭他的父亲田婴的封地薛地，故称为薛公。

②市：交换，做买卖。

③郢：楚国的国都。

④亟：紧急，立刻。

译文

楚王驾崩，太子还在齐国做人质。苏秦对孟尝君说道："大人您为什么不扣留楚太子，让他把楚国东部靠近齐国边境的土地割让给齐国呢？"薛公说："不可以，倘若我把太子扣留了，国都中会再立下新的国君，这样的话我就等于是扣留了一个没用的人质，并且还会成为天下的不义之人。"苏秦又说："事情并非这样，倘若楚国再立下新君的话，您就可以对新君说：'您把楚国东部靠近齐国边境的土地让给我的话，我就替您把太子杀掉；不这样的话，我就会联合韩、魏三国共同拥立楚太子。'如此一来楚国东部靠近齐国边境的土地必然能够得到。"苏秦请求出使游说此事，使得楚王立刻把楚国东部靠近齐国边境的土地献出来，还可以得到楚国更多的割让之地；可以因为忠诚于太子使楚国割让更多的土地给我们；我们可以替楚王把太子赶走；可以因为忠诚于太子让太子马上离开齐国；可以在孟尝君面前诋毁苏秦；可以替苏秦向楚王讨得封赏；可以让人游说孟尝君，让他与苏秦交好；还可以使苏秦自己向孟尝君解说。

原文

苏秦谓薛公曰："臣闻谋泄[①]者事无功，计不决[②]者名不成。今君留太子者，以市下东国也。非亟得下东国者，则楚之计变，变则是君抱空质而负名于天下也。"薛公曰："善。为之奈何？"对

曰:"臣请为君之楚,使亟入下东国之地。楚得成,则君无败矣。"薛公曰:"善。"因遣之。

注解

①泄:泄露。

②决:坚决。

译文

苏秦对孟尝君说:"我听闻谋略泄漏了的人,办事将无法取得功绩,谋略不能被坚决实施的人,威名就无法成就。如今孟尝君您扣留了楚太子,是想要楚国用下东国之地来交换。假若您不能马上得到下东国,楚国可能会再做打算,改变计策的话您将只是守着一个没有用处的人质,并且还会被天下人视为不义。"薛公说:"是啊,那应该如何是好啊?"苏秦回答说:"我请求替您出使楚国,使楚国立刻把下东国之地献给您。只要楚国答应了,您就不会失败了。"薛公说:"好。"因此就派苏秦出使楚国。

原文

谓楚王曰:"齐欲奉太子而立之。臣观薛公之留太子者,以市下东国也。今王不亟入下东国,则太子且倍①王之割而使齐奉己。"楚王曰:"谨受命。"因献下东国。故曰"可以使楚亟入地也"。

注解

①倍:成倍,加倍。

译文

苏秦来到楚国后游说新奉立的楚王道："齐国打算册立太子为国君。据我观察薛公田文扣留太子，是想要楚国用下东国之地来进行交换，倘若大王您不尽快把下东国先给齐国，太子就将会用成倍的土地割给齐国，以便齐国拥立自己作为楚国的君王。"楚王说："谨遵您的指教。"于是就把下东国献给了齐国。因此说"可以使楚国立刻把下东国之地割让给齐国"。

原文

谓薛公曰："楚之势可多割也。"薛公曰："奈何？""请告太子其故，使太子谒[1]之君，以忠太子。使楚王闻之，可以益入地。"故曰"可以益割于楚"。

注解

①谒（yè）：拜见。

译文

苏秦又对薛公说："楚国的形势可以割让更多的土地。"薛公问："我们又该怎么办才好呢？"苏秦说："我请求告诉太子可以拥立他为国君的事，条件是割让更多的楚地，使太子拜见您，以便表明齐国对于太子的忠诚。然后让楚王听闻这件事，这样就可以得到更多的割让之地。"因此说"可以从楚国割让更多的土地"。

原文

谓太子曰:"齐奉太子而立之,楚王请割地以留太子,齐少其地。太子何不倍楚之割地而资齐,齐必奉太子。"太子曰:"善。"倍楚之割而延齐。楚王闻之,恐,益割地而献之,尚[1]恐事不成。故曰"可以使楚益入地也"。

注解

①尚:尚且。

译文

苏秦就对楚太子说道:"齐国打算奉立太子您为楚国的君王,但是楚王要割给齐国土地,以达到使齐国拘禁太子的目的,齐国认为割地太少了。太子您为什么不允诺割成倍的土地给齐国,如此一来齐国必然会拥立您为楚君。"太子答应说:"好。"就允诺割成倍的土地以扩展齐国。楚王听闻这件事后非常恐惧,也答应献出成倍的楚地,尚且害怕事情办不成。因此说"可以让楚国献出更多的土地"。

原文

谓楚王曰:"齐之所以敢多割地者,挟[1]太子也。今已得地而求不止者,以太子权王也。故臣能去太子。太子去,齐无辞,必不倍于王也。王因驰强齐而为交,齐辞,必听王。然则是王去雠而得齐交也。"楚王大悦曰:"请以国因。"故曰"可以为楚王使太子亟去也"。

注解

①挟：要挟，胁迫。

译文

苏秦对楚王说："齐国敢于向楚国索求割让更多的土地，原因就在于他挟持着太子。如今齐国已经得到了楚地，却并没有停止索求，是由于太子与楚王您的力量相当。因此我能让楚太子从齐国离开。太子一旦离开，齐国就没有托词了，也就必然不会向您索求成倍的土地了。大王您就会因此和强齐建立邦交，齐国必然会听从于大王您。这样的话大王您既赶走了仇敌，又与齐国建立邦交。"楚王十分高兴，说："请先生您为齐、楚建交吧！"因此说"可以立刻为楚王把太子赶出齐国"。

原文

谓太子曰："夫剬[1]楚者王也，以空名市者太子也，齐未必信太子之言也，而楚功见矣。楚交成，太子必危矣。太子其图之。"太子曰："谨受命。"乃约车而暮去。故曰"可以使太子急去也"。

注解

①剬（zhì）：同"制"，控制。

译文

苏秦对太子说："控制楚国的人是楚王，太子您只能说空话把土地割给齐国，齐国不一定会相信您的话，而楚王献出土地的实效已经显现。一旦齐、楚建立邦交，太子您必定很危险。太子您为此图谋一下啊。”太子说：“谨遵您的指教。”于是就预备好车马，晚上逃离了齐国。因此说“可以使太子立刻离开齐国”。

原文

苏秦使人请薛公曰：“夫劝留太子者苏秦也，苏秦非诚以为君也，且以便楚也。苏秦恐君之知之，故多割楚以灭迹也。今劝太子者又苏秦也，而君弗知。臣窃为君疑之。”薛公大怒于苏秦。故曰“可使人恶①苏秦于薛公也”。

注解

①恶：诋毁。

译文

苏秦让人对薛公田文说：“劝您拘禁楚太子的人是苏秦，但是苏秦并非真正的为了孟尝君您，而是为了楚国的利益考虑。苏秦害怕被您发现这些，因此让楚国多割一些土地给齐，这是为了掩盖自己为楚国着想的痕迹。如今劝太子逃离的人也是苏秦，您并不知道这些。我私下替您感到疑惑。”薛公田文十分恼怒苏秦。因此说“可以让人在薛公田文面前诋毁苏秦”。

原文

又使人谓楚王曰：“夫使薛公留太子者苏秦也；奉王而代立楚太子者又苏秦也；割地固①约者又苏秦也；忠王而走太子者又苏秦也。今人恶苏秦于薛公，以其为齐薄而为楚厚也。愿王之

知之。"楚王曰:"谨受命。"因封苏秦为武贞君。故曰"可以为苏秦请封于楚也。"

注解

①固：巩固。

译文

苏秦又使人对楚王说："让薛相国田文拘禁太子的人是苏秦；让齐国尊奉大王为国君，代替太子的人也是苏秦；让楚国割让土地巩固齐、楚邦交的人也是苏秦；忠诚于大王使太子逃离齐国的人还是苏秦。如今有人在薛公田文面前诋毁苏秦，认为他对齐国不好，而偏袒楚国。希望大王您知道这些。"楚王说："谨遵教导。"因此册封苏秦为楚国的武贞君。因此说"可以替苏秦在楚国求得封赏"。

原文

又使景鲤[1]请薛公曰："君之所以重于天下者，以能得天下之士而有齐权也。今苏秦天下之辩士也，世与少有。君因不善苏秦，则是围塞天下士，而不利说途也。夫不善君者，且奉苏秦，而于君之事殆矣。今苏秦善于楚王，而君不蚤[2]亲，则是身与楚为雠也。故君不如因而亲之，贵而重之，是君有楚也。"薛公因善苏秦。故曰"可以为苏秦说薛公以善苏秦"。

注解

①景鲤：楚国的相国。

②蚤：通"早"。

译文

苏秦又让楚相景鲤对齐相薛公说："您之所以能够得到天下诸侯的尊重，是由于您能得到天下的士人，拥有齐国的实权。如今苏秦是天下非常善于辩论的人，整个世间都少有。您对苏秦不友善的话，就会堵塞天下士人，会对游说等外交活动造成不利。那些与您不友善的士人，就会奉立苏秦，而薛公您行事就会有危险了！如今苏秦与楚王十分友善，假若您不尽早亲善苏秦，您就会成为楚王的仇敌。因此薛公您最好亲善苏秦，尊重他，如此一来您就会得到楚国的亲善。"薛公于是就和苏秦亲善。因此说"可以派人替苏秦游说薛公，使薛公亲善苏秦"。

评析

苏秦在齐、楚两国间来回游说、互相借重，几个来回，使自己谋取了巨大的好处。苏秦看起来好像做了个齐、楚两国间传令兵的角色，实际上他传的话都是或威胁，或利诱，或哄抬自身。先期他用祸患威胁使楚国割地、使太子逃亡，后期他用利益、敌对方的器重来使自己在两国中越来越显贵。在这里，其威胁的游说方式和借重敌方哄抬自身的方法很值得借鉴。

孟尝君将入秦

原文

孟尝君[①]将入秦，止者千数而弗听。苏秦欲止之，孟尝曰："人事者，吾已尽知之矣；吾所未闻者，独鬼事耳。"苏秦曰："臣之来也，固不敢言人事也，固且以鬼事见君。"

注解

①孟尝君：田文，靖郭君田婴的儿子，这时做齐相。

译文

孟尝君将要到秦国去，上千的人劝阻他，他都不肯听从。苏秦打算劝阻他，孟尝君说："讲人事的话，我通通都知道了；我还没有听说过的，只有鬼神的事罢了。"苏秦说："我这次来，本来不敢谈人事，就是打算和您谈谈鬼神的事。"

原文

孟尝君见之。谓孟尝君曰："今者臣来，过于淄[1]上，有土偶人与桃梗相与语[2]。桃梗谓土偶人曰：'子，西岸之土也，埏[3]子以为人，至岁八月[4]，降雨[5]下，淄水至，则汝残矣。'土偶曰：'不然。吾西岸之土也，吾残则复西岸耳。今子，东国之桃梗也，刻削子以为人，降雨下，淄水至，流子而去，则子漂漂者将何如耳。'今秦，四塞之国[6]，譬若虎口，而君入之，则臣不知君所出矣。"孟尝君乃止。

注解

①淄：水名，源出今山东莱芜东北。

②土偶人：用泥土做成的人形。桃梗：用桃木刻成的人像。

③埏（shān）：用水调和泥土。

④八月：此指周历八月，相当于夏历六月，正值雨季。

⑤降雨：大雨。降，通"洚"。

⑥四塞之国：四面都有高山、要塞的国家。

译文

孟尝君接见了苏秦。他对孟尝君说："我这次来，经过淄水，遇见有个土偶人和木偶人在互相谈话。木偶人对土偶人说：'你是西岸的泥土，把你做成人形，到了八月间，天降大雨，淄水暴发，你就会被冲坏了。'土偶人说：'不对。我本是西岸的泥土，我被冲坏，不过仍然回到西岸而已。可是你呢，本是东方的桃梗，被雕成了人形，大雨下来，淄水来到，把你冲走，那时你飘飘荡荡，不知哪里才是你的归宿。'如今秦是一个四方都有险塞的国家，就像是虎口，您进去了，我不知道您能从哪里出来呢。"孟尝君就停止了他的行程。

评析

"皮之不存，毛将焉附"，社会上的人一定要有自己的根据地，要有自己的根，要将属于自己的范围经营好，而且轻易不要离开自己的根据地，否则就像一叶飘萍，没有根基，经不住风浪。要经营和发展人生，在地域的选择上初期一定要固定，要选择自己人际关系比较多、各方面比较适应的地方发展，等有足够实力，再向外拓展不迟。

齐欲伐魏

原文

齐欲伐魏，魏使人谓淳于髡曰："齐欲伐魏，能解魏患唯先生也。敝邑有宝璧二双、文[①]马二驷，请致之先生。"淳于髡曰："诺。"入说齐王曰："楚，齐之仇敌也；魏，齐之与国也。夫伐与国，使仇敌制其余敝，名丑而实危，为王弗取也。"齐王曰："善。"乃不伐魏。

注解

①文：通"纹"，指彩绘。

译文

齐国想要进攻魏国，魏王就差人对淳于髡说："齐国打算进攻魏国，现在能够为魏国解除祸患的就只有先生您了。我们国家拥有两对珍贵的璧玉，两辆由四匹马拉着的彩绘了的马车，请求让我将这些送给您。"淳于髡说："好吧。"于是就入宫拜见齐王说："楚，是齐的仇敌之国；魏，是齐的同盟之国。讨伐同盟国，而让自己的敌国趁自己疲惫的时机来控制自己，不但名声不好并且实际上有危险，替大王您觉得这样不可取。"齐王说："好吧。"因此齐国没有进军魏国。

原文

客谓齐王曰："淳于髡言不伐魏者，受魏之璧、马也。"王以谓淳于髡曰："闻先生受魏之璧、马，有诸？"曰："有之。""然则先生之为寡人计之何如？"淳于髡曰："伐魏之事不便①，魏虽刺髡，于王何益？若诚不便，魏虽封髡，于王何损？且夫王无伐与国之诽②，魏无见亡之危，百姓无被兵之患，髡有璧、马之宝，于王何伤乎？"

注解

①伐魏之事不便：疑为"伐魏之事便"。

②诽：非议。

译文

有位客人对齐王说道："淳于髡之所以说不讨伐魏国，是由于他获取了魏国的璧玉和宝马。"齐王于是就问淳于髡："我听说先生获取了魏国的璧玉和宝马，可有此事？"淳于髡说："是有此事。""那么先生如果替我打算，我该如何呢？"淳于髡回答道："倘若讨伐魏国是有好处的，那么即使魏国把我刺杀了，这对于齐王您能有什么好处呢？倘若讨伐魏国的确对齐国没有好处，魏国即使对我进行封赏，这对齐王您又有什么坏处呢？况且大王您没有讨伐同盟之国而被非议，魏国没有毁灭的危机，百姓没有遭受兵祸，我获取璧玉、马匹这样珍宝，对于大王您又有什么伤害呢？"

评析

淳于髡之能够说服齐王，关键是他善于用寓言故事来把这层道理生动、直接地讲明白。由于典故、寓言形象生动、浅显易懂，所以说服力量强，传播面积广。运用典故最关键的是要将寓言故事用得十分恰当，这样才能发挥典故的启迪作用。我们在说服他人之前，不仅应多联想寓言和典故，而且平时要注意知识积累、故事收集，并应对事件本质有深刻把握，如此才能做类比。

齐策四

齐人有冯谖者

原文

齐人有冯谖者，贫乏不能自存，使人属[1]孟尝君，愿寄食门下。孟尝君曰："客何好？"曰："客无好也。"曰："客何能？"曰："客无能也。"孟尝君笑而受之曰："诺。"左右以君贱之也，食以草具。

注解

①属：通"嘱"，嘱托。

译文

齐国有一个名叫冯谖的人，他穷困潦倒，因而不得已就托人引荐到孟尝君那里当一名食客。孟尝君问："客人有什么爱好吗？"冯谖回答说："没有什么爱好。"孟尝君又问："客人有什么才干吗？"冯谖回答说："没有什么才干。"孟尝君笑着同意接受他，说："好吧。"左右的人以为孟尝君轻视这个食客，于是就用粗茶淡饭来给他吃。

原文

居有顷[1]，倚柱弹其剑，歌曰："长铗[2]归来乎！食无鱼[3]。"左右以告。孟尝君曰："食之，比门下之客。"居有顷，复弹其铗，歌曰："长铗归来乎！出无车。"左右皆笑之，以告。孟尝君曰："为之驾，比门下之车客。"

注解

①顷：一段时间。

②长铗：长剑。

③食无鱼：孟尝君把门下的宾客分为三等，所吃的东西也不同，最低等吃菜，最高等吃肉，中等吃鱼。孟尝君原本把冯谖归入最低等吃菜，因此冯谖声称"食无鱼"。

译文

过了一段时间，冯谖靠在柱子上敲着剑唱道："长剑啊，咱们回去吧！因为我饭里没有鱼肉。"左右的人把这话告诉孟尝君。孟尝君说："给他鱼肉吃，和中等门下客相同！"过了一段时间，冯谖又敲起他的长剑唱道："长剑啊，咱们回去吧！因为我外出没有车子坐。"左右的人都笑他得寸进尺，并且也把这事告诉给孟尝君。孟尝君说："给他车坐，和门下有车的客人相同！"

原文

于是乘其车，揭其剑，过其友曰："孟尝君客我。"后有顷，复弹其剑铗，歌曰："长铗归来乎！无以为家。"左右皆恶之，以为贪而不知足。孟尝君问："冯公有亲乎？"对曰："有老母。"孟尝君使人给其食用，无使乏[1]。于是冯谖不复歌。

注解

①乏：穷尽，完。

译文

于是冯谖就坐上他的车子，佩带上他的剑去访问他的朋友说：“孟尝君优待我为上客。”后来又过了一段时间，冯谖再敲起他的剑唱道：“长剑啊，咱们回去吧！因为我不能养家。”左右的人都讨厌冯谖，认为他是一个贪得无厌不知自爱的人。可是孟尝君却问：“冯先生有家眷吗？”冯谖说：“家有老母。”于是孟尝君就派人给冯谖母亲送去衣食等生活费用，使他的老母也不再穷困。从此冯谖才不再唱发牢骚的歌了。

原文

后孟尝君出记[①]，问门下诸客：“谁习计会，能为文收责[②]于薛者乎？”冯谖署曰：“能。”孟尝君怪之，曰：“此谁也？”左右曰：“乃歌夫长铗归来者也。”孟尝君笑曰：“客果有能也，吾负[③]之，未尝见也。”

注解

①记：告示。
②责：通“债”。
③负：辜负。

译文

后来孟尝君贴出一张告示，问门下食客说："请问哪一位通晓簿记，以便为我到薛地去讨债？"这时冯谖就在布告上写道："我通晓簿记。"孟尝君看了很诧异地问："应答的是谁呀？"左右的人回答说："就是那个唱'长剑回去歌'的人。"孟尝君笑着说："这位冯先生果然有本领，我真对不起他，因为我还未曾接见过他。"

原文

请而见之，谢曰："文倦于事，愦①于忧，而性愚②，沉于国家之事，开罪于先生。先生不羞，乃有意欲为收责于薛乎？"冯谖曰："愿之。"于是约车治装③，载券契而行，辞曰："责毕收，以何市而反④？"孟尝君曰："视吾家所寡⑤有者。"

注解

①愦：昏聩，昏乱。

②愚：懦弱愚钝，谦辞。

③约车治装：准备车子服装。

④以何市而反：买些什么回来？市，买；反，通"返"，返回。

⑤寡：少。

译文

于是就派人把冯谖找来，孟尝君当面向他道歉说："我每天为事务奔忙，身心都很疲倦，因此使我忧思昏乱。再加上我生性愚笨懦弱，国家的政务又纠缠在身，以致怠慢了先生，所幸先生不介意这些，先生愿意替我去薛地收债吗？"冯谖说："我愿意去。"于是孟尝君就给冯谖准备车子服装，让他拿着所有债券和契约出发。临辞行时他问孟尝君说："臣为贤公收完债时，要为贤公买些什么回来呢？"孟尝君回答说："买些我家里所缺少的东西。"

原文

驱而之[1]薛，使吏召诸民当偿者，悉来合券。券遍合，起矫命[2]以责赐诸民，因烧其券，民称万岁。

注解

①之：到。

②矫命：假托命令。

译文

于是冯谖就坐上车子到达了薛地，他命官吏把所有应当还债的百姓集合起来，欠债的百姓都拿着债券来核对。可是当债券对完之后，冯谖就假传孟尝君的命令，把要收的债款都赏给这些百姓，并且立刻焚毁了所有的债券和契约，百姓都高兴得当场高呼"万岁"。

原文

长驱到齐，晨而求见。孟尝君怪其疾也，衣冠[1]而见之，曰："责毕收乎？来何疾也！"曰："收毕矣。""以何市而反？"冯谖曰："君云'视吾家所寡有者'。臣窃计，一君宫中积珍宝，狗马实外厩，美人充下陈。君家所寡有者以义耳！窃以为君市义。"

注解

①衣冠：穿上衣服，戴上帽子。

译文

然后冯谖马上又坐车回到齐都临淄，清晨一大早就去见孟尝君。孟尝君奇怪他回来得这么快，于是就赶紧穿好衣冠接见冯谖说：“债都收完了吗？怎么回来得这么快呢？”冯谖回答说：“都收完了。”“那你给我买什么东西回来了？”冯谖回答说：“贤公曾对臣说‘买些我家里所缺少的东西’，因此臣在私下盘算的结果，认为贤公宫中堆积有珍宝，外面又有很多骏马和名狗，尤其是美女住满了后宫。所以臣认为贤公家中所缺的就是‘义’，臣为贤公买了一些‘义’回来。”

原文

孟尝君曰：“市义奈何？”曰：“今君有区区之薛，不拊爱[①]子其民，因而贾利[②]之。臣窃矫君命，以责赐诸民，因烧其券，民称万岁。乃臣所以为君市义也。”孟尝君不说，曰：“诺，先生休矣！”

注解

①拊爱：抚爱。拊，通“抚”。

②贾利：像商人一般向他们谋取利益。

译文

孟尝君问："怎么买'义'?"冯谖回答说："现在贤公只有这小小的一块薛地，贤公不但不爱护薛地的百姓，反倒像商人一般向他们谋取利益。因此臣才私自假传贤公的命令，把所有债款都赏给那些人，并当场烧毁了所有债券，百姓莫不高兴得高呼'万岁'，这就是臣为贤公所买的'义'。"孟尝君听了这话很不高兴地说："我都知道了，先生去休息吧！"

原文

后期年，齐王谓孟尝君曰："寡人不敢以先王之臣为臣①。"孟尝君就国于薛，未至百里，民扶老携幼，迎君道中。孟尝君顾谓冯谖："先生所为文市义者，乃今日见之。"冯谖曰："狡兔有三窟，仅得免其死耳。今君有一窟，未得高枕而卧也。请为君复凿二窟。"

注解

①寡人不敢以先王之臣为臣：我不敢用先王的臣子做臣子，即罢免其官职。

译文

过了一年以后，齐王对孟尝君说："寡人不敢用先王的臣子做臣子。"不得已孟尝君只好回到自己的封地薛城去，还差一百里路，薛地的百姓就扶老携幼来迎接他。这时他回过头来对冯谖说："先生以前所说为我买的'义'，大概就是今天这种场面吧！"冯谖说："连狡猾的兔子都有三个洞，但是也只不过免得一死罢了。如今贤公才只有一个洞，根本还不能高枕无忧，所以让臣再给贤公多挖两个洞。"

原文

孟尝君予车五十乘，金五百斤，西游于梁，谓惠王曰："齐放其大臣孟尝君于诸侯，诸侯先迎之者，富而兵强。"于是，梁王虚[①]上位，以故相为上将军，遣使者，黄金千斤，车百乘，往聘孟尝君。冯谖先驱诫孟尝君曰："千金，重币也；百乘，显使也。齐其[②]闻之矣。"

注解

①虚：空缺。

②其：语气词，表示推测，揣度。

译文

于是孟尝君就给冯谖五十辆车子和五百两黄金，派他到西面的梁国去游说，他对梁惠王说："齐王放逐他的大臣孟尝君到外地去，哪个诸侯先迎接他，就可以富国强兵。"这时梁王就留出一个相国的职位，把原来的相国调任为上将军，另外派了一个使者带了一千斤黄金和一百辆兵车，到薛地去聘请孟尝君。冯谖先赶回薛地告诉孟尝君说："一千斤黄金是极贵重的聘礼，一百辆兵车是极显耀的使节，齐王应该听到这件事了。"

原文

梁使三反，孟尝君固辞[①]不往也。齐王闻之，君臣恐惧，遣太傅赍[②]黄金千斤，文车二驷，服剑一，封书谢孟尝君曰："寡人不祥，被[③]于宗庙之祟，沉于谄谀之臣，开罪于君，寡人不足为也。愿君顾先王之宗庙，姑反国统万人乎？"

注解

①固辞：坚决推辞。

②赍：送给某人礼物。

③被：遭到。

译文

梁国的使节往返了三次，孟尝君都坚决婉谢不去梁国。齐王听到了这个消息以后，君臣都非常恐惧，就派太傅送黄金一千斤、四马花车两辆、佩剑一把，另外又附了一封信向孟尝君谢罪说："都是寡人的不好，大概是有宗庙的鬼神作怪，才糊里糊涂听了谄媚阿谀之臣的话，以致得罪了贤公。寡人自己不会治理国家，希望贤公能顾念先王的宗庙，暂且回国辅佐寡人治理万民！"

原文

冯谖诫孟尝君曰："愿请先王之祭器，立宗庙于薛[1]。"庙成，还报孟尝君曰："三窟已就，君姑高枕为乐矣。"

注解

①立宗庙于薛：在薛地建立宗庙，这样可以巩固孟尝君的地位。

译文

冯谖忠告孟尝君说："请贤公乘这个机会把先王的祭器移来薛地建立宗庙！"薛地的宗庙落成以后，冯谖回来向孟尝君汇报说："贤公的三个洞臣都已经替贤公挖好，从此贤公就可以高枕无忧、安享快乐了！"

原文

孟尝君为相数十年，无纤介之祸[①]者，冯谖之计也。

注解

①无纤介之祸：没有丝毫灾祸。纤、介，都很细小。

译文

孟尝君以后做了几十年的丞相，一直没有遭受丝毫灾祸，这都是仗着冯谖的计谋。

评析

冯谖具有非凡的才智，但他却抱着“姜太公钓鱼，愿者上钩”的心理，从一开始就不断地索要，以检验自己准备辅佐的领导到底是不是一个胸怀宽广、礼贤下士的真正领袖。当他试探后发现孟尝君是一个不势利、非常大度、值得为他出谋划策的领袖时，毅然为孟尝君行了众多好事。我们在辅佐他人前，也要学学冯谖，要试探对方的胸怀和眼光，如果对方斤斤计较、心胸狭窄，那么完全不值得与他合作。

先生王斗

原文

先生王斗造[1]门而欲见齐宣王，宣王使谒者[2]延入。王斗曰："斗趋见王为好势，王趋见斗为好士，于王何如?"使者复还报。王曰："先生徐之，寡人请从。"宣王因趋而迎之于门，与人，曰："寡人奉先君之宗庙，守社稷，闻先生直言正谏不讳。"王斗对曰："王闻之过。斗生于乱世，事乱[3]君，焉敢直言正谏。"宣王忿然作色，不说。

注解

①造：到，至。

②谒者：负责接待宾客的人。

③乱：昏乱，惑乱。

译文

王斗先生到王宫门前想要拜见齐宣王，齐宣王派接待宾客的近侍请他进宫。王斗说："我快步向前去拜见大王，这是贪慕权势；大王快步前来见我，这是喜爱士人。在大王看来应该选择哪种形式?"近侍又回去报告了齐宣王，齐宣王说："让先生稍候，我亲自迎接。"齐宣王于是快步到宫门去迎接王斗，和他一起进宫，说道："我奉祀祖庙，守卫国家，听说先生直言正谏毫无避忌。"王斗回答说："大王您听说的情况不对。我生活在战乱时期，侍奉昏庸无道的君主，怎么敢直言正谏呢。"齐宣王听了脸上露出愤怒之色，很不高兴。

原文

有间[1]，王斗曰："昔先君桓公所好者，九合诸侯，一匡天下，天子受籍[2]，立为大伯。今王有四焉。"宣王说，曰："寡人愚陋，守齐国，唯恐失抎之，焉能有四焉？"

注解

①有间：过了一会儿。

②受籍：受封。

译文

过了一会儿，王斗说："从前先君齐桓公所喜爱的是九次召集诸侯匡正了周王室，周天子授予他封地，立其为诸侯首领。现在大王您有四种爱好与先君齐桓公相同。"齐宣王很高兴地说："我愚笨，见识短，守卫齐国只怕对它有所损害，哪里有四种爱好与先君相同呢？"

原文

王斗曰："否。先君好马，王亦好马。先君好狗，王亦好狗。先君好酒，王亦好酒。先君好色，王亦好色。先君好士，是王不好士。"宣王曰："当今之世无士，寡人何好？"王斗曰："世无骐驎、騄耳[1]，王驷[2]已备矣。世无东郭俊、卢氏之狗，王之走狗已具矣。世无毛嫱、西施，王宫已充矣。王亦不好士也，何患无士？"

注解

①骐驎、騄耳：骏马名。

②驷：同驾一辆车的四匹马。

译文

王斗说："不是这样。先君喜欢马，大王也喜欢马；先君喜欢狗，大王也喜欢狗；先君喜欢酒，大王也喜欢酒；先君喜欢女色，大王也喜欢女色；先君喜欢贤士，可大王不喜欢贤士。"齐宣王说："当今的时代没有贤士，我喜欢谁呢？"王斗说："世间没有骐骥和騄耳这样的好马，但大王驾车的四匹马已经有了；世间没有东部之地的俊、韩地的卢氏这样的良犬，但大王的猎狗已经备齐了；世间没有毛嫱、西施这样的美女，但大王的后宫里已经住满了。大王只不过不喜欢贤士罢了，为什么担心没有贤士呢？"

原文

王曰："寡人忧国爱民，固愿得士以治之。"王斗曰："王之忧国爱民，不若王爱尺縠①也。"王曰："何谓也？"王斗曰："王使人为冠②，不使左右便辟而使工者何也？为能之也。

"今王治齐，非左右便辟无使也，臣故曰不如爱尺縠也。"宣王谢曰："寡人有罪国家。"于是举士五人任官，齐国大治。

注解

①縠：绉纱一类的丝织品。

②冠：帽子。

译文

齐宣王说："我关心国家、爱护人民，本来就希望得到贤士来治理国家。"王斗说："大王的关心国家、爱护人民，比不上大王喜爱一块绉纱。"大王说："你说的是什么意思？"王斗说："大王派人制作帽子，不让身边那些受宠信的人去做，而让裁缝去做，为什么呢？因为裁缝才能做好这件事。

"现在大王治理齐国，不是身边受宠信的人一概不用，所以我说大王关心国家、爱护人民比不上喜爱一块绉纱啊！"齐宣王听了道歉说："我对国家犯下了过错。”于是他选拔了五位贤士担任官职，因此齐国治理得特别好。

评析

对居于上位的统治者进言，一定要在气势上压倒对方，也一定要找到一个可以压倒他的事物来折服他。对于齐宣王而言，九合诸侯的先主齐桓公是他不能不折服的，王斗用先主与宣王做类比，找到了两者不同之处，也即宣王的不足之处。有齐桓公的光辉形象与功业在那里，宣王能不承认错误，反省和改正自己吗？

齐王使使者问赵威后

原文

齐王使使者问赵威后①，书未发，威后问使者曰：“岁亦无恙耶？民亦无恙耶？王亦无恙耶？”使者不说，曰：“臣奉使使威后，今不问王而先问岁与民，岂先贱而后尊贵者乎？”威后曰：“不然。苟无岁，何以有民？苟无民，何以有君？故有舍本而问末者耶？”

注解

①齐王：指齐襄王，田氏，名法章，齐闵王子，公元前283—公元前265年在位。赵威后：赵惠文王妻。公元前266年，赵惠文王卒，子孝成王立，年幼，由赵威后摄政。

译文

齐王派使者去聘问赵威后，书信还未启封，赵威后就问使者道：“年成不错吧？百姓平安无事吧？大王身体好吧？”使者听了不大高兴，说：“我奉命来聘问太后，如今您不先问齐王却先问年成和百姓，难道能把卑贱的放在前边而把尊贵的放在后边吗？”威后说：“不对。如果没有好年成，百姓靠什么生活呢？如果没有百姓，怎么有国君呢？哪有撇开根本而先问枝节的呢？”

原文

乃进而问之曰：“齐有处士曰钟离子，无恙耶？是其为人也，有粮者亦食①，无粮者亦食；有衣者亦衣②，无衣者亦衣。是助王养其民者也，何以至今不业也？叶阳子无恙乎？是其为人，哀鳏寡③，恤孤独④，振困穷，补不足，是助王息其民者也，何以至今不业也？北宫之女婴兒子无恙耶？彻其环瑱⑤，至老不嫁，以养父母，是皆率民而出于孝情者也，胡为至今不朝也？此二士弗业，一女不朝，何以王齐国，子万民乎？於陵子仲⑥尚存乎？是其为人也，上不臣于王，下不治其家，中不索交诸侯。此率民而出于无用者，何为至今不杀乎？”

注解

①食（sì）：动词，供养，拿东西给人吃。

②衣：前一个“衣”为名词，衣服；后一个“衣”为动词，拿衣服给人穿。

③鳏（guān）寡：老而无妻曰鳏，老而无夫曰寡。

④孤独：老而无子曰孤，幼而无父曰独。

⑤彻：通“撤”，除去。环瑱（tiàn）：妇女的首饰。环，指耳环、臂环之类。瑱，垂在耳边的玉饰。

⑥於陵子仲：齐国隐士，陈氏，又称陈仲子。於陵，地名，齐邑，在今山东邹平西南。

译文

于是赵威后又进一步问：“齐国有个叫钟离子的隐士，他还好吗？他的为人，不论有粮或无粮的，他都给他们饭吃；不管有衣服还是没有衣服的，他都给他们衣穿。这是个帮助大王养活百姓的人，为什么至今还不给他个官职呢？叶阳子安好吗？他的为人处世，同情鳏寡孤独，救济缺吃少穿的人，是个帮助国君使百姓安宁的人，为什么现在还不让他出来建功立业呢？北宫家的孝女婴兄子好吗？她摘掉首饰，到老不嫁，为的是奉养父母，这是给百姓做出行孝的表率啊，为什么至今还不让她朝见君王呢？这两个贤士不能为国效力，一个孝女没入朝觐见，齐王靠什么来治理国家，抚爱百姓呢？於陵子仲还活着吗？他的为人呀，上不向大王称臣，下不去治理他的家，中不和诸侯交往。这是带领大家无所事事，为什么至今还不杀掉他呢？”

评析

“天下者，天下人之天下也”，古人早已悟出了民主政治的精髓，一个国家是以人民为尊贵，而非君主、统治者为尊贵的，这是近代人民主权论在远古的先声。“民为贵，君为轻，社稷次之”，君主只是为人民所认可的管理者，是“人民的公仆”，清明的领导人应该明白只有以民为贵、以民为主，才能政通人和、长治久安。

齐人见田骈

原文

齐人见田骈，曰："闻先生高议①，设为不宦，而愿为役。"田骈曰："子何之?"对曰："臣闻之邻人之女。"田骈曰："何谓也?"对曰："臣邻人之女，设为不嫁，行年三十，而有七子，不嫁则不嫁，然嫁过毕矣。今先生设为不宦，訾②养千钟，徒百人，不宦则然矣，而富过毕矣。"田子辞。

注解

①议：通"义"。

②訾（zǐ）：同"资"。

译文

有个齐国人去见田骈，说："听说先生道德高尚，主张不能入仕途为官，一心只求为百姓出力。"田骈问："你从哪里听来的?"那人答道："从邻家女处听来。"田骈问："你说这些是什么意思?"那人说："邻家之女立志不嫁，年龄还没到三十岁却有七个儿子，说是不嫁吧，却比出嫁更厉害。如今先生不仕，却有俸禄千钟，仆役百人，说是不做官，可比做了官还富有呀!"田骈表示惭愧。

评析

在道德至上的中国，清高的言行必然会带来美誉，道德上的作秀充斥官场。于是乎众多善于作秀的政客，鱼目混珠、虚伪地扮起道德完人的角色。其实在政治上最要不得的就是清高和矫情，政治的标准是功利和实效，而清高之人忙于一些虚的东西而损害了实际的效用，表面一套，背后一套，虚伪透顶，影响的是事情的效率和国家的利益。

齐策五

苏秦说齐闵王

原文

苏秦说齐闵王曰："臣闻用兵而喜先天下者忧，约结而喜主怨者孤。夫后起者藉[1]也，而远怨者时也。是以圣人从事，必藉于权，而务兴于时。夫权藉者，万物之率也；而时势者，百事之长也[2]。故无权藉，倍时势，而能事成者寡[3]矣。"

注解

①藉：凭借。

②时势者，百事之长也：利用时势是做任何事情的核心。

③寡：少。

译文

苏秦游说齐闵王道："臣听说喜欢首先在天下挑动战争的人必然有后患，不顾惹人憎恨而为主缔结盟约的人必然陷于孤立。所以说，后发制人有所凭借，顺应时势方能远离怨恨。所以圣人开创事业，必然借助权势，并且利用时机而兴旺发达。借助权势是统率万物的关键；利用时势是做任何事情的核心。所以不凭借权势，违背时机，却能办成大事的太少了。”

原文

“今虽干将、莫邪①，非得人力，则不能割劌矣。坚箭利金，不得弦机之利，则不能远杀矣。矢非不铦②，而剑非不利也，何则？权藉不在焉。”

注解

①干将、莫邪：宝剑。阳刚的宝剑为干将，阴柔的宝剑称为莫邪。

②铦：锋利。

译文

“现在虽然有干将、莫邪等宝剑，但是如果没有人力的运用，就不能切割东西；虽有锐利的弓箭和坚硬的箭头，如果得不到弓弦弩机的配合，也不能够射杀远处的敌人。箭并不是不锐利，剑也不是不锋利，那是什么缘故呢？因为没有借助权势。”

原文

“何以知其然也？昔者赵氏袭卫，车舍人不休傅，传卫国城割平①，卫八门土而二门堕矣，此亡国之形也。卫君跣行②，告愬于魏。魏王身被甲底剑，挑赵索战。邯郸之中骛，河、山③之间乱。卫得是藉也，亦收余甲而北面，残刚平，堕④中牟之郭。”

注解

①割平：割地求和。

②跣行：光着脚逃命。

③河、山：特指黄河、太行山。

④堕：攻取。

译文

“如何知道是这样呢？从前赵国袭击卫国，掌管兵车的人前进不止，当赵国大军攻进卫国以后，卫国就割地向赵国求和。当时卫国的八道城门都用土堵死，结果有两道城门被毁，这就是亡国的情形。卫国君主光着脚逃命，派人求救于魏国。魏武侯身披甲胄，手持锋利的剑向赵国挑战。在赵都邯郸城中战马奔驰，黄河与太行山之间一片混乱。卫国利用这一形势，也收拾残兵向北进攻，收复卫邑刚平，攻下赵邑中牟的外城。”

原文

“卫非强于赵也，譬之卫矢而魏弦机也，藉力魏而有河东之地。赵氏惧，楚人救赵而伐魏，战于州西①，出梁门，军舍林中，马饮于大河。赵得是藉也，亦袭魏之河北烧棘沟，坠黄城。故刚平之残也，中牟之堕也，黄城之坠也，棘沟之烧也，此皆非赵、魏之欲也。然二国劝行之者，何也？卫明于时权之藉②也。”

注解

①州西：魏国地名，位于今河南沁阳东部。

②明于时权之藉：明察时势，凭借他国力量。

译文

“由此可见，卫国并不比赵国强盛，假如把卫比作弓的箭，那么魏就等于是弓弦机弩，依赖魏国的力量才占有河东这块地方。赵国感到恐惧，楚国人去救赵攻魏，在州西开战，从魏都大梁的城东出去，大军驻扎在林中，战马在黄河里饮水。赵国利用这些形势，也偷袭魏的河北，焚烧棘沟，攻陷黄城。因而说刚平的被摧毁，中牟的被攻破，黄城的被攻陷，棘沟的被焚烧，这些都不是赵、魏原来就能想到的。然而两国极力进取，究竟是为什么呢？那是因为卫国明察时势，利用他国力量的缘故。”

原文

“今世之为国者不然矣。兵弱而好敌强，国罢①而好众怨，事败而好鞠之，兵弱而憎下人②也，地狭而好敌大，事败而好长诈。行此六者而求伯，则远矣。”

注解

①罢：疲弊。

②下人：在别人之下。

译文

“可是当今治理国家的人却不然，自己国家兵力本来薄弱，反倒喜欢去对抗强敌；国力本来疲惫不堪，反倒喜欢和人民结怨；战争已经失败了，反倒喜欢继续苦战下去；兵力薄弱，仍然以身居人下为可耻；土地狭小，仍然喜欢和大国为敌；战事失败了，仍然喜欢使用诈术。实行这六种办法却想要建立霸业，那就越走越远了。”

原文

"臣闻善为国[1]者，顺民之意，而料兵之能，然后从于天下。故约不为人主怨，伐不为人挫强。如此，则兵不费，权不轻[2]，地可广，欲可成也。昔者，齐之与韩、魏伐秦、楚也，战非甚疾也，分地又非多韩、魏也，然而天下独归咎于齐者，何也？以[3]其为韩、魏主怨也。"

注解

①为国：治理国家。

②权不轻：权势不会被人轻视。

③以：因为。

译文

"臣听说善于治理国家的人，顺从人民的意愿，并且有预料战事的能力，然后才从事平定天下的大事。所以缔约时不能自己为主，承担怨怒，作战不替他人去摧毁强敌。这样就不必消耗兵力，而且国权就不被轻视，土地就可以扩大，愿望也就可以实现。以前齐国跟韩、魏攻打秦、楚，战争并不算很激烈，齐国分得的土地又不比韩、魏多，然而天下诸侯偏偏归罪于齐国，这是什么道理呢？因为齐国替韩、魏结怨的缘故。"

原文

"且天下遍用兵矣，齐、燕战，而赵氏兼[1]中山，秦、楚战，韩、魏不休，而宋、赵专用其兵。此十国者，皆以相敌为意，而独举心于齐者[2]，何也？约而好主怨，伐而好挫强也。"

注解

①兼：兼并。

②独举心于齐者：偏偏都憎恨齐国。独，偏偏。

译文

“再说那时天下诸侯都在用兵，齐、燕交战，又有赵国兼并中山，秦、楚开战，韩、魏两国又打个不休，而宋、赵也专事征伐。这十个国家，都钩心斗角互相敌对，然而天下诸侯却只注意齐国，这又是什么道理呢？因为在缔约时齐国喜欢站在怨仇的中心，战争时齐国喜欢攻打强敌的缘故。”

原文

“且夫强大之祸，常以王人[①]为意也；夫弱小之殃，常以谋人为利也。是以大国危，小国灭也。大国之计，莫若后起而重伐不义。夫后起之藉与多而兵劲，则事以众强适[②]罢寡也，兵必立也。事不塞天下之心，则利必附[③]矣。”

注解

①王人：为他人之王，即指称霸。

②适：通“敌”。

③附：依附，归附。

译文

“再说强国的祸患，是常把凌驾诸国之上作为自己的出发点；弱国遭受灾殃，常常是以图谋他人的利益作为自己的出发点。因而大国陷于危险，小国归于灭亡。大国的军事计划，莫如后发制人并讨伐不义之国。后起事容易有借口，支援的人多，兵力又强盛，这是用人多势强去对付疲惫衰弱的局面，所以在军事上必定能胜利成功，只要不使天下民意受到阻碍，那么利益也就必然会来到。”

原文

“大国行此，则名号不攘而至，伯王不为而立矣。小国之情，莫如仅[①]静而寡信诸侯。仅静，则四邻不反；寡信诸侯，则天下不卖[②]。外不卖，内不反，则槟[③]祸朽腐而不用，币帛槁蠹而不服矣。小国道此，则不祠而福矣，不贷而足矣。故曰：祖仁者王，立义者伯，用兵穷者亡。”

注解

①仅：通“谨”，谨慎。

②卖：出卖，反叛。

③槟：摒弃，摒却。

译文

“大国假如能这样做，帝号根本不必争取就会自然来到，霸业根本不必努力就会自然成功。小国最好谨慎从事，不要轻信诸侯。小心谨慎，就不至于被邻国愚弄；不轻信诸侯，就不至于被天下诸侯出卖。外面不会被出卖，里面不会被愚弄，那么就可以躲开战祸。不亲信腐朽势力，货币布帛直到干枯蛀坏也是用不完的。小国如果能照这样做，即使不祈祷也会有幸福降临，即使小借贷自会丰足。所以说：‘崇尚仁者可以为王，建立义者可以称霸，穷兵黩武必然灭亡。’”

原文

“何以知其然也？昔吴王夫差以强大为天下先，强袭郢[1]而栖越，身从诸侯之君，而卒身死国亡，为天下戮者，何也？此夫差平居而谋王，强大而喜先天下之祸也。昔者莱、莒[2]好谋，陈、蔡[3]好诈，莒恃越而灭，蔡恃晋而亡，此皆内长诈，外信诸侯之殃也。由此观之，则强弱大小之祸，可见于前事矣。”

注解

①郢：楚国国都。
②莱、莒：莱国、莒国。
③陈、蔡：战国时期的两个小国。

译文

“怎么知道会如此呢？从前吴王夫差仗恃国家强大，率领天下诸侯袭击楚国，囚禁越王勾践，各诸侯都服从他的号令，然而到后来夫差却身死国亡，受到天下各诸侯的耻笑。这是什么道理呢？因为夫差平时喜欢君临他国之上，并且仗恃国家的强盛，率领天下诸侯制造祸端。以前莱国和莒国领主喜欢用阴谋，而陈国和蔡国喜欢用诈术；后来莒国虽然仗恃越国却灭亡了，蔡国虽然仗恃晋国也灭亡了，这都是因为对内使用诈术，对外轻信诸侯惹来的灾祸。由此看来，国家无论强大或弱小，只要遭到祸害，都可以在历史事实中看到证据。”

原文

“语曰：‘麒骥之衰也，驽马先之；孟贲[1]之倦也，女子胜之。’夫驽马、女子，筋骨力劲，非贤于麒骥、孟贲也。何则？后起之藉也。今天下之相与也不并灭，有而案[2]兵而后起，寄

怨而诛不直，微用兵而寄于义，则亡天下可蹻足而须[3]也。”

注解

①孟贲：古时的大力士。

②案：通“按”。

③蹻足而须：跷足等待。

译文

“常言道：‘骏马衰老以后，驽马都能跑在它前面；孟贲疲倦以后，连女子都能战胜他。’驽马和女子的体力都不及骏马和孟贲强壮，那为什么反倒胜过骏马和孟贲呢？这就是因为有后发制人的优势。当今天下势均力敌的国家，彼此都不能灭亡对方，有的按兵不动、伺机起事，借别人去诛讨邪恶势力，隐匿用兵的原因，假借正义之名，那吞并天下就可以跷足等待了。”

原文

“明于诸侯之故，察于地形之理者，不约亲，不相质[1]而固，不趋而疾，众事而不反，交割[2]而不相憎，俱强而加以亲。何则？形同忧而兵趋利也。何以知其然也？”

注解

①相质：互相扣留人质。

②交割：相互割让土地。

译文

“明了诸侯的变故，精察地理形势，不结盟、不互相扣留人质，情谊会更牢固；不慌张、不急躁可以使事情进展迅速，诸侯间互相往来我们不要反对，互相割让土地我们也不要嫉恨，双方都强大了我们就设法亲近。这是什么道理呢？因为在形势上虽然各国有共同的忧患，而实际上战争是为了夺取利益。是如何知道这一点的呢？”

原文

“昔者齐、燕战于桓之曲，燕不胜，十万之众尽。胡人袭燕楼[①]烦数县，取其牛马。夫胡之与齐非素[②]亲也，而用兵又非约质而谋燕也，然而甚于相趋者，何也？何则形同忧而兵趋利也。由此观之，约于同形则利长，后起则诸侯可趋役也。”

注解

①燕楼：地名，位于今山西静乐县西北一带。

②素：向来，平日里。

译文

“当初齐、燕在桓山折曲的地方打仗，结果燕军惨败，十万大军全部被歼灭。胡人则乘机攻打燕国的燕楼和烦几个县，抢夺无数牛马。胡人和齐国向来就不亲近，用兵时又没有缔结什么条约，或者用人质做抵押来共谋燕国，然而实际上合作的程度比订军事同盟还要彻底。这是什么道理呢？因为在形势上有共同的忧患，而战争的实质都是为了争夺利益。由此看来，和政治形势相同的国家结盟利益就会长远，后发制人就会有诸侯赶来协助。”

原文

“故明主察相[①]，诚欲以伯王也为志，则战攻非所先。战者，国之残也，而都县之费也。残费已先，而能从诸侯者寡矣。彼战者之为残也，士闻战则输私财而富军市，输饮食而待死士，令折辕而炊之，杀牛而觞[②]士，则是路[③]君之道也。”

注解

①察相：明察的相国。

②觞：喝酒的一种金属容器，此处表示慰劳。

③路：使虚弱。

译文

“所以英明的君主和精明的宰相，如果真有想做霸王的抱负，那就不能先发动战争，因为战争必会伤到国家的元气，并且要耗费各地的费用，会遭受各种损失。如果国家受到损伤，还能联合到其他诸侯的事很少见了。战争是如此具有破坏性，因此士人一听到战争就捐献私有财产作为军费，商人更是拿出酒菜款待战争的将士，长官也折断车前的横木当柴火，杀牛宰羊慰劳士卒，这些都是坑害君王的做法。”

原文

“中人祷祝，君翳禳，通都[①]小县置社，有市之邑莫不止事而奉王，则此虚中之计也。夫战之明日[②]，尸死扶伤，虽若有功也，军出费，中哭泣，则伤主心矣。死者破家而葬，夷伤者空财而共药，完者内酺[③]而华乐，故其费与死伤者钧。故民之所费也，十年之田而不偿也。”

注解

①都：都城。

②明日：第二天。

③酺：痛快地喝。

译文

“战前，国人祈祷，国君祭祀，大城市和小县城都设有神庙，有市场的城镇都歇业来为君主效命，这些都是可以使国内空虚的行动。在战后的第二天，遍地死尸，人民搀扶着受伤的将士，他们虽然建立了赫赫战功，可惜军队所消耗的战费之多，和全国人民悲哀哭号之惨，已经伤透家人的心。阵亡将士家属为安葬父兄而倾家荡产，负伤将士更为了医药费而用尽家中财产。那些侥幸未受伤的军人，在家里饮酒作乐，他们消耗的费用竟然和死伤将士相等。所有这些耗费的金钱，十年耕作的收获都抵偿不过。”

原文

“军之所出，矛戟折，镮弦绝，伤弩，破车，罢马，亡矢之大半。甲兵之具，官之所私出也，士大夫之所匿，厮养士之所窃，十年之田而不偿也。天下有此再费者，而能从[1]诸侯寡矣。”

注解

①从：通“纵”，合纵。

译文

“军队出发以后，矛和戟折损，车辕和弓弦拉断，弓弩损伤，兵车破坏，战马疲倦，箭损失大半。甲胄和兵器，是官家自已花钱买的，经过士大夫的藏匿和士卒的窃取，即使用十年耕作所得也无法补偿这笔损失。天下有这样庞大的浪费的国家，还能和诸侯联合，可太少了。”

原文

“攻城之费，百姓理襜蔽①，举冲橹②，家杂总，身窟穴，中罢于刀金。而士困于土功③，将不释④甲，期数而能拔城者为亟⑤耳。上倦于教，士断于兵，故三下城而能胜敌者寡矣。”

注解

①襜蔽：遮蔽矢石的器具。

②冲橹：带有高高的棚子的车。

③土功：争夺土地的战争。

④释：解开，脱下。

⑤亟：很快。

译文

“攻城的费用是如此庞大，以至于百姓有的整理遮蔽矢石的器具，有的运送兵车战船，有的在家织布，有的工作在地窖里面，有的在战乱中疲于奔命，尤其是那些在争夺土地的战争中的士兵更是困苦，将军都不敢脱下甲胄休息，一个月或几个月攻下一座城池已经算很快了。上面的长官无暇训练士兵，下面的士兵又缺少武器，所以攻下三个城池以后还能胜过敌人的，也是太少了。”

原文

“故曰：彼战攻者，非所先也。何以知其然也？昔智伯瑶攻范、中行氏①，杀其君，灭其国，又西围晋阳，吞兼二国，而忧一主②，此用兵之盛也。然而智伯卒身死国亡，为天下笑者，何谓也？兵先战攻，而灭二子患也。日③者，中山④悉起而迎燕、赵，南战于长子，败赵氏；北战于中山，克燕军，杀其将。”

注解

①智伯瑶攻范、中行氏：智伯瑶、范、中行氏都是晋国的六卿。

②一主：指赵襄子，也是晋的六卿之一。

③日：一说应为“昔”。

④中山：国名。

译文

“因此可以断言，这种进攻不应该首先发动。怎么知道是如此呢？以前智伯瑶攻打范、中行氏，杀死他们君主，灭亡他们的国家，然后又派大军往西围困晋阳，吞并了两个国家，并且又逼得赵襄子走投无路，这可算得上最成功的用兵了。然而到后来智伯却身死国亡，被全天下的人所耻笑。这是什么道理呢？是因为智伯首先发动战争而灭亡范、中行氏所引起的祸患。以前中山氏调动全国的军队迎战燕、赵，南面在长子击败赵军，北面在中山击败燕军，杀死燕将。”

原文

“夫中山千乘之国也，而敌万乘之国二，再战北胜，此用兵之上节也。然而国遂亡，君臣于齐者，何也？不啬[①]于战攻之患也。由此观之，则战攻之败，可见于前事。”

注解

①不啬：没有节制。

译文

“中山只不过是一个有一千辆兵车的小国，然而却能击败两个拥有一万辆兵车的大国，而且是连战连胜，这应该算是最会用兵的了。然而到头来国家仍不免灭亡，而中山的君主也做了齐国的臣子。这是什么道理呢？是因为对战事没有节制所招来的祸患。由此看来，发动战争而引起的失败，可以从以前的事实中看到。”

原文

“今世之所谓善用兵者，终战比胜[①]，而守不可拔，天下称为善，一国得而保之，则非国之利也。臣闻战大胜者，其士多死而兵益弱；守而不可拔者，其百姓罢[②]而城郭露。夫士死于外，民残于内，而城郭露于境，则非王之乐也。今夫鹄的[③]非咎罪于人也，便弓引弩而射之，中者则善，不中则愧，少长贵贱，则同心于贯之者，何也？恶其示人以难也。”

注解

①终战比胜：始终在作战接连取胜。

②罢：疲惫。

③鹄的：靶心。

译文

“当今所谓会用兵，有的是连战连胜，或者固守城池不可攻破，天下人称为最佳战绩。然而即使这个国家的土地得以保存，也不能使国家长治久安。臣听说作战而能大获全胜的，将士都要阵亡大半，因而使兵力更弱；守城而不被敌人攻破的，它的百姓将疲惫不堪，甚而城里城外满目荒凉。在外有众多将士伤亡，在内人民饱受困苦，城郭在边境上成为废墟，这并不是君王值得高兴的事。要说箭靶上的红心并不会得罪人，但是人们都喜欢用箭来射它，射中的人们叫好，射不中的就很惭愧，不论老少尊卑都一心想要射中红心。这是什么道理呢？因为讨厌让人看出自己不会射箭。”

原文

“今穷战比胜，而守必不拔，则是非徒[①]示以人难也，又且害人者也，然则天下仇之必矣。夫罢士露国，而多与天下为仇，则明君不居[②]也；素用强兵而弱之，则察相不事。彼明君察相者，则五兵[③]不动而诸侯从，辞让而重赂至矣。”

注解

①非徒：不仅仅，不只。

②不居：不做。

③五兵：五种兵器，即弓、弋、矛、戈、戟。

译文

“现在有人经年不停地战争，而且连战连胜，所守的城池敌人攻不破，这不但是与人为难，而且还损害他人利益，因此天下必然都仇视他。使战士困顿，国家虚空，又多半和天下结仇，这是贤明君主所不肯做的事；常用兵作战，就会使强兵变成弱兵，这是贤明相国所不会做的事。至于明君和贤相，根本不用弓弋矛戈戟等五种兵器，天下诸侯就服从了他们的号令；讲究辞让之礼，巨额的财富就自然送到他手中。”

原文

“故明君之攻战也，甲兵不出于军而敌国胜[①]，冲橹不施而边城降，士民不知而王业至矣。彼明君之从事也，用财少，旷日远而为利长者。故曰：兵后起则诸侯可趋役也。”

注解

①敌国胜：战胜敌国。

译文

“所以明君发兵作战，不用出动军队就可以战胜敌国，不使用攻城陷阵的兵车战船就可降服敌国，在百姓还不知道时就把王业缔造成功。那些明君所做的事用钱少，所需的时间虽然长些，可是却能为国家奠定百年基础。所以说：只有军队后发制人，诸侯才会赶来助战。”

原文

“臣之所闻，攻战之道非师[①]者，虽有百万之军，比之堂上；虽有阖闾、吴起之将[②]，禽之户内；千丈之城，拔之尊俎[③]之间；百尺之冲，折之衽席之上。故钟鼓竽瑟之音不绝，地可广而欲可成；和乐倡优侏儒[④]之笑不乏，诸侯可同日而致也。故名配天地不为尊，利制海内不为厚。故夫善为王业者，在劳天下而自佚，乱天下而自安。诸侯无成谋，则其国无宿优也。何以知其然？佚治在我，劳乱在天下，则王之道也。锐兵来则拒之，患至则趋之，使诸侯无成谋，则其国无宿忧矣。何以知其然矣？”

注解

①非师：不用兵。

②阖（hé）闾（lǘ）、吴起：春秋时，吴王阖闾善于用兵，故此处把他和名将吴起并举。

③尊俎（zǔ）：尊以盛酒，俎以放肉。尊俎借指宴会。

④倡优侏儒：歌舞杂技艺人。

译文

“我听说攻战之道不在于用兵，就算对方拥兵百万，也可败之于庙堂之上；就算对手有阖闾、吴起那样的将才，照样可以手到擒来；周围千丈的大城，在宴席之上，不用一兵一卒就可拿下；百尺之高的攻城器具，在坐席之上就可以摧毁它。所以钟鼓竽瑟的音乐不绝于耳，也可以扩充土地，达到心中的愿望；歌舞杂技艺人在堂前表演不断，而诸侯都会一起来归顺。因此名配天地也不算尊贵，富甲天下也不算富有。所以善于建立王业的人，让诸侯劳顿而自身悠闲，让诸侯混乱而自身安定。如果能使各诸侯的阴谋无法得逞，那么自己的国家就永久消除了忧患。怎么能知道这些事情呢？悠闲而安定的是我方，劳顿混乱的是诸侯，那才是建立王业的办法。强敌来攻就抵抗，祸患来了就避开，让诸侯不能对自己有所图谋，那么国家就会安定无忧了。怎么知道会是这样呢？”

原文

“昔者魏王①拥土千里，带甲三十六万，其强②而拔邯郸，西围定阳③，又从十二诸侯朝天子④以西谋秦。秦王⑤恐之，寝不安席，食不甘味，令于境内，尽堞中⑥为战具，竟⑦为守备，为死士置将，以待魏氏。”

注解

①魏王：魏惠王，名营。

②其强：“其”上当有“恃”字。

③定阳：今陕西洛川北。

④从十二诸侯朝天子：指公元前344年，魏惠王在逢泽（今河南开封东南）召集诸侯会盟，会后，魏率诸侯朝周。十二诸侯，泗水流域的一些小国。

⑤秦王：此时秦君为孝公，称“秦王”是事后追称。

⑥堞中：城中。堞，城上齿状的矮墙。

⑦竟：通“境”。

译文

“当年魏国拥有千里之地，数十万强兵，仗恃它的国力强大，攻下了赵国首都邯郸，西围定阳，又率领诸侯朝拜周天子，商量对付秦国。秦王为此感到害怕，寝不安席，食不甘味，下令秦国全国城市积极备战，加强防守，组织死士，广布重兵，防范魏国的进攻。”

原文

“卫鞅谋于秦王曰：‘夫魏氏其功大而令行于天下，有十二诸侯而朝天子，其与必众，故以一秦而敌大魏，恐不如。王何不使臣见魏王，则臣请必北魏[①]矣。’秦王许诺。”

注解

①北魏：击败魏国。

译文

“卫鞅对秦王献计说：‘魏国因功劳大而令行天下，又率诸侯朝拜周天子，诸侯都拥护它，现在以秦国一国之力来对付强大的魏国，恐怕不行。大王何不让我去见魏王，那我就有办法打败魏国。’秦王答应了卫鞅的请求。”

原文

“卫鞅见魏王曰：‘大王之功大矣，令行于天下矣。今大王之所从十二诸侯，非宋、卫也，则邹、鲁、陈、蔡，此固大王之所以鞭棰[①]使也，不足以王天下。大王不若北取燕，东伐齐，则赵必从矣；西取秦，南伐楚，则韩必从矣。大王有伐齐、楚心，而从天下之志，则王业见矣。大王不如先行王服，然后图齐、楚。’魏王说于卫鞅之言也，故身广公宫，制丹衣，柱建旌九斿[②]，从七星之旟[③]，此天子之位也，而魏王处之。于是齐、楚怒，诸侯奔齐，齐人伐魏，杀其太子，覆其十万之军[④]。魏王大恐，跣行按兵于国而东次于齐，然后天下乃舍之。当是时，秦王垂拱受西河之外[⑤]，而不以德魏王。”

注解

①棰（chuí）：马鞭。

②斿（liú）：旗上的飘带。

③七星之旟（yú）：画有朱雀七星的旗。

④覆其十万之军：指公元前341年，魏、齐马陵之战。魏败，太子申被杀。

⑤西河之外：今陕西大荔、宜川一带。西距黄河，东依洛水。

译文

“卫鞅见到魏王说：‘大王功劳大，可以号令天下了。现在大王所率领的十二个诸侯，不是宋、卫，就是邹、鲁、陈、蔡这些小国，他们本来就是受大王驱使的，不能让大王成就王业。大王不如向北攻打燕国，向东攻打齐国，那么赵国就会归附魏国。向西攻打秦国，向南攻打楚国，那么韩国就会归附魏国。大王有伐齐、楚之心，并使天下归顺的大志，那么称王大业就可以实现了。大王不如先穿上王者服饰，然后再去攻打齐、楚。’魏王听信了卫鞅的说辞，其宫室、衣服、车旗等都按照王者的规格来配置，天子能享受的，魏王都享受了。齐、楚两国为此大为愤怒，诸侯都投向齐国。齐国出兵攻魏，杀魏太子，大败魏军。魏王大为恐慌，光着脚下令全国不要出兵，屈身朝齐，然后诸侯才放弃攻魏。这时，秦王不费吹灰之力就得到了魏国西河之外的大片土地，但并不感谢魏王。”

原文

“故曰卫鞅之始与秦王计也，谋约不下席，言于尊俎之间，谋成于堂上，而魏将①以禽于齐矣；冲橹未施，而西河之外入于秦矣。此臣之所谓北之堂上，禽将户内，拔城于尊俎之间，折冲席上者也。”

注解

①魏将：指庞涓。

译文

“所以，这一开始就是卫鞅和秦王商量好的计策。在酒席宴间订好计谋，在庙堂之上订好计策，就让魏将被齐国活捉；攻城的武器都未使用，魏国西河之外的土地都归了秦国。这就是我所说的败敌于庙堂之上，擒敌将于户内，拔城于酒宴之间，摧毁城市于坐席之上的策略。”

评析

苏秦对君王的谏言中有破有立，破大于立，破立的中心主旨是一致的，那就是在国家政治军事斗争中尽量要占有道义，尽量要“不战而屈人之兵”，绝对不能好战和强出头。在现实生活中，我们要根据自己的情况，做好自己的发展战略，对待朋友、竞争者要有智慧、有谋略，要将上述国际关系领域的法则娴熟地运用在人际关系上，毕竟人与人之间和国家与国家之间在其作为一个利益主体方面，有着很大的可比性。

齐策六

齐负郭之民有孤狐咺者

原文

齐负郭[1]之民有孤[2]狐咺者，正议，闵王斮[3]之檀衢，百姓不附；齐孙室子陈举直言，杀之东闾，宗族离心；司马穰苴[4]为政者也，杀之，大臣不亲。以故燕举兵，使昌国君[5]将而击之。齐使向子[6]将而应之。齐军破，向子以舆一乘亡。达子[7]收余卒，复振，与燕战，求所以偿者，闵王不肯与，军破走。

注解

①负郭：临近城郊的地方。
②孤：衍文，无意义。
③斮（zhuó）：斩杀。
④司马穰苴（ráng jū）：司马，官职名；穰苴，人名。
⑤昌国君：燕将，即乐毅。
⑥向子：齐国的大臣。
⑦达子：齐国的将军。

译文

齐国靠近城郊的地方有个叫狐咺的人，直言批评国家，齐闵王就在檀成的街上把他斩了，百姓们再不敢亲近闵王了；齐国宗室的后代陈举直言进谏，就被齐闵王在东闾把他处死了，宗族的人也不和闵王一心了；司马穰苴执管朝政，也被闵王给处死了，大臣也不再亲近闵王了。于是燕国趁此机会发兵，任命昌国君乐毅率领军队，攻打齐国。齐国任命向子统帅军队应战。齐军被攻破了，向子架着战车逃亡了。后来达子将军又召集了残余的士卒，再次振作起来，与燕军再战，达子将军向齐王要求给士兵发放补偿金，齐闵王不肯给予，齐军最终大败而逃。

原文

王奔莒，淖齿[①]数之曰："夫千乘、博昌[②]之间方数百里，雨血沾衣。王知之乎？"王曰："不知。""嬴、博之间地坼[③]至泉，王知之乎？"王曰："不知。""人有当阙而哭者，求之则不得，去之则闻其声，王知之乎？"王曰："不知。"淖齿曰："天雨血沾衣者，天以告也；地坼至泉者，地以告也；人有当阙而哭者，人以告也。天地人皆以告矣而王不知戒焉，何得无诛乎？"于是杀闵王于鼓里[④]。

注解

①淖（zhuō）齿：原为楚将。公元前284年燕将军乐毅攻破齐国国都临淄，齐闵王逃亡莒地。淖齿受楚王之命救助齐国，被闵王任用为齐相。

②千乘、博昌：皆为齐地名，分别位于今山东高苑、博兴一带。

③地坼：土地干裂。

④鼓里：莒地的地名。

译文

后来齐闵王逃往莒地，楚将淖齿数落闵王说："齐国的千乘与博昌两地间方圆几百里，下着血雨沾湿了衣服，大王您知道吗？"闵王回答说："不知道。"淖齿问："嬴、博两地之间土地都干裂得到了泉底，大王您是否知道？"闵王回答说不知道。淖齿又问："有人对着宫门在哭，可是寻找的时候却看不到人，离去之后就又听到声音了，大王您是否知道啊？"闵王又回答说："不知道。"淖齿说："天降血雨沾湿衣服，这是老天在警诫您；地枯裂到泉底，这是大地在警告您；有人对着宫门哭，这是人在警告您。天、地、人都警告过您了，但大王您还是不知道警诫，又怎么会不受到惩罚呢？"于是淖齿就在莒地鼓里把闵王给杀了。

原文

太子乃解衣免服，逃太史之家，为溉园。君王后太史氏女知其贵人，善事之。田单以即墨之城，破亡余卒，破燕兵，绐骑劫①，遂以复齐，遽迎太子于莒，立之以为王。襄王即位，君王后以为后，生齐王建。

注解

①骑劫：燕国的将军。

译文

太子于是就换了衣服，逃避到了太史的家里，为太史家浇灌花园。后来成为王后的太史家的女儿知道他应该是一位贵人，对他非常友好。齐将田单凭借即墨城为据点，收拾残兵，攻破了燕军，以诡诈之计战胜了燕将骑劫，于是得以收复失地，马上就到莒地迎接太子，尊立太子为齐国国王。齐襄王继位之后，就册封太史家的女儿为王后，生下了后来的齐王建。

评析

几千年来，多少专制暴君草菅人命、扼杀人的权利、禁锢言论自由，而最终落得身死国灭、遗臭万年的凄惨下场。当政者的贪婪导致政治上的短视和弱智，以致自己违反了政治上的基本规则而不自知，“水可载舟，也能覆舟”，民众的批评和异议，对一个深通政治基本之道的明君而言，的确是苦口谏言，但对一味讲究专权、霸道和独裁的专制者而言，是万万不能容忍的，他之不能容忍，也就决定了他实际上是政治上的最终失败者，身败名裂、众叛亲离几乎是他们最终的结局。

燕攻齐取七十余城

原文

燕攻齐，取七十余城，唯莒、即墨不下。齐田单以即墨破燕，杀骑劫。

初，燕将[1]攻下聊城，人或谗之。燕将惧诛，遂保守聊城，不敢归。田单攻之岁余，士卒多死，而聊城不下。

注解

①燕将：指昌国君乐毅。

译文

燕军攻打齐国，攻下七十多城，只有莒和即墨两城没有攻下。后来齐将田单，以即墨城为据点大败燕军，杀死燕将骑劫。

起初，燕军快要攻下聊城时，忽然听说，有人向燕王进谗言，燕将畏惧回去被诛杀，就守住聊城不敢回国。田单攻打聊城有一年多，战死的很多，却始终攻不下聊城。

原文

鲁连乃书，约之矢以射城中，遗①燕将曰："吾闻之，智者不倍②时而弃利，勇士不怯死而灭名，忠臣不先身而后君。今公行一朝之忿，不顾燕王之无臣，非忠也；杀身亡③聊城，而威不信于齐，非勇也；功废名灭，后世无称，非知也。故知者不再计，勇士不怯死。今死生荣辱，尊卑贵贱，此其一时也。愿公之详计而无与俗同也。"

注解

①遗：给予。

②倍：通"背"，背离，离开。

③亡：丢失，失去。

译文

于是鲁仲连写了一封信绑在箭上射进城内送给燕将看，这封信是这样写的："我听说：智者不因错过时机就舍弃利益，勇士不因怕死就伤害名誉，忠臣先考虑君王而后考虑自己。现在将军为发泄一时的愤恨，不顾燕王将丧失许多兵将，这不是尽忠；毁灭自己又将失去聊城，并且威力并不能慑服齐国，这不是勇敢；功业荒废，名誉受损，后世无人赞美，这不是聪明。所以智者不三心二意，勇士不畏惧死亡。如今将军的生死、荣辱、尊卑，都决定在这一念之间，但愿将军仔细考虑，不要随便接受俗人的建议。”

原文

“且楚攻南阳，魏攻平陆，齐无南面之心，以为亡南阳之害，不若得济北之利，故定计而坚守之。今秦人下兵，魏不敢东面，横秦之势合，则楚国之形危。且弃南阳，断右壤，存济北，计必为之。今楚、魏交[①]退，燕救不至，齐无天下之规，与聊城共据期年[②]之弊，即臣见公之不能得也。齐必决之于聊城，公无再计。”

注解

①交：皆，都。

②期年：一整年。

译文

“况且楚国攻打南阳，魏国攻打平陆，而齐国并无心反击楚、魏，因为齐国认为丧失南阳的坏处，不如获得济北的好处，所以决心围困聊城。现在秦国又发兵救齐，魏国不敢向东攻打平陆。如果秦、齐连横形势能成立，楚国的处境就会很危险。并且齐国将放弃南阳之困扰，丢开右壤之围，守住济北，战略必然这样设计。如今楚、魏之军都已经撤退，燕国的救兵又未到，天下无人再图谋齐国，燕军已经和齐国在聊城相持一年，我看将军一定无法战胜齐国。齐国必定能在聊城取得决定性胜利，所以将军根本不必再计较得失。”

原文

“彼燕国大乱，君臣过计，上下迷惑，栗腹以百万之众，五折于外，万乘之国，被围于赵，壤削主困，为天下戮[①]，公

闻之乎？今燕王方寒心独立，大臣不足恃，国弊祸多，民心无所归。今公又以弊聊之民，距全齐之兵，期年不解，是墨翟之守也；食人炊骨[2]，士无反北之心，是孙膑、吴起之兵也。能以见于天下矣！”

注解

①戮（lù）：侮辱，羞辱。

②炊骨：把骨头当木柴烧。

译文

“况且如今燕国国内大乱，朝野上下都很昏庸，燕相栗腹率领百万大军在外面一连战败五次，损兵折将，拥有一万辆兵车的队伍被赵军围困，土地丢失，国王陷于困惑，遭到天下人的耻笑，不知道将军有没有听到？现在燕王很寒心，在朝中孤立无援，大臣都不能依靠，国家疲惫，而灾难又多，民心惶惶不可终日。现在将军用困顿的聊城军民，抗拒实力雄厚的齐军，经过了一年之久，仍然没解开聊城之围，这就叫做墨翟的守城办法；战士吃人肉，用骨头当柴火，可是战士没有反叛的心，这就是孙膑、吴起的用兵之策。以上这些都已被天下看清！”

原文

“故为公计者，不如罢兵休士，全[1]车甲，归报燕王，燕王必喜。士民见公，如见父母，交游攘臂而议于世，功业可明矣。上辅孤主，以制群臣；下养百姓，以资说士。矫国革俗于天下，功名可立也。意者，亦捐[2]燕弃世，东游于齐乎？请裂地定封，富比陶、卫，世世称孤寡，与齐久存，此亦一计也。二者显名厚实也，愿公熟计而审处一也。”

注解

①全：保全。
②捐：抛弃。

译文

“因此我为您打算，将军实在不如退军休兵，保全战车和甲胄回报燕王，我想燕王一定非常高兴。燕国人民看到了将军就像看见自己父母一般亲热，朋友们相见也拉着手臂赞美将军，到那时将军的战功真可说是闻名天下。对上说辅佐孤立的君王，控制群臣；对下说安抚流离的人民，奖励游说之士。改革国家政治，变革风俗，就可以建立功名于天下了。将军或者捐弃燕国，不管世人的议论，往东归降齐国，我可以请齐王分封土地给将军，确定爵位，富贵可和魏冉、商鞅相比，后代子孙都可以称孤道寡，和齐国长期并存，这也算是将军应该采取的一个计划。这两个计策都能提高将军的威望，对于将军的一切实际情形也都有所帮助，但愿将军能仔细考虑，选择一个可行的办法。”

原文

“且吾闻，效[①]小节者不能行大威，恶小耻者不能立荣名。昔管仲射桓公中钩[②]，篡也；遗公子纠而不能死，怯也；束缚桎梏[③]，辱身也。此三行者，乡里不通也，世主不臣也。使管仲终穷抑，幽囚而不出，惭耻而不见，穷年没寿，不免为辱人贱行矣。然而管子并三行之过，据齐国之政，一匡天下，九合诸侯，为五伯首，名高天下，光照邻国。”

注解

①效：尽力，效法。

②钩：带钩，衣带上的钩。

③桎梏：束缚犯人的刑具。

译文

“再者我听说，重视小节的人，不能创造大事业；憎恶小耻辱的人，不能建立荣耀的声誉。从前管仲射中桓公的带钩，这就是一种逆乱行为；忘记了公子纠并且不能够殉难，这就是一种懦弱；受脚镣手铐的刑罚，这是终生受辱。凡是遇上这些事的人，连乡里都不肯和他交往，人主也不肯用他做臣子。假如管仲始终穷困潦倒，为怕羞耻而不肯见人，那么一辈子也不免做丢人的卑贱事情。然而管仲虽然做错了三件事情，后来却掌握着齐国的政权，匡正天下，九次联合诸侯，使齐国成为五霸之首，名声震撼天下，光辉照耀四邻。”

原文

“曹沫为鲁君[①]将，三战三北，而丧地千里。使曹子之足不离陈[②]，计不顾后，出必死而不生，则不免为败军禽将。曹子以败军禽将，非勇也；功废名灭，后世无称，非知也。故去三北之耻，退而与鲁君计也，曹子以为遭。齐桓公有天下，朝诸侯。曹子以一剑之任，劫桓公于坛位之上，颜色不变，而辞气不悖。三战之所丧，一朝而反之，天下震动惊骇，威信吴、楚，传名后世。若此二公者，非不能行小节，死小耻也，以为杀身绝世，功名不立，非知也。故去忿恚[③]之心，而成终身之名；除感忿之耻，而立累世之功。故业与三王争流，名与天壤相敝也。公其图之！”

燕将曰：“敬闻命矣！”因罢兵到读而去。故解齐国之围，救百姓之死，仲连之说也。

注解

①鲁君：鲁庄公。

②陈：通“阵”，阵地。

③忿恚（huì）：愤恨。

译文

“曹沫出任鲁国君主的将领，三次出战三次败北，损失鲁国土地一千多里。假如曹沫的脚不离开战场败退下来，计谋不从长远考虑，只想着出征就一定为国而死，不肯活着败逃，就难免成为败军擒将。可是曹沫认为残兵败将不算作勇敢；废弃功业，名声磨灭，那后人就不会称道，不算作明智。因此他抛弃三次战败的耻辱，离开战场回到朝廷和鲁君策划，认为从前的战败乃是偶然的遭遇。齐桓公称霸天下之后，迫使诸侯前来朝拜。而曹沫只凭一把佩剑，在坛台上威逼桓公，他面不改色，语气沉着。结果把三次战败失去的土地，在一个早晨就完全收复。天下人都为此感到震惊，曹沫的威望光照吴、楚，英名流传后世。像管仲和曹沫这两个人，并不是不能坚持，或为小耻而去殉难，而是认为自己如果身死家绝，就无法重新建立功名，那是最愚蠢的行为。所以他们控制住愤怒的感情，从而建立千秋的美誉，他们的功业可以和三王争短长。他们的名望可以和天地并存，但愿将军能够三思而行！”

燕军守将说：“一切愿意遵命！”于是燕将就下令收兵，把弓箭都装在套子里，从齐国撤退回燕国。由此可见，解齐国聊城之围，把百姓从死难中救回的，是鲁仲连的一封信。

评析

鲁仲连的游说令人顿生豪气，让人为之动容、折服。他非常善于调动人的情感，既善于分析形势，以时局胁迫燕将就范，又善于激发男人心灵深处的英雄豪情和凌云壮志，以高尚的事物打动燕将。整个游说过程不仅极具说服力，而且形式上非常壮美，情感上让人激情荡漾，极富感染力。

燕攻齐齐破

原文

燕攻齐，齐破。闵王奔莒，淖齿杀闵王。田单守即墨之城，破燕兵，复齐墟。襄王为太子微。齐以破燕，田单之立疑，齐国之众，皆以田单为自立也。襄王立，田单相之。

过菑水，有老人涉菑而寒，出不能行，坐于沙中。田单见其寒，欲使后车分衣，无可以分者，单解裘而衣之。襄王恶之，曰："田单之施，将欲以取我国乎？不早图，恐后之。"左右顾无人，岩下有贯珠者，襄王呼而问之曰："汝闻吾言乎？"对曰："闻之。"王曰："汝以为何若？"对曰："王不如因以为己善。王嘉[1]单之善，下令曰：'寡人忧民之饥也，单收而食之；寡人忧民之寒也，单解裘而衣之；寡人忧劳百姓，而单亦忧之，称寡人之意。'单有是善，而王嘉之，单之善，亦王之善已。"王曰："善。"乃赐单牛酒，嘉其行。

后数日，贯珠者复见王曰："王至朝日，宜召田单而揖之于庭，口劳[2]之。乃布令求百姓之饥寒者收谷[3]之。"乃使人听于闾里，闻丈夫之相与语，举曰："田单之爱人！嗟，乃王之教泽也！"

注解

①嘉：嘉奖。

②口劳：犒劳，慰劳。

③收谷：收养。

译文

燕军攻齐，临淄被攻破，齐闵王逃到莒地，为淖齿所杀。田单死守即墨，后来反击，大败燕军，并且收复了国都临淄，迎回躲在民间的太子襄王。齐军破燕，议立国君，田单对立襄王为国君犹豫不决，齐国的老百姓都怀疑田单会自立为王。后来田单立太子为襄王，自居相位。

有一天，田单路过淄水，看见一位老者赤足渡河冻坏了，无法再走，僵坐在岸边的沙土上。田单看见老者身体寒冷，就让随从分件衣服给他，但随从们没有多余的衣服，田单就脱下自己的皮裘送给老者。齐襄王内心很是憎恶田单这种收买人心的行为，他自言自语说："田单这样用小恩小惠收买人心，莫非图谋我的王权富贵？如果不先发制人，恐怕后悔也来不及了。"说完，他猛然从自言自语中惊醒，警惕地左右察看，没什么人，只是岩石下有个采珠人，襄王把他叫唤过来问道："你听到我说什么了吗？"采珠者坦白承认："都听到了。"襄王杀意顿生，却故意问道："你认为我该怎么做？"那人说："大王不如顺水推舟，把它变成自己的善行。您可以发布诏令嘉奖田单的行为，并说：'寡人担心百姓子民挨饿受冻，相国就分赐他们衣食；寡人关心百姓，相国也满腹忧心。相国这样做，正合寡人心意。'田单既有这些优点，而大王又赞扬他，要知道赞扬田单的优点，也正是宣扬大王的圣德。"襄王叹道："好主意！"于是以牛酒犒劳田单，表扬了他给贫民送衣的行为。

过了几天，采珠人又去拜见襄王，进言说："来日百官上朝，大王应该特地召见田单，并在朝堂上加倍礼让尊敬，亲自表示慰问，然后下令调查饥寒交迫的百姓，给以赈济。"襄王一一照办后，又派人到街头里巷打探民众的态度，听见老百姓都在谈论说："田单很爱护百姓，哎呀！这全是大王教导得好啊！"

评析

襄王对田单的肯定、褒扬、给予，使自己也得到很大的实惠。现代社会的市场经济，更是将这种人与人之间的双赢、共同提高达到了一种新境界。有合作才能有收获，有开放才能有机会。你给予的越多，你收获的也就越多。

齐闵王之遇杀

原文

齐闵王之遇杀，其子法章变姓名，为莒太史家庸夫[1]。太史敫女奇法章之状貌，以为非常人[2]，怜而常窃衣食之，与私焉。莒中及齐亡臣相聚，求闵王子，欲立之。法章乃自言于莒。共立法章为襄王。襄王立，以太史氏女为王后，生子建。太史敫曰："女无谋而嫁者，非吾种也，污吾世矣。"终身不睹[3]。君王后贤，不以不睹之故，失人子之礼也。

襄王卒，子建立为齐王，君王后事秦谨，与诸侯信，以故建立四十有余年不受兵。

注解

①庸夫：仆人。

②常人：普通人。

③睹：见。

译文

齐闵王被杀害，他的儿子法章改名换姓，做了莒地一个姓太史人家的仆人。太史敫的女儿看见法章的相貌很奇特，认为他不是普通人，很怜爱他，而且常偷偷送给他衣服和食物，并和他私通。莒地的人以及从国都逃到莒地的大臣聚在一起，商量要寻找闵王的儿子，立他为王。法章在莒地就出来承认自己是太子，于是大家立他为襄王。襄王既立，又把太史敫的女儿立为王后，后来生子名建。王后的父亲太史敫说："女儿没有通过媒人就出嫁，你不是我们家的后代，实在给我丢尽了脸。”便终身不见他的女儿。王后贤惠，不因父亲和她断绝关系而不顾父女应有的礼节。

齐襄王死后，他儿子建被立为齐王，王后对待秦国很谨慎，对待诸侯也很诚敬，所以在王后活着时齐王建在位40多年，没有遇到战祸。

原文

秦始皇尝使使者遗君王后玉连环，曰：“齐多知，而解此环不？”君王后以示群臣，群臣不知解。君王后引椎椎①破之，谢秦使，曰：“谨以解矣。”

及君王后病，且卒，诫建曰：“群臣之可用者某。”建曰：“请书之。”君王后曰：“善。”取笔牍②受言。君王后曰：“老妇已亡矣！”

君王后死后，后胜相齐，多受秦间金玉，使宾客入秦，皆为变辞，劝王朝秦，不修攻战之备。

注解

①椎椎：棰子。

②牍：古时用以记录文字的簿。

译文

秦始皇曾派使臣给王后一副玉连环，说：“齐国人都很聪明，但能解开这个玉连环吗？”王后把玉连环拿给群臣看，群臣没有人知道如何解开。王后拿起一把锤子把它敲破，告诉秦王的使者说：“已经解开了。”

当王后病危快死时，她告诫齐王建说："群臣中某某人可以任用。"齐王建说："请把他们的名字写下来。"王后说："好。"于是，齐王取笔和木简要她写下遗言。王后却说："我已经忘记了。"

王后死后，后胜担任齐的相国，接受了秦国间谍很多的金、玉，派去秦国的宾客，都说一些符合秦国利益的变诈之辞，他们劝齐王建去秦国，而一点也不考虑备战的问题。

评析

女性的胆识也是很可怕的，太史敫的女儿能够独具慧眼，认定落难的太子并将终身托付于他，这是需要非凡的眼光、胆略和果断的行动勇气的。我们要想真正成就一番大事业，就要超越一些陋习俗见，超越普通人的胆量和想象，敢作敢为，义无反顾，这样我们才能获得不同于普通人的人生体验和价值，建树不同于普通人的功名和事业。

齐王建入朝于秦

原文

齐王建入朝于秦，雍门司马①前曰："所为立王者，为社稷耶？为王立王耶？"王曰："为社稷。"司马曰："为社稷立王，王何以去社稷而入秦？"齐王还车而反。

注解

①雍门司马：雍门，齐城门名。司马，武官，位在将军之下。

译文

齐王建到秦国去朝见秦王，齐都城门的司马横戟挡住齐王，他说：“我们是为社稷立王，还是为大王您个人立王？”齐王答道：“为了国家社稷。”司马说：“既然是为国家社稷立王，大王为何抛弃社稷到秦国去呢？”齐王听后，掉转马头，折回王宫去了。

原文

即墨大夫与雍门司马谏而听之，则以为可与为谋，即入见齐王曰：“齐地方数千里，带甲数百万。夫三晋大夫皆不便秦，而在阿、鄄[①]之间者百数，王收而与之百万之众，使收三晋之故地，即临晋之关[②]可以入矣。鄢、郢大夫不欲为秦，而在城南下者百数，王收而与之百万之师，使收楚故地，即武关[③]可以入矣。如此，则齐威可立，秦国可亡。夫舍南面之称制，乃西面而事秦，为大王不取也。”

注解

①阿、鄄（juàn）：阿，今山东阳谷东五十里。鄄，今山东鄄城北二十里。

②临晋之关：临晋关，在今陕西朝邑西二十里。

③武关：在今陕西丹凤东南。

译文

即墨大夫知道了齐王听从了城门司马官的劝告，认为可以与齐王谋事，于是他进宫拜见齐王。他对齐王说：“齐国方圆千里，雄兵数十万，赵、魏、韩三国的官员们不愿为秦效力而在阿城和鄄城两地聚集了数百人，大王将他们招揽过来，给他们百万大兵，让他们收复三国的旧地，就可以攻击秦国东边的临晋关。鄢、郢的官员不愿屈从秦国的，有数百人聚集在齐国的南城，大王将他们招揽过来，给他们百万将士，让他们收复楚国被秦国占领的土地，就可以攻击秦国南边的武关了。这样，齐国就能树立国威，秦国就会灭亡。大王如果舍弃称王于天下的机会而甘愿听命于秦国，实在太不值得了。”

原文

齐王不听。秦使陈驰[1]诱齐王内之，约与五百里之地。齐王不听即墨大夫而听陈驰，遂入秦，处之共松柏之间，饿而死。先是齐为之歌曰：“松邪！柏邪！住建共[2]者，客耶！”

注解

①陈驰：齐国入仕秦国的人。

②共：今河南辉县东北九里。

译文

齐王没有采纳即墨大夫的建议。秦国派陈驰诱使齐王入秦，假装答应给齐王五百里土地，齐王不听即墨大夫的话却听信了陈驰，到了秦国之后，秦王把齐王流放到共邑，处在松柏之间，最终饥饿而死。在这之前，齐国有人作了一首歌谣：“松树啊！柏树啊！让齐王死在共邑的，就是那些能言善辩的说客啊！”

评析

即墨大夫的一番慷慨陈词令人钦佩，只可惜是对牛弹琴。而临淄西门的司马官的一句问话倒是一时起到了作用。天下并非一家一姓的天下，君王只不过是国家社稷的管理者，人们设立这种管理者的根本目的是为了国家和每个民众的利益，而非君王个人的利益。这种最基本最朴素的民主思想在战国时代就很有影响，在当时的政治文化中占据着主流地位。

楚策一

五国约以伐齐

原文

五国约以伐齐。昭阳谓楚王曰："五国以破齐，秦必南图。"楚王曰："然则奈何？"对曰："韩氏辅国也，好利而恶难，好利，可营[1]也；恶难，可惧也。我厚赂之以利，其心必营。我悉兵以临之，其心必惧我。彼惧我兵而营我利，五国之事必可败也。约绝之后，虽勿与地，可。"

楚王曰："善。"乃命大公事之韩见公仲，曰："夫牛阑之事，马陵之难，亲王之所见也。王苟无以五国用兵，请效[2]列城五，请悉楚国之众也，以图于齐。"

齐之反赵、魏之后，而楚果弗与地，则五国之事困[2]也。

注解

①营：通"荧"，惑乱。

②效：愿意。

③困：此处作落空解。

译文

赵、魏、韩、燕、楚五国联盟进攻齐国。楚相昭阳对楚王说："五国如果打败了齐国，秦国一定会乘机向南进攻楚国。"楚王说："这可怎么办呢？"昭阳回答说："韩国韩呡在韩国独断专行，贪图私利，害怕危难。贪图私利，可以对他施以利诱；害怕危难，可以对他进行威胁。我用重利去拉拢他，他内心一定会被利所诱；我发动大军去威胁他，他一定会感到害怕。他害怕我们的大军，又贪图我们的重利，这样五国联盟攻齐的事，一定会失败。他们的盟约被撕毁以后，即使不给韩国割地，也是可以的。"楚王说："好。"

于是他派大公事去韩国，会见韩相国公仲，说："当初牛阑之役，马陵之役，都是您亲自见到的，大王如果不与五国联合攻齐，我们愿意献出五个城邑，不然，我们就出动全军来和齐国共同对敌。"

韩国与赵、魏解约以后，楚国果然没有割地给韩国，而五国联盟攻齐之事就落空了。

评析

六国合纵最后以失败告终，最根本的原因就是各国都心怀鬼胎、各有利益，不能同心合力。五国合纵攻击齐国，楚相昭阳却从中搞鬼，所以合纵一下就解体了。韩相国公仲轻易改变了行动，可见利益的诱惑、武力的威慑对人的行为影响多么巨大，所以要抵住他人对你的算计，就一定要做到"富贵不能淫，威武不能屈"。

楚宣王问群臣

原文

荆宣王[1]问群臣曰："吾闻北方之畏昭奚恤[2]，果诚何如？"群臣莫对。

注解

①荆宣王：楚宣王，熊姓，名良夫，公元前369—公元前340年在位。
②昭奚恤（xù）：楚国的令尹（相）。

译文

楚宣王问群臣道："我听说北方各国都害怕昭奚恤，真是这样吗？"群臣无人回答。

原文

江乙[1]对曰："虎求百兽而食之，得狐。狐曰：'子无敢食我也。天帝使我长百兽，今子食我，是逆天帝命也。子以我为不信，吾为子先行，子随我后，观百兽之见我而敢不走乎？'虎以为然，故遂与之行，兽见之皆走。虎不知兽畏己而走也，以为畏狐也。今王之地方五千里，带甲百万，而专属之昭奚恤；故北方之畏奚恤也，其实畏王之甲兵也，犹百兽之畏虎也。"

注解

①江乙：魏国人，当时在楚国做官。

译文

江乙回答说："老虎捕捉各种野兽来吃。捉到一只狐狸，狐狸对老虎说：'您不敢吃我，上天派我做群兽的领袖，如果您吃掉我，就违背了上天的命令。您如果不相信我的话，我在前面走，您跟在我的后面，看看群兽见了我，有哪一个不敢逃跑的呢？'老虎信以为真，就和狐狸同行，群臣见了它们，都纷纷逃跑。老虎不明白群兽是害怕自己才逃跑的，却以为是害怕狐狸。现在大王的国土方圆五千里，大军百万，却由昭奚恤独揽大权。所以，北方诸侯害怕昭奚恤，其实是害怕大王的军队，这就像群兽害怕老虎一样啊。"

评析

用寓言来做类比，最能直观地说明问题，虽然老虎、狐狸、楚宣王、昭奚恤四个事物本身没有什么可比性，但是狐狸借助虎威这件事的事理和性质，却与昭奚恤借助楚宣王造势有着异曲同工之妙，所以两件事有着可比性，而且用类比的说话技巧易于让受众理解。

苏秦为赵合从说楚威王

原文

苏秦为赵合从，说楚威王曰："楚，天下之强国也。大王，天下之贤王也。楚地西有黔中、巫郡①，东有夏州、海阳，南

有洞庭、苍梧，北有汾陉[2]之塞、郇阳[3]。地方五千里，带甲百万，车千乘，骑万匹，粟支十年，此霸王之资也。夫以楚之强与大王之贤，天下莫能当[4]也。”

注解

①巫郡：位于今四川巫山附近。
②陉（xíng）：陉山。
③郇阳：位于今陕西旬阳一带。
④当：通“挡”，抵挡。

译文

苏秦替赵国实行合纵，游说楚威王说：“楚国是天下的强国，大王是天下贤明的君主。楚国西面有黔中、巫郡，东面有夏州、海阳，南面有洞庭、苍梧，北面有汾泾、郇阳。国土纵横千里，兵士百万，战车千辆，战马万匹，粮食可以支持十年，这是建立霸业王业的资本。凭着楚国的强大和大王的贤明，天下没有谁能匹敌。”

原文

“今乃欲西面而事秦，则诸侯莫不南面而朝于章台[1]之下矣。秦之所害于天下莫如楚，楚强则秦弱，楚弱则秦强，此其势不两立。故为王至计，莫如从亲[2]以孤秦。大王不从亲，秦必起两军：一军出武关，一军下黔中。若此，则鄢、郢动矣。臣闻治之其未乱，为之其未有也；患至而后忧之，则无及已。故愿大王之早计之。”

注解

①章台：位于今陕西西安。

②从亲：合纵，与盟约国友善。从，通“纵”，合纵。

译文

“现在大王竟然想要向西服侍秦国，那么诸侯就没有不倒向西方到章台之下去朝拜秦王的了。秦国在诸侯中最害怕的莫过于楚国，楚国强大，秦国就衰弱，楚国衰弱，秦国就强大，这就是秦、楚势不两立。所以替大王着想，不如合纵，以便孤立秦国。大王如果不实行合纵，秦国一定会出动两支军队攻打楚国：一支军队从武关杀出，一支军队直下黔中。如果像这样的话，鄢、郢一带就不安定了。我听说，要在祸乱没有产生以前就做好准备，要在事情没有发生之前就处理妥当；祸乱临头，然后再去解决它，就来不及了。所以希望大王趁早考虑这个问题。”

原文

“大王诚能听臣，臣请令山东之国[①]，奉四时之献，以承大王之明制，委社稷宗庙，练士厉兵，在大王之所用之。大王诚能听臣之愚计，则韩、魏、齐、燕、赵、卫之妙音美人，必充后宫矣。燕、代良马橐驼[②]，必实于外厩。故从合则楚王，横

成则秦帝。今释霸王之业，而有事人[3]之名，臣窃为大王不取也。”

注解

①山东之国：崤山以东的诸侯国。

②橐（tuó）驼：骆驼。

③事人：臣事别人。

译文

“大王如果能够听从我的意见，我愿意号召山东各国向您进献四时的贡品，接受大王圣明的指示，把国家宗庙委托给您，训练士兵，磨利兵器，任凭大王指挥调遣使用。大王如果真能采用我的计划，那么，韩、魏、齐、燕、赵、卫等国的歌妓美女一定会填满您的后宫；燕、代地区的好马、骆驼一定会充满您的畜圈。如果合纵联盟能够成功，楚国就能称王；而连横阵线能够得逞，秦国就能称帝。现在您放弃称霸的大业，甘愿承担服侍别人的丑名，我实在不赞成大王的这种做法。”

原文

“夫秦，虎狼之国也，有吞天下之心。秦，天下之仇雠[1]也，横人皆欲割诸侯之地以事秦，此所谓养仇而奉雠者也。夫为人臣而割其主之地，以外交强虎狼之秦，以侵天下，卒[2]有秦患，不顾其祸。夫外挟强秦之威，以内劫其主，以求割地，大逆不忠，无过此者。”

注解

①仇雠：仇敌。

②卒：最终。

译文

“秦国是个像虎狼一样残暴的国家，有吞灭六国的野心。秦国是天下共同的仇敌，主张连横的人都想分割诸侯的土地来讨好秦国，这是奉养仇敌的做法。作为臣下却割让君主的土地，对外结交像虎狼一样残暴的秦国，从而侵吞天下，如果突然遭到秦国的侵犯，就不顾及这方面的祸患。在外倚仗秦国的强大声威，在内部威逼自己的君主，要求割让土地、背叛国家，不忠于君主，没有什么罪过比这更严重的了。”

原文

“故从亲，则诸侯割地以事楚；横合，则楚割地以事秦。此两策者，相去远矣，有亿兆之数。两者大王何居焉[1]？故弊邑赵王，使臣效愚计，奉明约，在大王命之。”

注解

①两者大王何居焉：两者大王选择哪一个呢？

译文

“如果合纵相亲，那么各国将割让土地来侍奉秦国；而连横成功，楚国则将割让土地侍奉秦国。这两种策略相距很远，有亿兆之别。这两者，大王将选择哪一种呢？所以敝国派我来进献这不成熟的计策，送上盟约，听取大王的决策。”

原文

楚王曰：“寡人之国，西与秦接境，秦有举巴蜀、并汉中[1]之心。秦，虎狼之国，不可亲也。而韩、魏迫于秦患，不可与深谋，恐反人以入于秦[2]，故谋未发而国已危矣。”

注解

①举巴蜀、并汉中：攻占巴蜀兼并汉中。

②恐反人以入于秦：恐怕他们反过来把楚国的计划透露给秦国。

译文

楚王说：“我们国家西面和秦国接界，秦国有攻占巴蜀兼并汉中的野心，秦国是像虎一样残暴的国家，不可以亲近。韩国和魏国经常遭受秦国的威胁，不能和他们共同谋划大事；如果和他们深入谋划大事，恐怕他们反倒把楚国的计划透露给秦国，这样，计划还没有实行，国家就已面临危险了。”

原文

“寡人自料，以楚当秦，未见胜焉。内与群臣谋，不足恃也。寡人卧不安席，食不甘味，心摇摇如悬旌，而无所终薄[1]。今君欲一天下，安诸侯，存危国，寡人谨奉社稷以从。”

注解

①无所终薄：无所依托，没有可依靠的。

译文

“我自己估计，拿楚国去抵挡秦国，不一定能取胜；在朝廷里和大臣们商议，他们也不足以依赖。我躺在床上睡不安稳，吃东西也感觉不到甜美的滋味，心神不定，就像悬挂着的旗子随风飘动，终究无所依托。现在您想要统一天下、安定诸侯、拯救危国，我愿意把国家托付给您，听从您的安排。”

评析

苏秦指出了楚国连横事秦的众多不利结果，同时指出了合纵抗秦的众多好处，指明了只有合纵才是唯一的出路。苏秦先是奉承楚国的强大，说明如此强大的国家没必要侍奉秦国，相反的应该成为其他国家侍奉的对象，在极力渲染了合纵的美好前景后，苏秦集中攻击了连横战略的弊端，秦国是贪得无厌的国家，而那些主张合纵的说客和大臣们则是大逆不道、为国不忠的奸臣。苏秦极尽口伐之能事，使楚王深感连横战略之恶劣，合纵的确是唯一的选择。这一破一立，使苏秦终于达成了游说的目的。

张仪为秦破从连横说楚

原文

张仪为秦破从连横，说楚王曰："秦地半天下，兵敌四国，被山带河，四塞以为固。虎贲之士①百余万，车千乘，骑万匹，粟如丘山。法令既明，士卒安难乐死，主严以明，将知以武。虽无出兵甲，席卷常山之险，折天下之脊，天下后服者先亡。且夫为从者，无以异于驱群羊而攻猛虎也。夫虎之与羊，不格②明矣。今大王不与猛虎而与群羊，窃以为大王之计过矣。"

注解

①虎贲（bēn）之士：勇猛的兵士。

②格：格斗，抗争。

译文

张仪为了秦国破坏合纵、建立连横阵线，游说楚王说："秦国的地盘占了天下的一半，兵力足以抵挡四方的国家，有山环水绕的地理优势，四面都有险阻，可以坚守；勇猛的士兵上百万，战车千辆，战马万匹，粮食堆积成山。法令严明，士兵安于危难，乐于牺牲，君主威严而贤明，将帅聪慧而勇敢。只是不出兵罢了，一旦出兵就可以席卷恒山的险隘，切断诸侯的要害之地，诸侯中最后服从的一定最先灭亡。再说搞合纵阵线的人，无异于驱赶羊群去进攻猛虎。猛虎和绵羊不用格斗，胜负大家都很明白。假如大王不依靠猛虎而亲近一群绵羊，我私下认为大王的主意错了。"

原文

“凡天下强国，非秦而楚，非楚而秦。两国敌侔[①]交争，其势不两立。而大王不与秦，秦下甲兵，据宜阳，韩之上地不通；下河东，取成皋，韩必入臣于秦。韩入臣，魏则从风而动。秦攻楚之西，韩、魏攻其北，社稷岂得无危哉？且夫约从者，聚群弱而攻至强也。夫以弱攻强，不料敌而轻战，国贫而骤[②]举兵，此危亡之术也。”

注解

①侔（móu）：相当。

②骤：频繁。

译文

“大概天下的强国，不是秦国就是楚国，不是楚国就是秦国。两国势均力敌，互相争斗，一定是势不两立。如果大王不亲附秦国，秦国出兵占领宜阳，韩国的上党就会被切断；秦国攻下河东，夺取成皋，韩国一定会投降，归顺秦国为臣。韩国归顺以后，魏国就会闻风而动。秦国攻打楚国的西面，韩、魏进攻楚国的北面，楚国怎么会不危险呢？再说组织合纵的人，聚集一些弱国去攻打极强的国家，以弱国攻打强国，不估量对方的力量而轻易交战，国家贫穷却频繁用兵，这是招致危亡的做法。”

原文

“臣闻之，兵不如者，勿与挑战；粟不如者，勿与持久。夫从人者，饰辩虚辞[①]，高主之节行，言其利而不言其害，卒有楚祸，无及为已，是故愿大王之熟计之也。”

注解

①饰辩虚辞：是指说话夸夸其谈，花言巧语。

译文

“我听说，军队不如人家的强大，就不要挑起战争；粮食不如人家的多，就不要打持久战。鼓吹合纵的人，夸夸其谈，花言巧语，赞扬君主的操守品行，只说他们有利的一面，不讲他们不利的一面，一旦招来楚国的祸害，就来不及收拾了，因此希望大王认真地考虑这个问题。”

原文

“秦西有巴蜀、方船①积粟，起于汶山②，循江而下，至郢三千余里。舫船③载卒，一舫载五十人，与三月之粮，下水而浮，一日行三百余里；里数虽多，不费马汗之劳，不至十日而距扞关；扞关惊，则从竟陵已东，尽城守矣，黔中、巫郡非王之有已。”

注解

①方船：两条船并联在一起称为“方船”。

②汶山：位于今四川省茂县西北方向。

③舫船：上文所说的“方船”。

译文

“秦国西面有巴郡、蜀郡，两船并行装运粮食，从汶山出发，沿长江而下，到达郢都三千多里。两船相并运送士兵，每船装载五十人和三个月的粮食，顺水而下，每天行驶三百多里；路程虽然长，然而不费牛马的力气，不用十天就能到达扞关；扞关吃紧，那么夷陵以东全都要筑城而守，黔中、巫郡将不属大王所有了。”

原文

“秦举甲出之武关，南面而攻，则北地①绝。秦兵之攻楚也，危难在三月之内，而楚恃②诸侯之救，在半岁之外，此其势不相及也。夫恃弱国之救，而忘强秦之祸，此臣之所以为大王之患也。且大王尝与吴人五战三胜而亡之，陈卒尽矣；有偏守新城而居民苦矣。臣闻之，攻大者易危，而民弊者怨于上。夫守易危之功，而逆强秦之心，臣窃为大王危之。”

注解

①北地：楚地，指今河南信阳北部地区。

②恃：依靠，依赖。

译文

“秦国发兵出武关，向南进攻，那么就和楚国北部边地断绝联系。秦军攻打楚国，危险期在三个月之内，而楚国等待诸侯救援，要半年以上，这肯定来不及。依靠弱国援救而忘记强秦的祸患，这是我替大王担忧的道理。再说，大王曾经和吴国交战，虽然五战三胜消灭了吴国，但阵地上的士兵都死光了，楚军又远守新夺取的城邑，而活着的百姓就苦了。我听说，进攻强大的国家易遭危险，百姓疲惫就怨恨君上。追求易遭危险的功业，而违背强秦的心意，我暗地里替大王感到危机。”

原文

“且夫秦之所以不出甲于函谷关十五年以攻诸侯者，阴谋有吞天下之心也。楚尝与秦构难[①]，战于汉中，楚人不胜，通侯、执珪死者七十余人，遂亡汉中。楚王大怒，兴师袭秦，战于蓝田，又却。此所谓两虎相搏者也。夫秦、楚相弊[②]，而韩、魏以全制其后，计无过于此者矣，是故愿大王熟计之也。”

注解

①构难：发生战难。

②相弊：互相削弱。弊，疲弊。

译文

“再说秦国之所以十五年不曾出兵函谷关攻打各诸侯国，是因为他有吞并天下的野心，一直忙于暗中策划。楚国曾经和秦国在汉中交战，楚国失败，通侯、执珪中战死的就有七十多人，于是汉中失守。大王非常生气，又发兵攻击秦国，在蓝田交战，又被打败。这就是所说的两虎相斗。秦国、楚国互相削弱，而韩、魏两国却保存实力，趁机控制楚国的后方。没有比两虎相斗更错误的计策啦，所以希望大王仔细地考虑这个问题。”

原文

“秦下兵攻卫、阳晋，必开扃天下之匈[①]，大王悉起兵以攻宋，不至数月而宋可举。举宋而东指，则泗上十二诸侯，尽王

之有已。凡天下所信约从亲坚者苏秦，封为武安君而相燕，即阴[2]与燕王谋破齐共分其地。乃佯[3]有罪，出走入齐，齐王因受而相之。居二年而觉，齐王大怒，车裂苏秦于市。夫以一诈伪反覆之苏秦，而欲经营天下，混一诸侯，其不可成也亦明矣。”

注解

①开扃天下之匈：封锁诸侯的交通要道。扃（jiōng），窗户，在此引申为关闭。卫、阳晋，是秦、齐、楚、晋彼此之间的交通要塞。

②阴：暗中。

③佯：假装。

译文

“秦国出兵攻打卫国的阳晋，必然卡住诸侯的交通要道，大王出动全部军队去攻打宋国，不要几个月宋国就可以攻下。攻下宋国然后一直向东，那么泗水流域各小诸侯国就会归大王所有了。天下信守合纵盟约坚定的人只有苏秦，他被封为武安君，在燕国做了相国以后，就暗中与燕王商议攻破齐国，瓜分其土地。于是假装得罪燕王，从燕国逃亡到齐国，齐王就收留了他，并且让他担任相国。过了两年才被发觉，齐王非常恼火，在街市上把苏秦五马分尸，靠一个欺诈虚伪的苏秦，就想在天下创业、统一各国，那不可能成功也是很明白的了。”

原文

“今秦之与楚也，接境壤界，固形亲之国也。大王诚能听臣，臣请秦太子入质于楚，楚太子入质于秦，请以秦女为大王箕帚之妾，效万家之都，以为汤沐之邑，长为昆弟之国，终身无相攻击。臣以为计无便于此者[1]。故敝邑秦王，使使臣献书大王之从车下风，须[2]以决事。”

注解

①计无便于此者：没有比这更好的计策了。

②须：等待，等候。

译文

“现在秦国和楚国接境连界，本来就是国土相连的邻邦。大王如果能听取我的意见，我将让秦国太子来楚国做人质，楚国太子到秦国做人质，让秦王的女儿做侍奉大王的姬妾，进献居民万户的都邑作为大王的汤沐邑，两国长久地做兄弟邻邦，一辈子互不攻击。我认为没有比这更好的计策了。所以敝国秦王派我来向大王递交盟书，我等待大王的答复。”

原文

楚王曰：“楚国僻陋，托[①]东海之上。寡人年幼，不习国家之长计。今上客幸教以明制，寡人闻之，敬以国从。”乃遣使车百乘，献骇鸡之犀、夜光之璧于秦王。

注解

①托：依托。

译文

楚王说：“楚国地处僻远，风俗粗野，寄居在东海之滨。我年纪很轻，不懂什么是国家长远之计。现在承蒙贵客的英明教导，我已领教，我国愿意听从您的主意。”于是派出百辆车子，向秦王进献骇鸡之犀和夜光之璧。

评析

张仪的游说，大多以势压人、威逼利诱、恐吓敲诈。虽然张仪是在纸上谈兵，用语言说出秦国伐楚的军事部署，足以引起楚王的恐惧，并指出了合纵战略的致命弱点：用弱国去进攻强国，会使弱国越来越弱。对领军人物和战略观点的批判，使合纵战略成为无根之木。但是如果仅有“破”而没有“立”，那么对方就看不到出路，就不能真正就范自己的意图。所以张仪在一整段“破”之后，开始了“立”，指出了连横事秦的众多好处，诱之以利，使楚王看到了放弃合纵、改用连横的光明前程。于是很快就被张仪说服了。

楚策二

魏相翟强死

原文

魏相翟强死。为甘茂谓楚王曰："魏之几相者，公子劲也。劲也相魏，魏、秦之交必善引。秦、魏之交完，则楚轻矣。故王不如与齐约，相甘茂于魏。齐王好高人以名，今为其行人请魏之相，齐王必喜。魏氏不听，交恶于齐；齐、魏之交恶，必争事楚。魏氏听，甘茂与樗里疾贸首[①]之仇也，而魏、秦之交必恶，又交重楚也。"

注解

①贸首：以首级相贸易。

译文

魏国的相国翟强死了。有人为甘茂对楚王说：“在魏国，希望继任相国的人是公子劲。公子劲如果做了魏相，魏、秦两国必然友好。魏、秦两国友好，楚国在诸侯中的地位就会降低。所以，大王您不如与齐国结盟，共同支持甘茂做魏国的相国。齐王以好居人上而出名，现在要他的外交使节活动，让甘茂出任魏国相国，齐王一定很高兴。魏国如果不同意，就会与齐国关系恶化；齐、魏两国关系恶化，他们都要争着拉拢楚国。魏国如果同意任命甘茂为相国，甘茂与现在的秦相樗里疾是势不两立的仇人。那么魏、秦两国关系一定恶化，这样，他们两国都会倚重于楚国了。”

评析

为了自己国家的利益，谋士们一心想着如何削弱、分裂除自己国家之外的所有国家，而自己的大国权威，完全是站在他国的纷争和损失之上的。国家之间如此，企业之间、人与人之间也难免有这种唯自己利益是图、损害谋算其余的现象。

楚怀王拘张仪

原文

楚怀王拘张仪①，将欲杀之。靳尚②为仪谓楚王曰：“拘张仪，秦王必怒。天下见楚之无秦③也，楚必轻矣。”又谓王之幸夫人郑袖④曰：“子亦自知且贱于王⑤乎？”郑袖曰：“何也？”尚曰：“张仪者，秦王之忠信有功臣也。今楚拘之，秦王欲出之。秦王有爱女而美，又简择⑥宫中佳丽好玩习音者，以欢从

之；资之金玉宝器，奉以上庸[7]六县为汤沐邑，欲因张仪内之楚王。楚王必爱，秦女依强秦以为重，挟宝地以为资，势为王妻以临于楚。王惑于虞[8]乐，必厚尊敬亲爱之而忘子，子益贱而日疏矣。”郑袖曰：“愿委之于公，为之奈何？”曰：“子何不急言王，出张子。张子得出，德子无已时，秦女必不来，而秦必重子。子内擅楚之贵，外结秦之交，畜[9]张子以为用，子之子孙必为楚太子矣，此非布衣之利也。”郑袖遽说楚王出张子。

注解

①楚怀王拘张仪：张仪曾以赠给600里土地于楚国为诱饵游说怀王与齐国绝交，但是楚与齐绝交后，张仪却声称割地是6里，于是怀王大怒攻秦，又遭受大败。因此张仪再次出使楚国，怀王才会拘禁他。

②靳（jìn）尚：楚怀王的宠幸之臣，和张仪关系亲近。

③楚之无秦：楚国丧失了秦国的邦交。

④郑袖：楚怀王宠幸的妃子。

⑤且贱于王：将被大王所轻视，即失宠于怀王。

⑥简择：挑选。

⑦上庸：秦国地名，位于今湖北竹山一带。

⑧虞：通“娱”，娱乐。

⑨畜：畜养，收留。

译文

楚怀王把秦国的说客张仪给拘禁了，打算把他给杀了。佞臣靳尚就替张仪游说怀王道：“拘禁了张仪，秦王一定会十分愤怒。天下的诸侯们知道楚国没有了秦国的友好邦交，楚国就会被人所轻视。”之后靳尚又对怀王所宠幸的妃子郑袖说道：“你自己知不知道你马上要失宠于怀王了？”郑袖问：“这是为何？”靳尚回答道：“张仪，是非常忠诚于秦王的大臣，并且对秦国有功，如今楚王却把他给拘禁了，秦王想要让楚王放了张仪。秦王有个宠爱的很漂亮的女儿，为了使她高兴，秦王还挑选了宫中既美丽又精通音乐的宫女来陪嫁；并且还送给她很多金玉宝器，把秦国的上庸六县赠与她，以此来为她提供享乐的费用，想要通过张仪把她嫁给君王为妻。楚王一定会很喜爱她，秦王的女儿又有强秦来依靠，必然会被重视，还有珠宝土地这么多资本，必然会成为楚王的妻子而君临楚国。楚王就会沉迷于娱乐，一定会更加敬重宠爱她，而把你给忘了。你会一天比一天更为轻贱，被忽视。”郑袖说：“我愿意将此事委托给您，我该怎么办呢？”靳尚说：“您为何不马上劝谏君王，把张仪给放了。倘若张仪能被放了，肯定会十分感激您的恩德，秦王的女儿肯定也就不会来了，此外秦国也一定会很尊重您。您在楚国国内享有尊贵的地位，对外又与秦国结交，有张仪任您驱使。您的子孙一定会成为楚国的太子，这可不是普通的好处啊。”于是郑袖赶紧去游说楚怀王把张仪给放了。

评析

谋略、策略的根本在于采用迂回、拐弯抹角的形式。拐弯抹角，就是通过转换角度、借助其他中介来说服对方的方法。靳尚如果直接请求郑袖为张仪在怀王前说情，郑袖肯定不会答应。所以靳尚拐弯抹角地杜撰了张仪会送来漂亮的秦女，会使郑袖失宠这样的事实，郑袖为了不失宠于楚王，只得搭救张仪。靳尚把释放张仪与郑袖的切身利益联系起来，使本来与张仪毫不相干的郑袖为解救张仪起了关键作用。这个计策从整体上看，也是借助郑袖这个中介拐弯抹角达成目的的。如果靳尚直接上书怀王要求释放张仪，那一定是缘木求鱼、劳而无功的。

楚襄王为太子之时

原文

楚襄王为太子之时，质于齐①。怀王薨②，太子辞于齐王而归。齐王隘③之："予我东地五百里，乃归子。子不予我，不得归。"太子曰："臣有傅④，请追而问傅。"傅慎子曰："献之地，所以为身也。爱地不送死父，不义。臣故曰，献之便。"太子入，致命齐王曰："敬献地五百里。"齐王归楚太子。

注解

①质于齐：在齐国作为人质。

②薨：古代帝王、诸侯的死称为薨。

③隘：阻拦，阻挡。

④傅：指太子的老师。

译文

楚襄王做太子的时候，曾在齐国做人质。楚怀王死了，太子就向齐闵王告辞，想回楚国去。齐闵工阻止他，说："你割让楚国淮北靠近齐国的土地五百里给我，我才同意你回去；你不给我割地，就不放你回去。"太子说："我有个师傅，让我去问问他。"太子的师傅慎子说："给齐国割让土地，能保全你自己；舍不得土地就不能回国为你父亲送葬，这是不道义。所以我说还是割让土地有利。"太子入朝，回报齐闵王说："我愿意敬献五百里土地。"齐闵王这才放太子回国。

原文

太子归，即位为王。齐使车五十乘，来取东地于楚。楚王告慎子曰："齐使来求东地，为之奈何？"慎子曰："王明日朝群臣，皆令献其计。"上柱国子良[①]入见。王曰："寡人之得求反[②]，王[③]坟墓、复群臣、归社稷也，以东地五百里许齐。齐令使来求地，为之奈何？"

注解

①上柱国子良：上柱国，官职名；子良，楚国臣子。

②反：通"返"，返回。

③王：一说应为主，主持之意。

译文

太子回到楚国，即位做了楚王。齐国派了使车五十辆，来向楚国索取东地。楚王告诉慎子说："齐国使者来索要东地，这怎么办呢？"慎子说："大王明天召见群臣，让他们都说说自己的看法。"第二天，上柱国子良来拜见楚王。楚王说："我能够回到楚国来，主持先王的祭祀，使群臣各归其位，国家不致灭亡，是因为我答应给齐国割让东地五百里。现在齐国派使臣来索要土地，这可怎么办呢？"

原文

子良曰："王不可不与也。王身出玉声，许强万乘之齐而不与，则不信，后不可以约结诸侯。请与而复攻之。与之信，攻之武。臣故曰与之。"子良出，昭常[①]入见。王曰："齐使来

求东地五百，为之奈何?”昭常曰：“不可与也。万乘者，以地大为万乘。今去东地五百里，是去战国之半也，有万乘之号而无千乘之用也，不可。臣故曰勿与。常请守之。”

注解

①昭常：楚国臣子。

译文

子良说：“大王不能不给齐国封地。大王口出玉言，亲口答应了万乘之强齐，如果不兑现，那就是不讲信用，以后就没办法和诸侯打交道了。请先给齐国割地，然后再出兵攻打齐国。给齐国割地，表示守信用；攻打它，表示不示弱。所以我认为还是割地给齐国。”子良出来以后，昭常进来拜见楚王。楚王说：“齐国使者来索取东地五百里，该怎么办呢?”昭常说：“不能给它。万乘大国，是因为土地广阔才成为万乘大国的。如果割去东地五百里，这就割掉了国家的一半啊，这样楚国虽然有万乘大国的名号，却没有千乘之国的实际，这样做不行。所以我说不能给齐国割地。我愿意守卫东地。”

原文

昭常出，景鲤[①]入见。王曰：“齐使来求东地五百里，为之奈何?”景鲤曰：“不可与也。虽然，楚不能独守。王身出玉声，许万乘之强齐也而不与，负不义于天下。楚亦不能独守。臣请西索救[②]于秦。”景鲤出，慎子入，王以三大夫计告慎子曰：“子良见寡人曰：‘不可不与也，与而复攻之。’常见寡人曰：‘不可与也，常请守之。’鲤见寡人曰：‘不可与也，虽然楚不能独守也，臣请索救于秦。’寡人谁用于三子之计?”

注解

①景鲤：楚国臣子。

②索救：寻求救助。

译文

昭常出来以后，景鲤进去拜见楚王。楚王说："齐国使者来索取东地五百里，对此怎么办呢？"景鲤说："不能给他。虽然如此，但是楚国不能单凭自己的力量守住东地。大王口出玉言，亲口答应了万乘之强齐却不给，在天下人面前背上了不讲信用的罪名，我愿意往西到秦国去请求支援。"景鲤出来以后，慎子又进去，楚王把三个大夫的主意都告诉了慎子，说："子良对我说：'不能不给齐国割地，给了以后再进攻它。'昭常对我说：'不能给齐国割地，我愿意守卫东地。'景鲤对我说：'不能给齐国割地，虽然如此，但是楚国不能独自守卫东地，我愿意到秦国去请求救兵。'我不知道对他们三个人的意见该采取谁的好？"

原文

慎子对曰："王皆用之。"王怫然[1]作色曰："何谓也？"慎子曰："臣请效其说，而王且见其诚然也。王发上柱国子良车五十乘，而北献地五百里于齐。发子良之明日[2]，遣昭常为大司马，令往守东地。遣昭常之明日，遣景鲤车五十乘，西索救于秦。"王曰："善。"乃遣子良北献地于齐。遣子良之明日，立昭常为大司马，使守东地。又遣景鲤西索救于秦。

注解

①怫然：生气的样子。

②明日：第二天。

译文

慎子回答说："大王对他们三个人的主意全部采纳。"楚王满脸不高兴地说："你这是什么意思？"慎子说："请让我说说我的想法，然后大王就会知道事情确需如此。大王派遣上柱国子良带领五十辆兵车，往北到齐国去进献东地五百里；派遣子良的第二天，再任命昭常为大司马，让他去守卫东地；派遣昭常的第二天，再派景鲤带领五十辆车，往西到秦国去请求救兵。"楚王说："好。"于是派子良往北到齐国去献地。派遣子良的第二天，又任命昭常为大司马，让他去守卫东地，又派遣景鲤往西到秦国去请求救兵。

原文

子良至齐，齐使人以甲受东地。昭常应齐使曰："我典主[①]东地，且与死生。悉五尺至六十[②]，三十余万弊甲钝兵，愿承下尘。"齐王谓子良曰："大夫来献地，今常守之何如？"子良曰："臣身受命弊邑之王，是常矫也。王攻之。"

注解

①典主：管理。

②五尺至六十：从儿童到六十岁的老人。

译文

子良到了齐国，齐国派甲兵来接收东地。昭常回答齐国使者说："我主管东地，将与东地共存亡。我已征召从儿童到六十岁的老人全部从军，共三十多万人，虽然我们的铠甲破旧，兵器鲁钝，但是愿意奉陪。"齐闵王对子良说："您来献地，昭常却在那里守卫，这是怎么回事！"子良说："我是亲自从敝国君王那里接受的命令，昭常守卫东地，是他假传王命。大王去攻打他。"

原文

齐王大兴兵，攻东地，伐昭常。未涉疆，秦以五十万临[1]齐右壤。曰："夫隘楚太子弗出，不仁；又欲夺之东地五百里，不义。其缩甲[2]则可，不然，则愿待战。"齐王恐焉。乃请子良南道楚，西使秦，解齐患。士卒不用，东地复全。

注解

①临：逼近。

②缩甲：退兵。

译文

齐闵王大举出兵，进攻东地，讨伐昭常。齐军还没有进入东地疆界，秦国就派出五十万大军进攻齐国西部地区。理由是："阻止楚太子不让他回国，这样做不仁；又想掠夺楚国东地五百里，这样做不义。你们如果收兵便罢，不然的话，我们就准备决一死战。"齐闵王很害怕，于是就请求子良返回楚国，往西出使秦国，去解除齐国的祸患。楚国没有使用一兵一卒，竟然留住了东地。

评析

楚襄王在齐国做人质，脱离虎口是第一位的，其他的事情等自身安全、有所凭依时再考虑不迟。所以慎子让楚襄王答应割地的决策是正确的。我们在日常生活中也会碰到这样的难题，这时只能"两害相权取其轻"，先解决第一位的事，其他的事只能徐缓图之。

楚策三

苏子谓楚王曰

原文

苏子谓楚王曰："仁人之于民也，爱之以心，事之以善言。孝子之于亲也，爱之以心，事①之以财。忠臣之于君也，必进贤人以辅之。今王之大臣父兄，好伤贤以为资②，厚赋敛③诸臣百姓，使王见疾④于民，非忠臣也。大臣播⑤王之过于百姓，多赂诸侯以王之地，是故退王之所爱，亦非忠臣也，是以国危。"

注解

①事：奉养。

②伤：毁损，诽谤。资：凭借，资本。

③赋敛：赋税。

④见疾：使怨恨。

⑤播：宣扬。

译文

苏秦对楚怀王说："仁人对老百姓总是用真心去关爱他们，用善良的言辞为他们服务。孝子对父母总是用真心去孝敬他们，用钱财去奉养他们。忠臣对君王就一定要推荐贤人去辅佐他们。现在大王的宗室贵族，喜欢诽谤贤士，以此作为进身的资本，对士大夫和百姓加重征收赋税，使大王受到百姓的憎恶，这不是忠臣的行为啊。这些大臣还向百姓传播大王的过错，并且用大王的土地赠送给诸侯，排斥受到大王重用的人，这也不是忠臣的作为啊。这样国家就有危险了。"

原文

"臣愿无听群臣之相恶也，慎①大臣父兄；用民之所善，节身之嗜欲②，以百姓。人臣莫难于无妒而进贤。为主死易，垂沙之事，死者以千数。为主辱易，自令尹以下，事王者以千数。至于无妒而进贤，未见一人也。故明主之察其臣也，必知其无妒而进贤也。贤之事其主也，亦必无妒而进贤。夫进贤之难者，贤者用且使己废，贵且使己贱，故人难之。"

注解

①慎：审慎使用。

②节身之嗜欲：克制自己的爱好和欲望。

译文

“我希望大王不要听信大臣们彼此中伤的言语，慎重地任用这些大臣，而任用百姓认为好的人才，克制自身的爱好和欲望，来亲近百姓。作为臣子，没有什么比不忌妒而且能推荐贤人更难的了。为君王效忠而死是容易做到的，垂沙之战，死去的人数以千计。为君王忍受侮辱也很容易，自令尹以下，侍奉大王的人也要用千来计算。至于不忌妒而且能推荐贤人，还没有见过一个这样的人。所以英明的君王观察他的臣下，一定要知道他是否不忌妒而且能推荐贤人。贤臣侍奉君王，也一定要做到不忌妒而且能推荐贤人。推荐贤人的难处，在于贤人得到任用，将会使自己被废置不用；贤人地位尊贵了，又将会使自己退居下位，所以人们很难做到。”

评析

“无妒而进贤”是贤臣的最高标准，这是因为这个标准可以衡量大臣是否私心大于公心，是否为了国家利益而不计私利。这一点上曾国藩是个表率，他一生不断地向朝廷推荐贤才良将，胡林翼、李鸿章、彭玉麟、杨岳斌等都通过他的提携和推荐而受到朝廷的重用，并为国家立下了汗马功劳。尤其是对待老子天下第一的左宗棠，曾国藩不管二人间的旧怨，也不管朝廷用左宗棠掣肘自己的用心，一再向朝廷推荐左宗棠。左宗棠平定西北叛乱时立下了赫赫军功，但有谁知道正是曾国藩举荐左宗棠出征西北的。

苏秦之楚

原文

苏秦之楚，三月乃得见乎王。谈卒，辞而行。楚王曰：“寡人闻先生，若闻古人。今先生乃不远千里而临寡人，曾不

肯留，愿闻其说。”对曰：“楚国之食贵于玉，薪贵于桂，谒者难得见如鬼，王难得见如天帝。今令臣食玉炊桂，因鬼见帝。”王曰：“先生就合，寡人闻[1]命矣。”

注解

①闻：同遵。

译文

苏秦来到楚国，过了3个月，才见到楚王。交谈完毕，就要向楚王辞行。楚王说：“我听到您的大名，就像听到古代贤人一样，现在先生不远千里来见我，为什么不肯多待一些日子呢？我希望听到您的意见。”苏秦回答说：“楚国的粮食比宝玉还贵，楚国柴禾比桂树还贵，禀报人员像小鬼一样难得见面，大王像天帝一样难得见面。现在要我拿玉当粮食，拿桂当柴禾烧，通过小鬼见高高在上的天帝……”楚王打断苏秦的话，说：“请先生到客馆住下吧，我遵命了。”

评析

苏秦作为大游说家，其心理素质非常之高。他没有因为拒绝召见而心灰意冷，而当他见到楚王后也没有忘乎所以，把自己的想法和要求和盘托出，而是以退为进，马上辞行。如此反而掌握了心理上的主动权，让楚王十分迫切地听从他的意见、答应他的要求，把他奉为上宾。可见，在做事情的时候，在适当的时机，以退为进，将会有很大的收获。

张仪之楚贫

原文

张仪之楚，贫。舍人[1]怒而归。张仪曰：“子必以衣冠之敝[2]，故欲归。子待我为子见楚王。”当是之时，南后、郑袖贵于楚。

注解

①舍人：门客。

②敝：破旧。

译文

张仪到楚国以后，财物用尽。他的门客都很生气，要求回去。张仪说：“你们必是因为衣帽破了，所以才要回去，现在我就为你们去晋见楚王。”当时，南后和郑袖很受楚怀王的宠爱。

原文

张子见楚王，楚王不说。张子曰：“王无所用臣，臣请北见晋君。”楚王曰：“诺。”张子曰：“王无求[1]于晋国乎？”王曰：“黄金珠玑[2]犀象出于楚，寡人无求于晋国。”

注解

①求：需求。

②玑：小而不圆的珠子。

译文

张仪晋见楚王以后，楚王起初很不高兴。因此张仪就说："君王如果没有用得着臣的地方，那臣就请求到北边去见三晋的君主。"楚怀王说："请便。"张仪说："大王对晋国没有什么要求吗？"楚怀王说："黄金、珠玑、犀角、象牙，在楚国都有出产，所以寡人对三晋没有什么需求。"

原文

张子曰："王徒不好色耳？"王曰："何也？"张子曰："彼郑、周之女，粉白墨黑，立于衢闾[①]，非知而见之者，以为神。"楚王曰："楚，僻陋之国也，未尝见中国之女如此其美也。寡人之独何为不好色也？"乃资[②]之以珠玉。

注解

①衢：大路。闾：里巷的门。

②资：供给。

译文

张仪说："难道大王就不喜欢女色吗？"楚怀王说："你说什么？"张仪回答说："郑国和周国的女子，脸蛋长得白白的，头发生得黑黑的，当她们站在街上时，不认识她们的人，还以为她们是仙女。"楚怀王说："楚国是一个偏僻鄙陋的国家，还不曾见过如此美貌的中原美女。我为什么偏偏不喜欢美色呢？”于是楚怀王供给张仪很多珠玉。

原文

南后、郑袖闻之大恐。令人谓张子曰：“妾闻将军之[1]晋国，偶有金千斤，进之左右，以供刍秣[2]。”郑袖亦以金五百斤。

注解

①之：到。

②秣：喂马的谷物、饲料。

译文

南后和郑袖听到这事之后，十分惊恐，立刻派人对张仪说：“听说将军前往三晋，正好我手里有黄金千两，愿意进献给您左右的随从，以供应沿途车马餐旅费用。”此外郑袖又单独赠送给张仪五百两黄金。

原文

张子辞楚王曰：“天下关闭不通，未知见日也，愿王赐之觞[1]。”王曰：“诺。”乃觞之。张子中饮，再拜而请曰：“非有他人于此也，愿王召所便习[2]而觞之。”王曰：“诺。”乃召南后、郑袖而觞之。张子再拜而请曰：“仪有死罪于大王。”王曰：“何也？”曰：“仪行天下遍矣，未尝见人如此其美也。而仪言得美人，是欺王也。”王曰：“子释之。吾固以为天下莫若是两人也。”

注解

①觞：向人敬酒。

②便习：左右宠幸之人。

译文

过了几天张仪向楚怀王辞行说："天下隔绝路途遥远，而沿途交通又极不方便，不知道哪一天才能再见，恳请大王能赐臣一杯酒喝！"楚怀王说："好吧。"于是怀王就设宴款待张仪，当张仪喝到半醉时，就向怀王跪拜说："这里没有外人，请大王叫所宠爱的人共同饮酒。"楚王说："好的。"于是召来南后和郑袖共饮。这时张仪又向怀王再三跪拜说："臣对大王犯了死罪！"楚王说："为什么？"张仪说："臣走遍天下，也不曾见过像南后和郑袖这样的美女。而臣还说要为大王找美人，这等于是欺骗了大王！"楚王说："你放心，我本来就认为天下没有谁像她们两人那样美的。"

评析

像张仪这样聪明的人实际上早就掌握了楚怀王的嗜好，所以抛下钓语"王徒不好色耳"，以此打动楚王贪婪的心，使其对张仪有所求也，最后又以实在没有见到过像南后、郑袖般的美人的话，既满足了楚王的虚荣心、打消了其寻美的念头，又实现了南后、郑袖所要求的结果，没有欺骗，又白得了金钱，这样一个完满的大结局何乐而不为呢？

张仪逐惠施于魏

原文

张仪逐惠施于魏。惠子之楚，楚王受[1]之。冯郝谓楚王曰：“逐[2]惠子者，张仪也。而王亲与约，是欺仪也，臣为王弗[3]取也。惠子为仪来者，而恶王之交于张仪，惠子必弗行也。且宋王之贤惠子也，天下莫不闻也。今之不善张仪也，天下莫不知也。今为事之故，弃所贵于仇人，臣以为大王轻[4]矣。且为事耶？王不如举惠子而纳之于宋，而谓张仪曰：‘请为子勿纳也。’仪必德王。而惠子穷人，而王奉之，又必德王。此不失为仪之实，而可以德惠子。”楚王曰：“善。”乃奉惠子而纳之宋。

注解

①受：接待。

②逐：这里指挤走。

③弗：不可。

④轻：轻率。

译文

张仪在魏国挤走惠施，惠施来到楚国，楚王接待了他。大臣冯郝对楚王说："挤走惠施是张仪，大王与惠施结交，这是在欺骗张仪，我认为大王这样做不可取。惠施是因为张仪排挤他才来到楚国的，他也定会怨恨您与张仪结交，如果惠施知道这种情况，他一定不会来楚国，而且宋王偃对惠施不错，诸侯中无人不知。现在，惠施与张仪结仇，诸侯中也无人不晓。惠施与大王结交，您便抛弃了张仪。我不理解大王这样做，是有些轻率呢，还是为了国家的大事呢？大王不如帮助惠施，送他到宋国去。然后，对张仪说：'我是因为您才没有接待惠施的。'张仪必然感激大王。而惠施是个被排挤、遭困窘的人，大王却帮助他到宋国去，惠施也必然感激大王。这样您实际上不失为张仪着想，又可以使惠施感恩戴德。"楚王说："好。"就把惠施送到宋国去了。

评析

冯郝对各种利害关系的剖析可谓条分缕析、极有洞见，而他的处理手段也很高明。与人为善，千万不要得罪人，如果得罪他人，就会为以后做事设置了障碍。人际行动是在千丝万缕的人际关系中付诸实施的，我们要考虑如何在摆平各种关系的情况下实现自己的目的和利益。人们常称赞一举两得、两全其美的举措，是因为这些举措排除了触及各种人际关系后所产生的负效，直接达到了预期的目标。

楚策四

庄辛谓楚襄王

原文

庄辛谓楚襄王曰："君王左州侯，右夏侯，辇从鄢陵君与寿陵君，专淫逸侈靡①，不顾国政，郢都必危矣。"襄王曰："先生老悖乎？将以为楚国袄祥乎？"庄辛曰："臣诚见其必然者也，非敢以为国袄祥也。君王卒幸四子者不衰，楚国必亡矣。臣请辟于赵，淹留以观之。"庄辛去，之赵，留五月，秦果举鄢、郢、巫、上蔡、陈之地，襄王流揜②于城阳。于是使人发驺③，征庄辛于赵。庄辛曰："诺。"

注解

①靡（mǐ）：华丽，奢华。

②揜（yǎn）：同"掩"。

③驺（zōu）：古代给贵族掌管马车的人。

译文

庄辛对楚襄王说："大王左边有州侯，右边有夏侯，车后跟着鄢陵君和寿陵君，一味荒淫享乐，奢侈无度，不关心国家政事，国都郢城必然危险。"楚襄王说："先生你老糊涂了吧？还是认为我这样做是楚国的不祥之兆呢？"庄辛说："我确实看到楚国一定会有这么一天，绝不敢用这样的话为楚国散布不祥。大王始终宠爱这四个人，如不知收敛，楚国一定会灭亡。我请求到赵国去避一避，住一段时间看看。"庄辛离开楚国，到赵国去了。待了五个月，秦军果然攻下了鄢、郢、巫郡等地，楚襄王流亡，躲藏在阳城。于是楚襄王派遣专人，出动车辆到赵国，召请庄辛回国。庄辛说："好吧。"

原文

庄辛至，襄王曰："寡人不能用先生之言，今事至于此，为之奈何？"庄辛对曰："臣闻鄙语曰①：'见兔而顾②犬，未为晚也；亡羊而补牢，未为迟也。'臣闻昔汤、武以百里昌，桀、纣以天下亡。今楚国虽小，绝长续短③，犹以④数千里，岂特百里哉？"

注解

①鄙语曰：俗话说。

②顾：回头看，想起。

③绝长续短：截长补短，拼成方形。

④犹以：尚且有。

译文

庄辛一到楚国，襄王就对他说："我当初没有听先生的忠告，如今事情到了如此地步，怎么办呢？"庄辛回答说："我听俗话说：'看见了兔子，再回头招呼猎犬来，并不算晚；羊儿跑丢了，再修补羊圈，也不算迟。'我听说以前商汤和周武王凭着百里的地盘昌盛起来，夏桀和商纣王拥有整个天下却灭亡了。现在楚国虽然不大，取长补短，也还有几千里的地盘，岂止百里呢？”

原文

“王独不见夫蜻蛉乎①？六足四翼，飞翔乎天地之间，俯啄蚊虻②而食之，仰承③甘露而饮之，自以为无患，与人无争也。不知④夫五尺童子，方将调饴胶丝，加己乎四仞之上，而下为蝼蚁⑤食也。”

注解

①独：岂，就。蜻蛉：与蜻蜓形极似，蜻蛉飞行的区域不广。

②虻：似蝇而比蝇稍大，如牛虻。

③承：接。

④不知：没料到。

⑤蝼蚁：蝼：蝼蛄，又称土狗子。蚁：蚂蚁。

译文

“大王难道不曾见过蜻蛉吗？它有六只脚，四只翅膀，飞翔在天地之间，俯身可以啄食蚊蝇，仰首可以接饮甘露，自以为不会有什么灾难，跟谁也没有争端。它哪里知道那五尺来高的小孩，正在调和糖浆，抹在丝网上，把它从四仞高的地方粘下来，丢在地上让蝼蛄和蚂蚁吃啊。”

原文

“蜻蛉其小者也，黄雀因是以①。俯噣白粒②，仰栖茂树，鼓③翅奋翼，自以为无患，与人无争也。不知夫公子王孙④，左挟弹，右摄丸，将加己乎之仞之上，以其类为招。昼游乎茂树，夕调乎酸醎，倏忽之间，坠于公子之手。”

注解

①黄雀因是以：黄雀不以蜻蛉为借鉴，而遭受同蜻蛉一样的命运。
②喝：同“啄”。白粒：米粒。
③鼓：动。奋：振。
④公子王孙：古代诸侯或贵族子弟的通称。

译文

“蜻蛉的事是小事，黄雀也是这样。它俯身啄食米粒，仰头飞起可以栖息在茂密的树丛中，张开翅膀振翼飞翔，自以为没有什么灾难，跟谁也没有争端。岂不知公子王孙正左手握着弹弓，右手拿着弹丸，要把它从十仞高的空中射下来，正拿它的脖颈做靶子。它白天还在繁茂的树林间飞翔，晚上已被人加上作料做成了菜肴。顷刻之间，落到了公子王孙的手里。”

原文

“夫雀其小者也，黄鹄①因是以。游于江海，淹乎大沼②，俯噣鳝鲤，仰啮③薐衡，奋其六翮，而凌清风④，飘摇乎高翔，自以为无患，与人无争也。不知夫射者，方将修其蒲卢，治其缯缴⑤，将加己乎百仞之上。被礛磻⑥，引微缴⑦，折清风而抎矣。故昼游乎江河，夕调乎鼎鼐。”

注解

①黄鹄：天鹅。
②淹：淹留，休息。大沼：大水池。
③啮（niè）：咬食。
④翮（hé）：大羽毛之茎状部分，此指鸟的翅膀。凌清风：乘风飞翔。
⑤缴（zhuó）：系在箭上的红丝绳。
⑥礛磻：锐利的石制箭头。

⑦微缴：系在箭上的细丝绳。

译文

“黄雀的事也还是小事，天鹅也是如此。它在江河上飞翔，在水塘边栖息，俯身啄食鳝鱼和鲤鱼，仰头咬食菱角和荇菜，鼓起翅膀，乘着清风，在高空中自由自在地飞翔，自以为没有什么祸患，跟谁也没有争端。哪知道猎人正在修理弓矢，准备带红丝绳的箭，将把它从百仞的高空射下来。它身中利箭，拖着细细的丝绳，划过清风坠落在地上。它白天还在江河中嬉戏，晚上就已被人煮到了锅里。”

原文

“夫黄鹄其小者也，蔡圣侯之事因是以。南游乎高陂①，北陵②乎巫山，饮茹溪流，食湘波③之鱼，左抱幼妾，右拥嬖女④，与之驰骋乎高蔡之中，而不以国家为事。不知夫子发方受命乎宣王，系己以朱丝而见之也。”

注解

①高陂：犹言高丘。

②陵：登。

③湘波：即今湖南省湘江，自南往北流入洞庭湖。

④嬖女：国君宠爱的女子。

译文

“天鹅的事是其中的小事，蔡圣侯的事也是这样。他南游高丘，北登巫山，在茹溪饮马，吃湘水之鱼，左手抱着年轻的妃子，右手搂着宠爱的侍女，跟她们在高蔡驱车驰骋，却不把国家的大事放在心上。他哪知道楚将子发正接受楚宣王的命令，要用红绳子捆绑他去见楚宣王。”

原文

"蔡圣侯之事其小者也，君王[1]之事因是以。左州侯，右夏侯，辇从鄢陵君与寿陵君，饭封禄之粟[2]，而载方府之金，与之驰骋[3]乎云梦之中，而不以天下国家为事。不知夫穰侯方受命乎秦王，填[4]黾塞之内，而投己乎黾塞之外。"

襄王闻之，颜色变作，身体战栗。于是乃以执珪而授之为阳陵君，与淮北之地也。

注解

①君王：指楚襄王。

②饭：吃。封禄之粟：指从封邑取得的粮食。

③驰骋：骑马奔驰，此言骑马游逛。

④填：通"镇"，镇守。

译文

"蔡圣侯之事还是其中的小事，大王的事情也是这样。您左边有州侯，右边有夏侯，车后面跟着鄢陵君和寿陵君，吃着从封地取来的粮食，运载着国库里的钱财，跟他们纵马游乐于云梦泽，却不把国家大事放在心上。大王哪里知道那穰侯正接受秦王的命令，率领军队越过黾塞，攻进我国境内，要把大王赶到黾塞之外。"

楚襄王听了这番话，脸色大变，浑身发抖。于是授予庄辛执珪的爵位，封他为阳陵君，并赐予他淮北之地。

评析

庄辛的论辩气势磅礴、立意高远，整体上是一种由小到大，由远及近，循序渐进的论辩方法。他从最普通的现象、最寻常的事物谈起，然后一环扣一环地剖析人们都熟知的那些现象或事件，从中挖掘出不同寻常的深刻道理，使那种由于利害冲突引发的生存竞争、相互残杀的现象，同楚王自身联系起来，令楚王触目惊心，再也不敢等闲视之。

客说春申君曰

原文

客说春申君曰："汤以亳，武王以镐，皆不过百里以有天下。今孙子，天下贤人也，君籍之以百里势。臣窃以为不便①于君。何如？"春申君曰："善。"于是使人谢孙子，孙子去②之赵，赵以为上卿。

客又说春申君曰："昔伊尹去夏入殷，殷王而夏亡。管仲去鲁入齐，鲁弱而齐强。夫贤者之所在，其君未尝不尊，国未尝不荣③也。今孙子，天下贤人也，君何辞之？"春申君又曰："善。"于是使人请孙子于赵。

注解

①不便：不利。

②去：离开。

③荣：荣耀。

译文

有一个食客游说楚国的春申君黄歇说："商汤王靠着亳京兴起，周武王靠着镐京兴起，两个地方都只不过百里大小，而两王却因它们而终于占有天下。现在荀子是天下的贤人，您竟想给他一百里土地的势力范围。我私下认为对于您很不利，不知您以为如何？”春申君说：“说得对。”于是就派人谢绝了荀子，荀子就离开楚国到了赵国，赵王封他为上卿。

这时宾客又对春申君说：“从前有位伊尹离开夏地到了殷地，结果令殷王统一天下，而夏朝灭亡。管仲离开鲁国到了齐国，鲁国衰弱而齐国强盛了。可见贤人在哪里，哪里的君王不能不显达，国家不能不荣耀。现在荀子是天下的贤人，您怎么让他告辞而去？”春申君说：“说得对。”于是春申君就派人到赵国请荀子。

原文

孙子为书谢曰：“疠[1]人怜王，此不恭之语也。虽然，不可不审察也，此为劫弑死亡之主言也。夫人主年少而矜材，无法术以知奸，则大臣主断国私以禁诛于己也，故弑贤长而立幼弱，废正适而立不义。《春秋》戒之曰：‘楚王子围聘[2]于郑，未出竟，闻王病，反问疾，遂以冠缨绞王，杀之，因自立也。齐崔杼讨妻美，庄公通之。崔杼帅其君党而攻。庄公请与分国，崔杼不许；欲自刃于庙，崔杼不许。庄公走出，逾于外墙，射中其股，遂杀之，而立其弟景公。近代所见：李兑用赵，饿主父于沙丘，百日而杀之；淖齿用齐，擢[3]闵王之筋，悬于其庙梁，宿夕而死。夫厉虽痈肿胞疾，上比前世，未至绞缨射股；下比近代，未至擢筋而饿死也。夫劫弑死亡之主也，心之忧劳，形之困苦，必甚于疠矣。由此观之，疠虽怜王可也。”因为赋曰：“宝珍隋珠，不知佩兮。祎布与丝，不知异兮，闾姝子奢，莫知媒兮。嫫母求之，又甚喜之兮。以瞽为明，以聋为聪，以是为非，以吉为凶。呜呼上天，易惟其同！”《诗》曰：“上天甚神，无自瘵也。”

注解

①疠：疾病。
②聘：出使。
③擢：抽。

译文

这时荀子就写了一封信辞谢说："生癞的人还可怜被臣子杀死的国王，这虽然是一句很不礼貌的话，但不能不加思考。这是针对一般被臣子杀死的国君而说的。如果人主年轻又矜持自己的才能，又没有方法和手段识别奸邪的人，那么大臣就要专横跋扈独断专行。为了禁绝自己的灾难，他们就要杀死有才能年长的君主，拥立年幼、体弱的君主，废弃正直的人，抬举不义的人。《春秋》告诫人们说：'楚国的王子围，到郑国去访问，还没等他走出境，就听说父王生病，于是他就返回来探问病情。不料却乘机用帽缨把楚王勒死，而自立为王。齐国崔杼夫人长得很美丽，齐庄公和她私通，崔杼率领家臣攻打庄公。庄公请求和他共分齐国，崔杼不答应；庄公又要求到祖庙去自杀，崔杼也不答应。却要庄公逃命，可他刚跳过外墙，崔杼就射中他的大腿，并杀了他，立庄公的弟弟景公为王。'近来所看到的，李兑在赵国专擅朝政，在沙丘让赵主父饿了一百天终于困死他；淖齿在齐国掌权，竟然抽齐闵王的筋，然后把闵王挂在庙梁上，隔了一夜把闵王活活吊死。因此说长癞疮即使是胎带的肿毒，但是如果往上和古代的帝王相比，还不至于被臣子用帽缨勒死，或者被臣子用箭射死；如果往下和近代帝王相比，也不至于被臣子抽筋吊死，更不会被臣子绝食活活饿死。可见被臣子杀害的君主，心神所受的忧劳和形体所受的痛苦，必定比生癞病的人还要厉害。由此看来，连生癞疮的人还可怜国王也有道理。"于是荀子在信尾附一首诗，写道"珍贵的隋侯珠，不知道佩戴。皇家的龙袍和粗丝，不会分开。梁国的美女闾姝和郑国的美女子奢，没有谁迎娶，却向丑女嫫母求婚，又很喜爱。把瞎子说成眼光明亮，把聋子说成听觉灵敏，以是为非，以吉为凶。唉！天啊，为什么不分好坏！"《诗经》上说："天神的眼睛最明亮，不要自取祸殃。"

评析

荀子对春申君的答复毫不客气、直接预言了后者的悲惨下场，嘲笑他比长癞疮的更可怜，整个答复确实是够“恶毒”的。春申君作为楚国政要，被下面的奸佞之徒左右，在短时间内做出相反的决定，王者的威严扫地荡尽，性格上的优柔寡断、懦弱无能表露无遗。

天下合从

原文

天下合从。赵使魏加见楚春申君曰[①]：“君有将乎?”曰：“有矣，仆欲将临武君[②]。”魏加曰：“臣少之时好射，臣愿以射譬之，可乎?”春申君曰：“可。”

注解

①魏加：赵臣。春申君：黄歇的封号。他是楚考烈王的相，被封在吴（今江苏苏州）。

②临武君：赵将庞煖（màn）。

译文

东方各国准备合纵攻秦。赵国派遣魏加去见楚国的春申君，问道：“您有将领了吗?”春申君回答说：“有了，我打算用临武君做将领。”魏加说：“我年轻时喜欢射箭，我希望用射箭来做比喻，可以吗?”春申君说：“可以。”

原文

加曰："异日者，更羸与魏王处京台之下①，仰见飞鸟。更羸谓魏王曰：'臣为王引弓虚发而下鸟。'魏王曰：'然则射可至此乎？'更羸曰：'可。'有间，雁从东方来，更羸以虚发而下之。魏王曰：'然则射可至此乎？'更羸曰：'此孽②也。'王曰：'先生何以知之？'对曰：'其飞徐而鸣悲。飞徐者，故疮痛也；鸣悲者，久失群也。故疮未息而惊心未忘也。闻弦音，引而高飞，故疮陨也。'今临武君尝为秦孽，不可为拒秦之将也。"

注解

①更羸（léi）与魏王：都是假托的人。京台：台名，游玩观赏的地方。

②孽：未愈的隐伤。

译文

魏加说："从前，更羸和魏王处在京台的下面，抬头看见飞鸟，更羸对魏王说：'我愿为大王拉满空弓，做一个弹射的动作，就可使鸟掉下来。'魏王说：'射箭的技巧竟可达到如此神妙的地步吗？'更羸说：'可以。'不久，一只雁从东方飞来，更羸拉弓虚弹一下就使它掉下来。魏王问：'射箭的技巧真可达到如此的程度吗？'更羸答道：'因它有隐伤在身。'魏王说：'先生是怎么知道的？'更羸答道：'因它飞得慢而叫声悲哀。飞得慢，是因它的旧伤疼痛；叫声悲哀，是因它失群已久，旧伤未愈，而惊恐之心还没有忘掉啊。听到弓弦声就奋力高飞，使旧的伤口迸裂就掉了下来。'眼下的临武君，曾被秦军打败过，他可是不能担任抗秦的将领啊！"

评析

比喻的特征在于它的形象性与生动性上，比喻的说服力在于它表面上言说的事例中包含着与要处理的问题相同的内在逻辑和道理。就像惊弓之鸟与打了败仗的临武君在毫无斗志、一触即溃上是一致的，比喻的两事物的道理也是一致的。这也是受众能够顺着论辩者的思维路线自己就能得出结论的原因。

在论辩中运用比喻，就必须注重日常的观察与积累，日常生活中一些最寻常的现象，很可能便是一个道理、一种精神和一个观念的表现。我们要善于揭示其内在逻辑，并在论辩时赋予一个个生动可感的形象，从而在舌战中能运用自如、加强说服力。

楚考烈王无子

原文

楚考烈王无子，春申君患之，求妇人宜子者进之甚众，卒无子。

赵人李园持其女弟[1]，欲进之楚王，闻其不宜子，恐又无宠。李园求事春申君为舍人。已而谒归，故[2]失期。还谒，春申君问状[3]。对曰："齐王遣使求臣女弟，与其使者饮，故失期。"春申君曰："聘入[4]乎？"对曰："未也。"春申君曰："可得见乎？"曰："可。"于是园乃进其女弟，即幸于春申君。知其有身[5]，园乃其女弟谋。

注解

①女弟：妹妹。
②故：故意。
③状：情况。
④聘入：下聘礼。
⑤有身：有身孕。

译文

楚考烈王没有儿子，相国春申君因为这件事很担心，四处寻求了容易生子的女子，向楚王进献了很多，但始终也没有儿子。

赵国人李园领着自己的妹妹，打算把她进献给楚王，但是又听闻楚王不宜生子，担心妹妹会不能得宠。后来李园就请求事奉春申君，当了他门上的舍人。不久请假回家，又故意延误归期。归来之后谒见春申君，春申君就询问原因，李园回答道："齐王派使者来求娶我的妹妹，我因为和那个使者喝酒而延误了归期。"春申君问："下聘礼了吗？"李园回答说："还没有。"春申君问："我能见一见吗？"李园回答说："可以。"于是李园就把他的妹妹进献了进来，很快就为春申君所宠幸。后来李园的妹妹知道自己有了身孕，李园就与妹妹一起谋议。

原文

园女弟承间说春申君曰："楚王之贵幸君，虽兄弟不如。今君相楚王二十余年，而王无子，即百岁[①]后，将更立兄弟。即楚王更立，彼亦各贵其故所亲，君又安得长有宠乎？非徒然也，君用事久，多失礼于王兄弟，兄弟诚立，祸且及[②]身，奈何以保相印、江东之封乎？今妾自知有身矣，而人莫知，妾之幸君未久，诚以君之重而进妾于楚王，王必幸妾。妾赖天而有男，则是君子之为王也，楚国封尽可得，孰与其临不测之罪

乎?”春申君大然[3]之，乃出园女弟谨舍，而言之楚王。楚王召入，幸之。遂生子男，立为太子，以李园女弟立为王后。楚王贵李园，李园用事。

注解

①百岁：去世的委婉表达。

②及：到达。

③然：认为对。

译文

李园的妹妹就趁机游说春申君，说道：“楚王给您的信任、尊贵，哪怕是兄弟都比不上。如今您已经辅佐楚王二十多年了，但是楚王始终没有儿子。一旦楚王去世，必然会改立他的兄弟为王。而新任楚王莅位后，他就会使他的亲近之人得以显贵，难道您能够长期拥有君王的宠信吗？不仅仅是这样，您执掌政权已经很久了，对楚王的兄弟一定有很多失礼之处，如果楚王的兄弟真的继位为王，祸患就会降临到您的身上，您又怎能使您的相印得以保全、江东的封地得以守护呢？如今我自己知道怀有身孕，但是并没有别人知晓。我得到您的宠幸的时间又不是很长，倘若能借助于您显赫的地位将我进献给楚王，楚王必定会宠幸于我。倘若得到上天的庇护生下个男孩，那么就是您的儿子成为楚王，您就可以得到整个楚国，这与让您面临不测的祸患相比，哪个更好呢？”春申君非常同意她的建议。于是就将李园的妹妹转移到隐蔽的地方，并向楚王说了进献李园妹妹的事。于是楚王就把她招入宫中，临幸她。后来果真生下了个男婴，被册立为太子，李园的妹妹被册封成了王后。楚王很看重李园，李园很快掌权。

原文

李园既入其女弟为王后，子为太子，恐春申君语泄而益骄，阴[1]养死士，欲杀春申君以灭口，而国人颇有知之者。

春申君相楚二十五年，考烈王病[2]。朱英谓春申君曰：“世

有无妄[3]之福，又有无妄之祸。今君处无妄之世，以事无妄之主，安不有无妄之人乎？”春申君曰：“何谓无妄之福？”曰：“君相楚二十余年矣，虽名为相国，实楚王也。五子皆相诸侯。今王疾甚，旦暮且崩，太子衰弱，疾而不起。而君相少主，因而代立当国，如伊尹周公。王长而反政，不，即遂南面称孤[4]，因而有楚国。此所谓无妄之福也。”春申君曰：“何谓无妄之祸？”曰：“李园不治国，王之舅也；不为兵将，而阴养死士之日久矣。楚王崩，李园先入，据本议制断君命，秉权而杀君以灭口。此所谓无妄之祸也。”春申君曰：“何谓无妄之人？”曰：“君先仕臣为郎中，君王崩，李园先入，臣请为君劏[5]其胸，杀之。此所谓无妄之人也。”春申君曰：“先生置之，勿复言已！李园，软弱人也，仆又善之，又何至此？”朱英恐，乃亡去。

注解

①阴：暗地里，偷偷地。

②病：重病。古人小病成为“疾”，病得很严重才称为“病”。

③妄：出乎意料。

④南面称孤：面向南边称王。古时君王坐北朝南，“孤”是君王的自称，因此说“南面称孤”。

⑤劏：刺，插。

译文

李园已经使妹妹进了宫，并且被册封为王后，儿子又被册封为太子，李园很担心春申君说话泄漏出真相，并且会变得更加骄横，就暗地里养了一批刺客，打算把春申君杀了灭口，但是楚国内也有知道此事的人。

春申君辅佐楚王二十五年的时候，考烈王病得很厉害。朱英就对春申君说道：“人世间有出乎意料的福，又有出乎意料的祸患。如今相国您就处在出人意料的世间，臣事出乎预料之外的君王，又怎能没有出乎意料的人呢？”春申君说：“什么是出乎意料的福？”朱英回答说：“您辅佐楚王长达二十余年之久，虽然名义上只是个相国，但实际上却相当于是楚王。您的五个儿子都成为诸侯的辅佐之臣。如今楚王病重，旦夕之间就会驾崩，太子又身体虚弱，一旦楚王病得起不来床，您就得像伊尹和周公一样辅佐少主，并代替他执掌国家大权。等到少主长大之后再把国家政权还给少主，不这样的话，就面向南边称王，通过这样完全占有楚国。这就是所说的出乎意料的福。”春申君说：“出乎意料的祸又是指什么呢？”朱英回答说：“李园不是楚国的相国，只是楚王的大舅子，他没有手握兵权，但是背地里却养了一批刺客。一旦楚王驾崩，李园必定会首先进宫，按照他原本的打算专断楚王的命令，把持大权，把您杀了灭口，这就是所说的意料之外的祸患。”春申君说：“出乎意料的人又是指什么呢？”朱英回答说：“您先让我担任宫中侍卫之职，一旦楚王驾崩，李园首先入宫的话，我请求替您把刀插进他的胸膛，杀了他。这就是所说的出乎意料的人啊！”春申君说：“先生您还是将此事搁置起来吧！不要再说这些话了。李园是个非常软弱的人，我对他又很友善，他又怎能做出这样的事呢？”朱英非常恐惧，于是就逃亡了。

原文

后十七日，楚考烈王崩，李园果先入，置死士止于棘门之内。春申君后入，止棘门。园死士夹刺春申君，斩其头，投之棘门外，于是使吏尽灭春申君之家。而李园女弟，初幸春申君有身，而入之王所生子者，遂立为楚幽王也。

是岁[①]，秦始皇立九年矣，嫪毐亦为乱于秦。觉，夷三族，而吕不韦废。

注解

①是岁：这一年。

译文

十七天之后，楚考烈王驾崩。李园果真率先入宫，把刺客们隐藏在棘门内。之后春申君进宫，刚到了棘门，李园的刺客们就两面夹击刺杀春申君，斩下了春申君的首级，扔到棘门以外，又派人将春申君一家都给灭了。而李园的妹妹，当初被春申君临幸怀孕，后来又被进献给楚王，生下的儿子，就被立为楚幽王。

同年，也就是秦始皇即位第九年，嫪毐也惑乱秦国，被发现了之后，被诛灭三族，当时的秦相吕不韦也因此事被废除。

评析

在古代人治的社会中，如果与王室能沾上血缘关系，那么权力地位肯定会非常的显赫尊崇。尤其是那些最高权力者的母系势力，通常都能把持朝政、独揽大权。历史上的武则天、慈禧太后等之所以能独占最高权位，还不是因为她们的儿子都当了皇帝。所以吕不韦、李园之流，不惜代价，以自己的爱人或者妹妹为工具，精心谋划，极力游说，等这些女性工具当上母后之后，自己飞黄腾达的日子也就来临了。

赵策一

知伯从韩魏兵以攻赵

原文

知伯从韩、魏兵以攻赵，围晋阳而水之，城下不沉者三板。郄疵谓知伯曰："韩、魏之君必反矣！"知伯曰："何以知之？"郄疵曰："以其人事知之。夫从韩、魏之兵而攻赵，赵亡，难必及韩、魏矣。今约胜赵而三分其地，今城不没①者三板，臼灶生蛙，人马相食，城降有日，而韩、魏之君无喜志而有忧色，是非反如何也？"

注解

①不没：没即淹没。不没即没有淹没。

译文

知伯率领韩、魏两方的军队进攻赵襄子，围困了晋阳，并且往晋阳城内灌水，水面离城墙顶只有六尺。郄疵对知伯说："韩康子及魏宣子一定会谋反。”知伯说：“您怎么知道？”郄疵说：“是根据人的行为、表现知道的。您率领韩、魏两方的军队进攻赵襄子，赵襄子被灭亡后，祸患必然落到韩、魏双方的头上。现在您与韩、魏约定战胜了赵襄子后三家平分其地。现在晋阳城被水淹得离城墙顶还只剩下六尺，石臼和灶里已有水，生出了青蛙，城内人只有杀马食用，攻下晋阳城已指日可待，可是韩康子和魏宣子没有高兴起来，却面带愁容。这不是要反叛又是什么呢？”

原文

明日，知伯以告韩、魏之君，曰：“郄疵言君之且反[①]也。”韩、魏之君曰：“夫胜赵而三分其地，城今且将拔矣，夫二家虽愚，不弃美利于前，背信盟之约，而为危难不可成之事，其势可见也。是疵为赵计矣，使君疑二主之心而解于攻赵也。今君听谗臣之言，而离二主之交，为君惜之！”趋而出。郄疵谓知伯曰：“君又何以疵言告韩、魏之君为？”知伯曰：“子安知之？”对曰：“韩、魏之君视疵端而趋疾。”

郄疵知其言之不听，请使于齐，知伯遣之。韩、魏之君果反矣。

注解

①反：谋反。

译文

第二天，知伯把郄疵这番话告诉了韩康子及魏宣子，说：“郄疵说你们要谋反。”韩康子、魏宣子说：“战胜赵襄子，我们三家平分其地，晋阳城马上就要攻下了。我们两家虽然愚蠢，也不至于把眼前的利益抛掉，违背盟约，去做那种危险而又不可能成功的事，这是显而易见的。郄疵为赵襄子出谋划策，让您怀疑我们二人的诚心，放松对赵襄子的进攻。现在您听信奸臣搬弄是非的话，任他离间我们之间的关系，我们实在为您痛惜。”他们说完转身就走。郄疵对知伯说：“您为什么又把我的话告诉韩康子和魏宣子呢？”知伯说：“您怎么知道的？”郄疵回答说：“韩康子、魏宣子看见我发愣，有些惊慌，很快就走过去了。”

郄疵知道知伯不会听他的话，就请求出使到齐国去，知伯同意派遣他到齐国。果然韩康子、魏宣子反叛了知伯。

评析

作为一个团体的领导，一定要明察秋毫、见微知著，对身边发生的细小变化一定要有感觉。尤其是对人的相貌、气象等的观察一定要仔细，人的表情、眼神等是人内心的反映，通过表情就可以掌握人的内心活动，以此来帮助自己的决策、掌控未来的活动。古代有识之士都有一套察言观色的技术，像曾国藩就写《冰鉴》，专门讲相面、察言观色之道。领导工作以人为本，是与人打交道的工作，所以一定要了解人的思想活动、掌握人的心理变化。

晋毕阳之孙豫让

原文

晋毕阳之孙豫让，始事范、中行氏而不说，去而就知伯，知伯宠之。及三晋分知氏，赵襄子最怨知伯，而将其头以为饮器。豫让遁逃山中曰：“嗟乎！士为知己者死，女为悦己者容，吾其报知氏矣！”乃变姓名为刑人，入宫涂厕，欲以刺襄子。襄子如厕，心动，执问涂者，则豫让也，刃其扜[①]，曰：“欲为知伯报仇。”左右欲杀之，赵襄子曰：“彼义士也，吾谨避之耳。且知伯已死，无后，而其臣至为报仇，此天下之贤人也。”卒释之。

注解

①扦：当作“杇”，泥工抹墙器。

译文

晋国毕阳的孙子豫让，最初在范氏、中行氏手下做事，不受重视。他就转投知伯门下，知伯十分信任重用他。后来赵、魏、韩三家瓜分了知氏的土地，赵襄子最恨知伯，把他的人头做成酒杯。豫让逃到山中说：“唉！士为知己者死，女为悦己者容，我要报答知伯的知遇之恩！”于是改名换姓，扮成做杂役的人，到赵襄子宫中粉刷厕所，想谋刺赵襄子。赵襄子去厕所时，心中感觉异常，就让人把粉刷厕所的人抓来问他是谁，原来就是豫让，他在粉刷工具上装上兵刃，说：“我想替知伯报仇。”赵襄子身边的人想杀豫让，赵襄子说：“他是义士，我只要小心避开他罢了。而且知伯已死，没有后人，他的臣子能为他报仇，这可算得上是天下的贤人啊！”于是把他释放了。

原文

豫让又漆身为厉①，灭须去眉，自刑以变其容，为乞人而往乞。其妻不识曰：“状貌不似吾夫，其音何类吾夫之甚也！”又吞炭为哑，变其音。其友谓之曰：“子之道甚难而无功，谓子有志则然矣，谓子智则否。以子之才而善事襄子，襄子必近幸子，子之得近而行所欲，此甚易而功必成。”豫让乃笑而应之曰：“是为先知报后知，为故君贼新君，大乱君臣之义者，无过此矣。凡吾所谓为此者，以明君臣之义，非从易也。且夫委质而事人，而求弑之，是怀二心以事君也。吾所为难，亦将以愧天下后世人臣怀二心者。”

注解

①厉：通“癞”，恶疮。

译文

豫让又在身上涂漆，使其长满恶疮，剃去须眉，用自残来改变容貌，扮成乞丐去行乞。他的妻子认不出他，说：“相貌不像我的丈夫，可是声音怎么那样像我的丈夫啊！”豫让又吞炭使自己的声音嘶哑，改变了自己嗓音。他的朋友劝他说：“你所用的方法，难度大而又没有成效，说你有志向倒是不错，但你并不聪明。以你的才能，如很好地为赵襄子办事，襄子必定亲近你，你利用接近的机会去实现自己的愿望，这样既容易而又必然成功。”豫让笑着回答说：“这是替早先了解我的人去报复后来了解我的人，是替旧主子去害新主子，极大地破坏君臣间的道义，没有比这更严重的了。我之所以这样做，是为了阐明君臣间的道义，并不想挑拣容易的去做。况且投身到别人手下办事，又想着去杀他，这是怀着异心去侍奉主子啊。我所以要采取困难的方法，是要使天下后世怀着异心去侍奉主子的人感到惭愧。”

原文

居顷之，襄子当出，豫让伏所当过桥下。襄子至桥而马惊。襄子曰：“此必豫让也。”使人问之，果豫让。于是赵襄子面数豫让曰：“子不尝事范、中行氏乎？知伯灭范、中行氏而子不为报雠，反委质事知伯。知伯已死，子独何为报雠之深

也？”豫让曰：“臣事范、中行氏，范、中行氏以众人遇臣，臣故众人报之。知伯以国士遇臣①，臣故国士报之。”襄子乃喟然叹泣曰：“嗟乎，豫子！豫子之为知伯，名既成矣，寡人舍子亦以足矣。子自为计，寡人不舍子。”使兵环之。豫让曰：“臣闻明主不掩人之义，忠臣不爱死以成名。君前已宽舍臣，天下莫不称君之贤。今日之事，臣故伏诛，然愿请君之衣而击之，虽死不恨。非所望也，敢布腹心。”于是襄子义之，乃使使者持衣与豫让。豫让拔剑三跃，呼天击之曰：“而可以报知伯矣。”遂伏剑而死。死之日，赵国之士闻之，皆为涕泣。

注解

①国士：一国的精英。

译文

过了不久，到了襄子外出视察的时候，豫让埋伏在襄子必经的桥下。襄子到达桥头，马儿猛然惊叫。襄子说：“这定是豫让在此。”派人前去探问，果然正是豫让。于是襄子当面责备他说：“你不是也曾在范、中行氏手下办事吗？知伯灭了范、中行氏，你不替他们报仇，反而转投到知伯手下。知伯已经死去，你为什么执着地为他报仇呢？”豫让说：“我在范、中行氏手下办事，范、中行氏把我作为普通人对待，所以我就用一般人的态度对待他们。知伯把我作为国士对待，所以我就用国士的行为报答他。”襄子感叹流泪说：“豫让啊，你为知伯所做的事，已使你成名了，我饶恕你也算是很够了。你自己盘算一下吧，我不再放过你了。”说罢，派兵士把他团团围住。豫让说：“我听说贤明的主子不埋没别人的正义行为，忠臣不惜一死来成就自己的名声。你从前已经宽容我，天下都称赞你的贤明。今天的事，我本应伏法，但我请求能用剑击打你的衣服，我纵死也没有遗憾了。我的愿望不一定能够实现，但我想坦诚地说出来。”襄子被他说的话感动了，就派人把衣服递给豫让。豫让拔剑跳跃三次，击刺衣服，说：“老天作证，我可以报答知伯的知遇之恩了。”语音刚落，就举剑自杀。他死的这天，赵国的人士听说，都忍不住为他落泪。

评析

正如豫让所说："吾所谓为此者，以明君臣之义。"他除了有"以国士遇臣，臣故国士报之"的报答知遇之恩的情结外，还试图以自己的行动证明人间道义、人的气节和忠义。古代侠士，完全不像今人"鸟为食忘、人为财死"，他们对人生价值的衡量完全以精神为标准，一生也甘为一些理念、原则而执着追求甚至献身牺牲。我们从他们身上，要明白做人的真理、人生价值的真正所在，不断陶冶、锤炼自己，使自己的精神有横贯日月的浩然正气，使自己的人生价值有高于物欲和世俗的升华和辉煌。

苏秦说李兑

原文

苏秦说李兑曰："雒阳①乘轩车苏秦，家贫亲②老，无罢③车驽马，桑轮蓬箧羸縢④，负书担橐，触尘埃，蒙霜露，越漳、河，足重茧⑤，日百而舍，造外阙，愿见于前，口道天下之事。"李兑曰："先生以鬼之言见我则可，若以人之事，兑尽知之矣。"苏秦对曰："臣固以鬼之言见君，非以人之言也。"李兑见之。

注解

①雒（luò）阳：雒通"洛"，即今河南省洛阳市。

②亲：指父母。

③罢：敝，破。

④桑轮：桑树做的车轮。蓬箧：车厢。

⑤足重茧：因旅途遥远，脚上磨起了一层层的茧子。

译文

苏秦求见李兑说："洛阳轩里人苏秦，家境贫寒，双亲年迈，既没有破车劣马，也没有桑树做的车轮和蓬蒿编的车厢。只好打着绑腿，穿着草鞋，背着书箱，担着行囊，白天顶着尘土赶路，夜里带着露珠睡觉，渡过了漳水、黄河，脚上磨起了一层层的茧子，每日行走百里才能休息，这样来到了宫阙之外，希望能够得到接见，评说天下的大事。"李兑说："先生和我谈论鬼事倒还可以，如果谈世间的事，我已经全都知道了。"苏秦回答说："我本来就想跟您谈论鬼事，不谈世间的事。"李兑接见了苏秦。

原文

苏秦曰："今日臣之来也暮，后郭门，藉席无所得，寄宿人田中，傍有大丛。夜半，土梗与木梗斗曰：'汝不如我，我者乃土也。使我逢疾风淋雨，坏沮①，乃复归土。今汝非木之根，则②木之枝耳。汝逢疾风淋雨，漂入漳、河，东流至海，氾滥③无所止。'臣窃以为土梗胜也。今君杀主父④而族之，君之立于天下，危于累卵。君听臣计则生，不听臣计则死。"李兑曰："先生就舍⑤，明日复来见兑也。"苏秦出。

注解

①沮（jǔ）：坏。

②则：乃。

③氾滥：沉浮，随波起伏。

④主父：赵武灵王。

⑤就舍：犹言请回招待所休息。

译文

苏秦说："今天我来晚了，城门已关闭，找不到投宿的地方，就睡在别人的田地里，旁边有个神丛。半夜时分，我听到泥人和木偶在争吵，泥人说：'你不如我，我本来就是土做的。假如碰上疾风大雨，我被毁坏了，就又回到土里。你不是树根，就是树枝做成的罢了。你如果遇上疾风大雨，就会漂进漳水、黄河，向东流到大海里，然后随波逐流，不知被带到哪里去。'我私下里认为还是泥人说得对。现在您杀了赵武灵王，又灭了他同族的人，您所处的地位，比摞起来的鸡蛋还危险。您如果采纳我的计策，那么还能活下去，如果不采纳我的计策，就只有死路一条。"李兑说："先生请到旅馆去休息，明天再来见我。"苏秦就出去了。

原文

李兑舍人谓李兑曰："臣窃①观君与苏公谈也，其辩过君，其博过君，君能听苏公之计乎？"李兑曰："不能。"舍人曰："君即不能，愿君坚塞两耳，无听其谈也。"明日复见，终日谈而去。舍人出送苏君，苏秦谓舍人曰："昨日我谈粗②而君动，今日精③而君不动，何也？"舍人曰："先生之计④大而规高，吾君不能用也。乃⑤我请君塞两耳，无听谈者。虽然，先生明日复来，吾请资⑥先生厚用。"明日来，抵掌而谈⑦。李兑送苏秦明月之珠⑧，和氏之璧，黑貂之裘，黄金百镒。苏秦得以为用，西入于秦。

注解

①窃：私下，对自己意见的一种谦卑的表示。

②粗：疏也。即简略，粗略。

③精：细。

④先生之计：先生所设计的计谋宏大而高远。计：图谋。

⑤乃：是。

⑥资：助。

⑦抵掌而谈：谈得很欢很投契。

⑧明月之珠：俗称夜明珠。

译文

李兑身边的人对李兑说："我私下里注意您和苏秦的谈话，他的口才胜过了您，他的博识也胜过了您，您能听苏秦的计策吗？"李兑说："不能。"李兑身边的人说："您如果不打算听苏秦的话，就希望您堵住两只耳朵，不要听他讲话。"第二天，苏秦又来见李兑，整整谈了一天，然后离去。李兑身边的人出来送苏秦，苏秦对他说："昨天我谈得很简略，奉阳君心有所动，今天我谈得很详细，奉阳君却无动于衷，这是为什么？"李兑身边的人说："您的计谋宏大而高深，我的主人不能采用，是我让他堵住两耳，不听您讲话。虽然如此，您明天再来，我能让他资助您足够的资财。"第二天苏秦又来了，两个人谈得很投机。于是李兑送给苏秦夜明珠、和氏璧、黑貂大衣和黄金百镒。苏秦得到这些东西作为经费，往西到秦国去了。

评析

苏秦刚开始企图以自己的贫寒和苦难打动李兑的心，没想到李兑不吃这一套，用鬼怪之事故意刁难苏秦。苏秦将计就计，用一个形象生动的类比毫不留情地指出了李兑危机四伏的形势。苏秦当时虽是一介寒士，却有着过人的胆识，敢于揭穿李兑的疮疤，刺中他心中的隐痛。如此一来反而得到了李兑的赏识。只可惜才高招人妒，李兑听了他人的谗言最终没有重用苏秦。但是就是那位进谗言的家臣，内心中也是对苏秦肃然起敬的，不然他是不会叫李兑资助苏秦的。今天来看苏秦以一贫寒之士，奋发向上、积极有为、胆识超人、谋略与雄辩才能出众，他的谋划和语言、他的精神和胆识，也值得我们钦佩和学习。

赵王封孟尝君以武城

原文

赵王封孟尝君以武城。孟尝君择舍人以为武城吏，而遣之曰："鄙语岂不曰'借车者驰之，借衣者被之'哉？"皆对曰："有之。"孟尝君曰："文甚不取也。夫所借衣车者，非亲友，则兄弟也。夫驰亲友之车，被兄弟之衣，文以为不可。今赵王不知文不肖①，而封之以武城，愿大夫之往也，毋伐树木，毋发屋室，訾然②使赵王悟而知文也。谨使可全而归之。"

注解

①不肖：无能。

②訾（zǐ）然：衡量。

译文

赵王把武城封给孟尝君。孟尝君在他的门客中挑选了一些人去担任武城守吏，并对他们说："俗语不是说'借来的车子若使劲地跑，就容易损坏，借来的衣服披在外面，就容易沾灰尘'吗？"他们都说："有这样的说法。"孟尝君说："我可很不以为然。那借来的衣服和车子，若不是亲友的就是兄弟的。赶着亲友的车子使劲地跑，把兄弟的衣服披在外面，我认为不能这样做。现在赵王不了解我无能，而把武城封给我。希望你们去后，不要砍伐树木，不要破坏房屋，谨慎从事，让赵王了解我善于治理。这样，我们才可以完全能管理好武城。"

评析

人性非常自私，西方有谚："花自己的钱比花他人的钱谨慎。"只要是他人的，自己肯定会不放在心上。就像我国的国有企业，由于产权不明，所以管理者就不认真经营，导致亏损倒闭、破产拍卖。孟尝君深知人的本性，对下属可能对待所封的城不认真早有预见，所以就提前训话，警戒他们一定要克服人的私心，善待武城。

他的训话，关键是用尊重他人应该胜过自己的高尚道德驳斥了人是自私的通常的判断，叫人一定要善待借来的东西、他人的东西，以一种良心的约束钳制住了人的私心。在训话方式上他先来了个设问，诱出驳斥的靶子，然后有的放矢，使下属的思想归入正路。

赵策二

苏秦从燕之赵始合从

原文

苏秦从燕之赵，始合从，说赵王[①]曰："天下之卿相[②]人臣，乃至布衣[③]之士，莫不高贤[④]大王之行义，皆愿奉教陈忠于前之日久矣[⑤]。虽然，奉阳君[⑥]妒，大王不得任事，是以外宾客游谈之士，无敢尽忠于前者。今奉阳君捐馆舍[⑦]，大王乃今然后得与士民相亲，臣故敢献其愚，效愚忠。"

注解

①赵王：肃侯。

②卿：古时中央高级官员。相：相国。

③布衣：指百姓。

④贤：尊崇。

⑤奉教：领教，受教。陈：献出，拿出。

⑥奉阳君：李兑。

⑦捐馆舍：抛弃馆舍，旧时系"死亡"的讳辞。

译文

苏秦从燕国来到赵国，开始实行合纵，他游说赵王说："天下的公卿大臣以至平民百姓，没有一个不崇尚大王的品行道义，大家都愿意接受您的教化，为您效忠，这种想法已经很久了。虽然如此，以前奉阳君嫉贤妒能，而大王又不能执掌国政，因此外来之客和游说之士没有人敢在大王面前尽忠。现在奉阳君已死，大王从今以后就能和士人百姓亲近了，所以我才敢向大王进献我愚陋的见解和一片忠心。"

原文

"为大王计，莫若安民无事，请无庸有为也。安民之本，在于择交。择交而得则民安，择交不得则民终身不得安。请言外患：齐、秦为两敌，而民不得安；倚秦攻齐，而民不得安；倚齐攻秦，而民不得安。故夫谋人之主，伐人之国，常苦出辞①断绝人之交，愿大王慎无出于口也。"

注解

①苦出辞：口出恶言。

译文

"替大王考虑，不如使人民安定，不要多事扰民。使人民安定的根本大计在于选择邦交。邦交选择得恰当就能使人民安定，邦交选择得不恰当，那么人民就不得安定。请让我说说赵国的外患：如果齐、秦两国都成为赵国的敌国，人民就得不到安宁；倚仗秦国去攻打齐国，人民得不到安宁；倚仗齐国去攻打秦国，人民也得不到安宁。所以那些想要图谋别人的君主，进攻别人国家的人，总是口出恶言断绝和人家的邦交。我希望大王要慎重，不要说出这样的话来。"

原文

“请屏左右[1]，曰言所以异，阴阳而已矣。大王诚能听臣，燕必致毡裘[2]狗马之地，齐必效海隅[3]鱼盐之地，楚必致桔柚云梦之地，韩、魏皆可使致封地汤沐之邑，贵戚父兄皆可以受封侯。夫割地效[4]实，五伯之所以覆军禽将而求也；封侯贵戚，汤、武之所以放杀而争也。今大王垂拱而两有之，是臣之所以为大王愿也。”

注解

①请屏左右：请回避左右的人。

②毡：毛毡。裘：毛皮。

③海隅：海边。

④效：致献。

译文

“请让左右的人回避，让我说明合纵与连横的利害关系。大王果真能听从我的忠告，燕国一定会献出盛产毡裘狗马的土地，齐国一定会献出盛产鱼盐的海湾，楚国一定会献出盛产橘柚的云梦泽，韩国和魏国都可以让它们献出封侯之地和汤沐之邑，您的父兄和贵戚都可以接受封侯。夺取土地，获得财富，这是春秋五霸不惜军队覆灭、将领被擒而追求的；贵戚得以封侯，这是商汤、周武用流放夏桀、杀死殷纣的手段才争得的。现在大王垂衣拱手，不费心力就可以兼而有之，这是我替大王所希望得到的。”

原文

“大王与秦，则秦必弱韩、魏；与齐，则齐必弱楚、魏。魏弱则割河外，韩弱则效[1]宜阳。宜阳效则上郡绝，河外割则道不

通。楚弱则无援。此三策[2]者，不可不熟计也。夫秦下轵道[3]则南阳动，劫韩包周则赵自销铄[4]，据卫取淇[5]则齐必入朝。秦欲已得行[6]于山东，则必举甲[7]而向赵。秦甲涉河逾漳[8]，据番吾，则兵必战于邯郸之下矣。此臣之所以为大王患也。”

注解

①效：献出。

②三策：指“上郡绝”“道不通”“无援”。

③轵道：今河南省济源市东南。

④销铄（shuò）：熔化金属，此言削弱、败。

⑤淇：淇水，在今河南省东北部。此指卫都濮阳，今河南省濮阳县。

⑥行：称霸。

⑦举甲：发兵。

⑧涉河：渡过黄河。逾漳：渡过漳河。

译文

“大王如果支持秦国，那么秦国一定会去削弱韩国和魏国；如果支持齐国，那么齐国一定会削弱楚国、魏国。魏国被削弱就免不了割让河外，韩国被削弱就免不了献出宜阳。献出宜阳，那么上党就会面临绝境，割让河外，那么通往上党的道路就会断绝。楚国被削弱，那么赵国就失去了援助。这三方面的对策，不能不仔细地筹划。秦国攻取轵道，那么南阳就危险；威逼韩国，包围周都，那么赵国自己就会被削弱；占据卫国，夺取淇城，那么齐国就一定向秦国称臣。秦国的贪欲既已从山东各国得到满足，那么就一定发兵进攻赵国。秦国军队渡过黄河，越过漳水，占据番吾，那么秦、赵两国的军队就一定要在邯郸城下交战了。这是我替大王所忧虑的。”

原文

“当今之时，山东之建国，莫如赵强。赵地方二千里[1]，带甲[2]数十万，车[3]千乘，骑万匹，粟支十年[4]；西有常山，南有

河、漳，东有清河，北有燕国。燕固弱国，不足畏也。且秦之所畏害于天下者，莫如赵。然而秦不敢举兵甲而伐赵者，何也？畏韩、魏之议其后也。然则韩、魏，赵之南蔽⑤也。秦之攻韩、魏也，则不然。无有名山大川之限，稍稍蚕食之，傅之国都而止矣。韩、魏不能支秦，必入臣。韩、魏臣于秦，秦无韩、魏之隔，祸中于赵矣。此臣之所以为大王患也。”

注解

①方二千里：四百平方里。
②带甲：战士。
③车：战车。
④粟支十年：粮食可供十年。
⑤南蔽：南面的屏障。

译文

“当前，崤山以东的争战之国没有比赵国更强大的了。赵国的领土纵横二千里，战士数十万，战车千辆，战马万匹，粮食够食用十年；西面有常山，南面有黄河、漳水，东面有清河，北面有燕国。燕国本来是个弱国，不值得害怕。秦国在诸侯中所畏忌的莫过于赵国。然而秦国不敢发兵攻打赵国的原因是什么呢？担心韩国和魏国在背后暗算它。既然如此，那么韩国和魏国就是赵国南面的屏障了。秦国攻打韩国和魏国却不是这样的。韩、魏没有名山大川等险地，秦国可以慢慢地蚕食它们，直到逼近它们的国都才停止。韩、魏不能抵挡秦国，就一定会向秦国称臣。秦国没有韩、魏两国的阻隔，那么战祸就会落到赵国头上了。这是我替大王所忧虑的。”

原文

“臣闻，尧无三夫之分，舜无咫①之地，以有天下。禹无百人之聚，以王诸侯②。汤、武之卒不过三千人，车不过三百乘，立为天子。诚③得其道也。是故明主外料其敌国之强弱，内

度[4]其士卒之众寡、贤与不肖，不待两军相当，而胜败存亡之机节，固已见于胸中矣，岂掩于众人之言，而以冥冥[5]事哉！”

注解

①咫（zhǐ）：古代八寸。

②以王诸侯：成为诸侯之王。

③诚：确实。

④度（duó）：推测，估计。

⑤冥冥：昏暗，糊里糊涂。

译文

“我听说，尧的领地不足三百亩，舜没有尺寸之地，但他们拥有了天下。禹没有百人的村落，却统领了天下诸侯。商汤、周武的士卒不过三千人，战车不过三百辆，却做了天子。这是因为他们确实掌握了一定的方法。所以圣明的君主对外能判断敌国的强弱，对内能估量他的士兵数量及素质的优劣，不等两军对垒，对于决定胜败存亡的关键所在就早已成竹在胸了，难道能被众人的言论所蒙蔽，稀里糊涂地去决定大事吗！”

原文

“臣窃以天下地图案[1]之。诸侯之地五倍于秦，料诸侯之卒，十倍于秦。六国并力为一，西面[2]而攻秦，秦破必矣。今见破于秦[3]，西面而事之。见臣于秦。夫破人之与破于人也，臣人之与臣于人也，岂可同日而言之哉！夫横人者，皆欲割诸侯之地以与秦成[4]。与秦成，则高台，美宫[5]室，听竽瑟之音，察五味之和[6]，前有轩辕，后有长庭[7]，美人巧笑，卒有秦患，而不与其忧。是故横人日夜务以秦权恐喝诸侯，以求割地。愿大王之熟计之也。”

注解

①案：检查，查验。

②面：向。

③见破于秦：被秦国灭掉。

④成：讲和。

⑤宫：上古房屋的通称。秦汉以后指帝、后等居住的房屋。

⑥和：适度。此言美味。

⑦长庭：指后宫美天的居处。

译文

“我私下里根据诸侯的地图来考察，诸侯六国的土地是秦国的五倍，估计六国的士兵是秦国的十倍。六国齐心协力结为一体，向西攻打秦国，秦国一定能被打败。现在六国却被秦国打败，向西侍奉秦国，臣服于秦国。打败别人和被别人打败，让别人向自己称臣和自己向别人称臣，怎么能同日而语呢！主张连横的人，都想割让各国的土地来和秦国讲和。与秦国讲和就能把楼台亭阁建得更高大，把房屋修得更华丽，每天听优美的音乐，品尝美味的佳肴，前面有华丽的马车，后面有美人居住的长庭，美女在其间娇声嬉笑，一旦各国遭受秦国的祸害，他们却不分担诸侯的忧患。所以那些主张连横的人整天以秦国的威势恐吓诸侯，以求得割地。希望大王认真考虑这个问题。”

原文

“臣闻，明王绝疑去谗①，屏②流言之迹，塞朋党之门③，故尊主广地强兵之计，臣得陈忠于前矣。故窃为大王计，莫如一韩、魏、齐、楚、燕、赵，六国从亲，以傧畔秦。令天下之将相，相与会于洹水④之上，通质刑白马以盟之。”

注解

①谗（chán）：坏话。
②屏：除去、抵制。
③塞朋党之门：堵塞结党营私之门。
④洹水：在鸿雁河北。

译文

“我听说，圣明的君主善于排除疑惑，摒弃谗言，抵制流言的影响，堵塞结党营私之门，这样尊显君主、开拓疆土、增强兵力的计策，才得以向君主陈述。所以我私下里替大王谋划，不如联合韩、魏、齐、楚、燕、赵，六国合纵相亲，以共拒秦国。号召天下的将相在洹水之滨一起会盟，交换质子，宰杀白马，缔结盟约。”

原文

“约曰：秦攻楚，齐、魏各出锐师以佐[①]之，韩绝食道[②]，赵涉河、漳，燕守常山之北。秦攻韩、魏，则楚绝其后，齐出锐师以佐之，赵涉河、漳，燕守云中[③]。秦攻齐，则楚绝其后，韩守成皋，魏塞午道，赵涉河、漳、博关，燕出锐师以佐之。秦攻燕，则赵守常山，楚军武关，齐涉渤海，韩、魏出锐师以佐之。秦攻赵，则韩军宜阳，楚军武关，魏军河外，齐涉渤海，燕出锐师以佐之。诸侯有先背约者，五国共伐之。六国从亲以摈秦，秦必不敢出兵于函谷关以害山东矣！如是则伯业[④]成矣！”

注解

①佐：助。

②食道：粮道。

③云中：在今内蒙古自治区呼和浩特市与托克托之间。

④伯业：霸王之业。

译文

“共同订立盟约说：秦国如果攻打楚国，齐国和魏国各自出动精锐部队援助楚国，韩国就断绝秦国运送粮食的通道，赵国就渡过黄河、漳水，燕国就守住常山北面的地带。秦国如果攻打韩国和魏国，那么楚国就切断秦军的后路，齐国就派出精锐部队援助韩国和魏国，赵国就渡过黄河、漳水，燕国守卫云中。秦国如果攻打齐国，那么楚国就切断秦国的后路，韩国守卫成皋，魏国把守午道，赵国渡过黄河、漳水，开往博关，燕国派出精锐部队来援助齐国。秦国如果攻打燕国，那么赵国就守住常山，楚国驻军武关，齐国沿渤海而上，韩国和魏国派出精锐部队去援助燕国。秦国如果攻打赵国，那么韩国就驻军宜阳，楚国驻军武关，魏国驻军河外，齐国渡过渤海，燕国派精锐部队来支援赵国。诸侯有先背弃盟约的，其他五国就联合起来讨伐它。六国合纵相亲来对抗秦国，秦国一定不敢从函谷关出兵来危害山东六国了！如果这样，那么就可以成就霸王大业了！”

原文

赵王曰：“寡人年少，莅国①之日浅，未尝得闻社稷之长计。今上客有意存天下，安诸侯，寡人敬以国从。”乃封苏秦为武安君，饰车②百乘，黄金千镒，白璧百双，锦绣千纯③，以约诸侯。

注解

①莅（lì）国：执掌国政。莅：来到。

②饰车：装饰华贵之车，古时大夫以上所乘。

③纯：绸帛一匹为一纯。

译文

赵王说："我年纪轻，执掌国政的时间短，不曾听说过使国家长治久安的计谋。现在贵客有意保全天下，安定诸侯，我愿意让整个国家听从您的安排。"于是封苏秦为武安君，让他带上装饰华贵的车子百辆，黄金千镒，白璧百双，锦绣千匹，去邀结诸侯。

评析

苏秦很注意演说的层次性和递进性。他首先向赵肃侯指出国家的根本在于安民和邦交，由此引出合纵他国的主题。接着勾画出合纵之后的美好前景和假如连横事秦的悲惨结局，又分析了赵国的实力及其在地缘政治方面的重要性，接着指出赵王完全可以建立尧、舜的功业而不必要向秦王臣服。最后苏秦通过对比六国与秦的实力，通过揭露连横派的只顾自己私利的真面目，和盘推出了赵国合纵的具体方案。这种逻辑性很强、又很有气势的雄辩，任何人也不得不折服。

张仪为秦连横说赵王

原文

张仪为秦连横，说赵王曰："弊邑秦王使臣敢献书于大王御史[①]。大王收率天下以傧[②]秦，秦兵不敢出函谷关十五年矣。大王之威，行于天下山东。弊邑恐惧慑伏[③]，缮甲厉兵[④]，饰车骑，习驰射，力田积粟，守四封之内，愁居慑处，不敢动摇，唯大王有意督过[⑤]之也。"

注解

①大王御史：暗指赵王。

②傧：抵抗。

③慑伏：十分害怕，伏在地上。

④缮甲厉兵：修缮铠甲磨快兵器。缮，修缮。

⑤督过：监督过错。

译文

张仪替秦国推行连横主张，到赵国游说赵王说："敝国君王派臣贸然来上书给大王的御史。大王率领天下诸侯抗拒秦国，致使秦军十五年不敢出函谷关，而大王的威力通行于天下和崤山以东六国。我秦国对此非常恐惧，于是便修缮铠甲磨快兵器，整顿战车，苦练骑射，辛勤耕种，增加生产，严守四面边疆，过着忧愁恐惧的日子，不敢轻举妄动，只等着大王有心来指责我们的过错。

原文

"今秦以大王之力，西举巴蜀，并汉中，东收两周而西迁九鼎，守白马之津。秦虽辟①远，然而心忿悁含怒②之日久矣。今宣君③有敝甲钝兵，军于渑池，愿渡河逾漳，据番吾，迎战邯郸之下。愿以甲子之日④合战，以正殷纣之事。敬使臣先以闻于左右。"

注解

①辟：通"僻"，偏僻。

②心忿悁含怒：心中十分怨恨恼怒。

③宣君：一说应为寡君。

④甲子之日：周武王讨伐纣王得胜之日。

译文

“如今秦国仰仗大王的威力，西边收复巴蜀，吞并汉中，东边征服东、西两周，把象征天子的九鼎运移到西方，镇守白马渡口。秦国虽然偏远，但是心中却怨恨恼怒很久了。如今秦王有破烂的铠甲和磨钝的兵器，军队驻扎在渑池，希望渡过黄河与漳水占领番吾，到邯郸城下请你们迎战，希望在甲子之日和贵国作战，以仿效武王伐纣的故事。所以秦王才派臣恭敬地奏报大王左右。”

原文

“凡大王之所信以为从者，恃[①]苏秦之计。荧惑[②]诸侯，以是为非，以非为是，欲反覆齐国而不能，自令车裂于齐之市。夫天下之不可一亦明矣。”

注解

①恃：倚仗、倚恃。

②荧惑：蒙惑，蛊惑。

译文

“一般来说，大王之所以信奉并推行合纵的主张，不过是仗着苏秦的计谋。苏秦蒙惑诸侯，颠倒是非黑白，但是苏秦想要推翻齐国却没有成功，结果反而为自己招来杀身之祸，在齐国被处以五马分尸的酷刑。由此看来，天下显然是不能联合为一的。”

原文

“今楚与秦为昆弟之国[①]，而韩、魏称为东蕃之臣，齐献鱼盐之地，此断赵之右臂也。夫断右臂而求与人斗，失其党而孤居，求欲无危，岂可得哉？今秦发三将军，一军塞午道，告齐使兴师度清河，军于邯郸之东；一军军于成皋，驱韩、魏而军于河外；一军军于渑池。约曰：‘四国为一以攻赵，破赵而四分其地。’”

注解

①昆弟之国：像兄弟一样亲近的国家。

译文

“现在楚国和秦国是兄弟之邦，韩、魏也自称是秦国的东方之臣，齐国献出鱼盐之地，如此就等于切断了赵国的右臂。而一个被割断右臂的人，再来和人搏斗，就觉得势单力薄，所以要想没有危险，那根本是不可能的。如今秦国派出三名大将各率一军，一路军队封锁午道，并且命令齐国派兵渡过清河，列阵在赵都邯郸之东；一路军队驻扎在韩国的成皋，指挥韩、魏之军，列阵在魏国的河外；另一路军队驻扎在渑池。我们发誓说：‘四国团结一致攻打赵国，破赵以后由四国瓜分赵国领土。’”

原文

“是故不敢匿[①]意隐情，先以闻于左右[②]。臣窃为大王计，莫如与秦遇于渑池，面相见而身相结也。臣请案兵无攻，愿大王之定计。”

注解

①匿：隐匿，隐藏。

②左右：近臣。

译文

“臣不敢隐瞒这种情形，首先告诉大王左右的侍臣。经臣私下替大王谋划，大王不如和秦王在渑池地方相会，会见以后就可交换意见联络感情。臣可以请秦兵暂时停止进攻，恳请大王迅速决定方略。”

原文

赵王曰：“先王[1]之时，奉阳君相，专权擅势，蔽晦先王，独制官事。寡人宫居，属于师傅，不能与国谋。先生弃群臣，寡人年少，奉祠祭之日浅，私心固窃疑焉。以为一从不事秦，非国之长利也。乃且愿变心易虑，剖地[2]谢前过以事秦。方将约车趋行，而适闻使者之明诏。”于是乃以车三百乘入朝渑池，割河间以事秦。

注解

①先王：在此指赵肃侯。

②剖地：割地。

译文

赵王说："先王在位时，任命奉阳君为宰相，他为人专权跋扈，蒙骗先王，一人独断专行，而寡人当时在深宫中读书，根本不能参与朝政。当先王丢下君臣离开人间时，寡人年龄很小，亲政的日子自然很短，内心本来非常疑惑，认为联合诸侯订立合纵之盟抗拒秦国，根本不是治国安邦的长久之计，就立即改变计划，割让土地给秦国补偿原来的过失。正准备车马要到秦国去时，恰好使者也在这时拿着秦王诏令来到赵国。"于是赵王就率领三百辆战车到渑池丢朝见秦王，又把河间之地献给了秦国。

评析

张仪的说辞绵里藏针、以势压人，出招是非常狠毒的。首先他恭维赵国势力强大，然后话锋一转，指责赵王以前的合纵大大损伤了秦国的利益，秦国不仅怀恨已久，而且不惜与赵国一战。接着他不谈战事，指出合纵联盟解体已成定势，而连横已成各国的共识。最后张仪再现锋芒，以强大的暴力胁迫赵王就范。整个说辞实际上是最后通牒，是当时的强权政治和霸权主义者惯用的外交辞令。

张仪游说时虽以武力做后盾，但他的说话谋划得当、转折自然、软硬兼施，其中仍然有众多我们可取之处、可学之处。

武灵王平昼闲居

原文

武灵王平昼[1]闲居，肥义[2]侍坐，曰："王虑世事之变，权甲兵之用，念简、襄[3]之迹，计胡、狄之利乎？"

注解

①平昼：平日里。

②肥义：赵国的臣子。

③简、襄：指先王赵简子、赵襄子。

译文

赵武灵王平日里没事的时候闲坐着，肥义陪坐。肥义说："大王您是否想过世间形势的变化，权衡过甲兵该如何使用，想念过简主和襄主的光辉业绩，谋划过怎样从胡、狄那里获得利益呢？"

原文

王曰："嗣立不忘先德，君之道也；错质务明主之长，臣之论也。是以贤君静而有道民便事之教，动有明古先世之功。为人臣者，穷[①]有弟长辞让之节，通有补民益主之业。此两者，君臣之分也。今吾欲继襄主之业，启胡、翟之乡，而卒世不见也。敌弱者，用力少而功多，可以无尽百姓之劳，而享往古之勋。夫有高世之功者，必负遗俗之累；有独知之虑者，必被庶人之恐。今吾将胡服骑射以教百姓，而世必议寡人矣。"

注解

①穷：在此指不得志。

译文

赵武灵王回答说："继承王位不忘记先王的遗德，这是君王的基本道理；委身于君主，使君主的功勋得以发扬，这是作臣子们的道理。因此圣贤的国君在没事的时候就要对人民进行为国出力的教育，有战争的时候要昭显古代的功绩。身为臣子的人，即使在不得志之时也要具有尊老谦让的节操，官运亨通之时要对人民和国君有所裨益。这两者就是君主和臣子的本分。如今我想要继续开拓襄主的事业，扩展胡、翟地区，但是到现在为止还没有成效。胡、翟之地兵力薄弱，不用花费很大的力气就能取得较多的功业，百姓不必费尽辛劳，就能获得媲美先人的功勋。拥有很大功绩的人，一定会被世俗牵累；有独特的思想的人，一定会被普通人所怨恨。如今我打算教育百姓穿胡服练习骑射，世人也必定会非议我。”

原文

肥义曰：“臣闻之，疑事无功，疑行无名。今王即定负遗俗之虑，殆毋顾天下之议矣。夫论至德者不和于俗，成大功者不谋于众。昔舜舞有苗①，而禹袒入裸国，非以养欲而乐志也，欲以论德而要功也。愚者暗于成事，智者见于未萌，王其遂行之。”王曰：“寡人非疑胡服也，吾恐天下笑之。狂夫之乐，知者哀焉；愚者之笑，贤者戚焉。世有顺我者，则胡服之功未可知也。虽驱世以笑我，胡地中山吾必有之。”

注解

①有苗：三苗，上东南方的少数民族部落。

译文

肥义说：“我曾听闻，处理事情犹豫不决就会无法成功，行动迟疑不定就不会成就功名。如今大王既然已经决定背弃世俗的想法，那就不要再考虑天下人的非议了。凡是讨论最高尚的德的人必定不会和俗人相同；建立丰功伟绩的人都不会和众人进行商议。昔日舜跳苗族的舞蹈，禹裸露着身子进入裸身的部落，并不是因为想要放纵情欲、怡乐心志，而是因为想要宣扬道德，立下功绩。愚蠢之人在事情完成之后还搞不清楚，聪慧之人在事情还没有发生之前就洞悉了，大王您还是赶紧施行吧。”赵武灵王说：“我并非是疑虑‘胡服骑射’，而是害怕天下人嘲笑我。轻狂之人所快乐的事，智慧之人却会悲哀；愚蠢之人为之兴奋的事，一贤明者却会忧心。倘若有支持我的世人，那么改穿胡服的功绩就无法估量。即使所有的人都嘲笑我，我也一定要占有胡地中山这块土地。”

原文

王遂胡服。使王孙緤[①]告公子成[②]曰：“寡人胡服，且将以朝，亦欲叔之服之也。家听于亲，国听于君，古今之公行也；子不反亲，臣不逆主，先王之通谊也。今寡人作教易服而叔不服，吾恐天下议之也。夫制国有常而利民为本，从政有经而令行为上。故明德在于论贱，行政在于信贵。今胡服之意非以养欲而乐志也。事有所出，功有所止。事成功立，然后德且见也。今寡人恐叔逆从政之经，以辅公叔之议。且寡人闻之，事利国者行无邪，因贵戚者名不累。故寡人愿募[③]公叔之义以成胡服之功。使緤谒之叔，请服焉。”

注解

①王孙緤（xiè）：赵国的臣子。

②公子成：赵武灵王的叔父。

③募：通“慕”。

译文

于是武灵王就改穿胡服，并派王孙緤去对公子成说：“我已经穿上了胡服，并且将要身着胡服上朝，我想要王叔您也能穿上胡服。在家服从父母，在国家服从君王，这是古往今来都要遵循的原则；孩子不可以违抗父母，大臣不能违逆君主，这是先王一直通用的规则。倘若现在我下令更改服装，王叔您不服从的话，我害怕天下之人会议论此事。治理治理国家要有法度，并且要以利民为根本；从事政事有规则，并且要以政令能够很好地执行为最根本的规则。因此昭显德政关键在于对地位卑贱的民众有益，执行政令关键在于使显贵之人服从。如今我改穿胡服，并非为了放纵情欲，怡乐心志。事业有所始，功绩有所成。事业成就功名树立德政就会显现出来。如今我害怕王叔违逆了从政的规则，所以才帮助您分析一下。并且我曾听闻，只要做的是对国家有益的事，你的行为就不会歪斜，通过贵族行事，就不会招致非议。因此我想要仰慕王叔的高义，建立改穿胡服的功勋。因此特意派王孙绁拜见王叔，希望您能够改穿胡服。”

原文

公子成再拜曰：“臣固闻王之胡服也，不佞①寝疾，不能趋走，是以不先进。王今命之，臣固敢竭其愚忠。臣闻之，中国者，聪明睿知之所居也，万物财用之所聚也，贤圣之所教也，仁义之所施也，《诗》《书》《礼》《乐》之所用也，异敏技艺之所试也，远方之所观赴也，蛮夷之所义行也。今王释此，而袭远方之服，变古之教，易古之道，逆人之心，畔②学者，离中国，臣愿大王图之。”

注解

①不佞：不才，是一种谦虚的表达。

②畔：通“叛”，背叛。

译文

公子成又一次地拜谢说：“我原本就听闻大王已经改穿胡服了，只是因为我不才，卧病在床，不能快走，所以才没有赶快去觐见大王。如今大王既已给我下了命令，我因此才敢尽一下我的愚忠。我曾听闻，中原地区，是聪明而有睿智的人的生活居住之所，是万物钱财积聚的地方，是贤圣之人训教的地方，是仁义道德实施的地方，是学习《诗》《书》《礼》《乐》并加以运用的地方，是施展奇思巧艺的地方，是远方之人前来观摩学习的地方，是蛮夷之地人民效仿的地方。如今大王却丢弃这些，改穿遥远偏僻的部落的服装，这是变更古代的教育，改变古代的原则，违逆人民的心意，背弃了所学的东西，遗弃了中原的文化。我恳请大王仔细考虑此事。”

原文

使者报王。王曰：“吾固闻叔之病也。”即之公叔成家自请之曰：“夫服者，所以便用也；礼者，所以便事也。是以圣人观其乡而顺宜，因其事而制礼，所以利其民而厚其国也。被发文身，错臂左衽，瓯越之民也。黑齿雕题①，鳀冠秫缝②，大吴之国也。礼服③不同，其便一也。是以乡异而用变，事异而礼易。是故圣人苟可以利其民，不一其用；果可以便其事，不同其礼。”

注解

①黑齿雕题：把牙齿染黑，在额头上雕饰。题，指额头。

②鳀冠秫缝：鳀，一种体积很大的鱼类。秫（shù）缝，很粗糙的缝制。

③礼服：礼法和服装。

译文

王孙绁就把王叔的话禀报给了赵王。赵王说：“我原本就听闻王叔病了。”于是就立刻赶往王叔公子成家，亲自对公子成说：“衣服，是为了穿着方便，礼仪，是为了方便做事。所以古代的圣贤都在考察当地习俗之后才制定适宜的举措，按照当地的实际情况来拟定礼仪制度，因为这样既对人民有利，又能使国家获益。散发文身，两臂交错，衣襟在左边，这是瓯越人的民风习俗。把牙齿染黑，在额头上雕饰，头上戴着鱼皮帽，身上穿这粗拙缝制的衣服，这是大吴国的民风习俗。虽然礼仪和衣服不一样，但是能够得到便利这一点却是相同的。这样由于地方不同，民风习俗就也会不同，情况不一样，处理事情的礼制也会发生改变。所以圣贤的君主倘若是能给百姓带来好处的，他们就不会统一习俗；假使能够对行事有所便利，就决不实行同样的礼制。”

原文

“儒者一师而礼异，中国同俗而教离，又况山谷之便乎？故去就[①]之变，知者不能一；远近之服，贤圣不能同。穷乡多异，曲学多辩。不知而不疑，异于己而不非者，公于求善也。今卿之所言者，俗也。吾之所言者，所以制俗也。今吾国东有河[②]、薄洛之水，与齐、中山同之，而无舟楫之用。自常山以至代、上党，东有燕、东胡之境，西有楼烦、秦、韩之边，而无骑射之备。故寡人且聚舟楫之用，求水居之民，以守河、薄洛之水；变服骑射，以备其燕、三胡、秦、韩之边。且昔者简主不塞晋阳以及上党，而襄主兼戎取代，以攘诸胡，此愚知之所明也。先时中山负齐之强兵，侵掠吾地，系累吾民，引水围鄗，非社稷之神灵，即鄗几不守。先王忿之，其怨未能报也。今骑射服，近可以备上党之形，远可以报中山之怨。而叔也顺中国之俗以逆简、襄之意，恶变服之名，而忘国事之耻，非寡人所望于子！”

注解

①去就：指舍弃和接受。

②河：特指黄河。

译文

“儒生虽然出自同一个老师，但是所奉行的礼法却不一样；中原地区虽然风俗一样，但是教化却不相同，更何况是偏僻深山中的民风习俗呢？因此对于民风习俗的舍弃还是接受的变化，即使是智者也不能只采用一种；远近的服装，即使是圣贤之人也无法使其统一。偏僻的地方就会有很多怪异的习俗，斜僻的学说很爱狡辩。对于不明白的事情不要随便怀疑，不随便对和自己不一样的事物进行非议，这样才能无私地求善。如今您所说的，只是普通人的看法；而我所说的，正是要改变这些平常的看法。如今在我们赵国的东边有黄河与漳水，我们与齐国、中山国共同拥有它们，但是我们却没有战船可以使用。从常山到代郡、上党郡一带，我们的东面有燕国和东胡相邻，西面又和楼烦、秦国、韩国接壤，但是我们却没有骑兵部队进行防备。因此我才打算制造战船，召集生活在水上的人，用来守护黄河与漳水；改穿胡服，学习骑射之术，用来防守与燕、三胡、秦国、韩国接壤的边境。昔日先王简主不将自己局限于晋阳和上党，先王襄主又兼并了戎狄，攻取了代郡，以此攘除胡人，这是愚笨的人和智者都能明白的。以前中山国依持着齐国强大的兵力，侵略我们赵国的国土，掳掠我们的百姓，把水引进来淹灌鄗城，倘若没有社稷神灵的佑护，鄗城几乎就要防守不住了。先王十分愤怒，到现在还未能报仇。如今穿胡服练骑射，从近处说可以守护上党这样的地形；从长远来说可以把当年中山的仇给报了。但是王叔您却先要沿袭中原地区的习俗，违逆先王简主和襄主的意愿，仇视改穿胡服的策略，却忘了国家的耻辱，这并不是我对您的期望啊！”

原文

公子成再拜稽首曰：“臣愚不达于王之议，敢道世俗之闻。今欲继简、襄之意，以顺先王之志，臣敢不听令。”再拜。乃赐胡服。

赵文进谏曰：“农夫劳而君子养焉，政之经也；愚者陈意而知者论焉，教之道也；臣无隐忠，君无蔽言，国之禄[①]也。臣虽愚，愿竭其忠。”王曰：“虑无恶扰，忠无过罪，子其言乎！”

注解

①禄：福禄，福气。

译文

王叔公子成再次叩拜稽首，说道："我很愚笨不能领会大王的谋略，因此才敢说出世俗之见。如今大王打算继承先王简主和襄主的意愿，以顺应先王的遗志，我今天怎能不听从呢！"公子成又拜了拜。于是武灵王就赐给了公子成一套胡服。

赵文向武灵王进谏说："农夫辛苦的劳作，君子进行管理，这是治理政事的根本原则；愚钝之人陈述看法，智慧之人进行最后决策，这是进行教育的方法；臣子不想君王隐瞒逆耳的进忠之言，君主不使进谏之路受到阻塞，这是国家社稷之福气。虽然我很愚钝，但是我依然想要竭尽自己的忠诚。"武灵王说："一个人如果意志坚定就不会被邪恶所扰乱，如果忠心耿耿就不会有什么罪过，您还是直说吧。"

原文

赵文曰："当①世辅俗，古之道也；衣服有常，礼之制也；修②法无愆，民之职也。三者先圣之所以教。今君释此，而袭远方之服，变古之教，易古之道，故臣愿王之图之。"王曰："子言世俗之闻。常民溺于习俗。学者沉于所闻，此两者所以成官而顺政也，非所以观远而论始也。且夫三代不同服而王，五伯不如教而政。知者作教，而愚者制焉；贤者议俗，不肖者拘焉。夫制于服之民不足与论心，拘于俗之众不足与致意③。故势与俗化而礼与变俱，圣人之道也。承教而动，循法无私，民之职也。知学之人，能与闻迁；达于礼之变，能与时化。故为己者不待人，制今者不法古，子其释之。"

注解

①当：随着。
②修：遵循。
③致意：说明意图。

译文

赵文说："适应世道、顺从民风民俗，这是古时就已经存在的规则；衣服有固定的样式，这是自古以来礼法的约定；遵守法律没有罪过，这是人民的职责，这三者是古时先贤对人们的教导。如今君王您抛弃这些，改穿处于遥远之地胡人的衣服，变更古时的教导，变革古时的道理，因此我希望大王您能够仔细考虑此事。"赵武灵王说："您的话只是世俗之所见。一般的人往往会沉溺于旧俗，读书之人又往往拘泥于有限的见闻，这两类人只会做官、听从命令，无法高瞻远瞩，进行始创。夏、商、周三代所穿着的服装虽然不同、但却都称王于天下；春秋五霸虽然政教不同、但却使得国家大治。智慧之人制订法令，愚钝之人只能为法令所约束；圣贤之士讨论习俗，没有才能的人只能被旧的习俗约束。那些被旧的习俗礼法所约束的人，不值得与之交心；那些世俗之见的民众，不值得向他们讲明你的意图。因此习俗要随着时势发生变化，礼法要和变化相一致，这是圣贤之人治国的法则啊！接受教育并能加以变通，遵守法制公正无私，这才是百姓的天职啊。真正的智慧善学之人能随着见闻的不同改变看法；真正通晓礼法的人，能够随着时势的变化而改变。所以说为自己做事不用等待别人，治理当今世事的人不用完全效法古代，您还是不要再提此事了！"

原文

赵造[①]谏曰："隐忠不竭，奸之属也。以私诬国，贼之类也。犯奸者身死，贼国者族宗。此两者，先圣之明刑，臣下之大罪也。臣虽愚，愿尽其忠，无遁其死。"王曰[②]："竭意不讳，

忠也。上无蔽言，明也。忠不辟危，明不距人，子其言乎！”

赵造曰：“臣闻之：‘圣人不易民而教，知者不变俗而动。’因民而教者，不劳而成功；据俗而动者，虑径而易见也。今王易初不循俗，胡服不顾世，非所以教民而成礼也。且服奇者志淫，俗辟者乱民。是以莅国者不袭奇辟之服，中国不近蛮夷之行，所以教民而成礼者也。且循法无过，修礼无邪，臣愿王之图之。”

注解

①赵造：赵臣。

②王：指赵武灵王，名雍，赵肃侯之子，公元前 325—公元前 299 年在位。

译文

赵造规劝道：“藏住忠心不说，属于奸邪之类。因私心而误国，属于贼害之类。犯奸的应处死，害国的应灭族。这两种，是先王明确的刑罚，是臣子的大罪啊。我虽然愚钝，愿尽忠心，不敢逃避死罪。”武灵王说：“畅所欲言，不加避讳，这是忠臣啊。君主不阻拦臣下发表意见，这是明君啊。忠臣不避危险，明君不拒绝别人提意见，你就说吧。”

赵造说：“我听说，‘圣人不交换百姓而进行教诲，聪明的人不改变习俗而行动。’顺着民心去教诲的，不烦劳而可获得成功；依着习俗而行动的，轻车熟路，非常方便。现在大王改变原有的做法，不按习俗办事，改穿胡服而不顾社会上的议论，这可不是教导百姓遵守礼制啊。况且服装奇异的人，心意就放荡，习俗怪僻的地方，往往民心混乱。所以治理国家的人不穿怪僻的服装，中原地区不仿效蛮夷的不开化行为，因为这是教导人们遵守礼制啊。并且遵循原有办法，没有什么过错，奉行传统制度，不会偏离正道，我希望大王好好考虑吧。”

原 文

王曰："古今不同俗，何古之法？帝王不相袭，何礼之循？宓戏、神农教而不诛①，黄帝、尧、舜诛而不怒②。及至三王③，观时而制法，因事而制礼，法度制令，各顺其宜，衣服器械，各便其用。故治世不一道，便国不必法古。圣人之兴也，不相袭而王；夏、殷之衰也，不易礼而灭。然则反古未可非，而循礼未足多也。且服奇而志淫，是邹、鲁④无奇行也；俗辟而民易，是吴、越⑤无俊民也。是以圣人利身之谓服，便事之谓教，进退之谓节，衣服之制，所以齐常民，非所以论贤者也。故圣与俗流，贤与变俱。谚曰：'以书为御者，不尽于马之情；以古制今者，不达于事之变。'故循法之功不足以高世，法古之学不足以制今，子其勿反也。"

注 解

①宓（fú）戏、神农教而不诛：宓戏、神农都是传说中的圣王，据说伏羲（即宓戏）教民畜牧，神农教民耕种，不用刑罚，这就是所谓"教而不诛"。

②黄帝、尧、舜诛而不怒：黄帝、尧、舜都是传说中的古帝，据说他们虽然用兵诛乱，但仍以教化为主，所以说是"诛而不怒"。

③三王：指夏、商、周三代的开国圣王。

④邹、鲁：古国名，均在今山东境内，是礼教最早发达的地方。

⑤吴、越：古国名，在今江苏、浙江境内，据说它们的百姓"断发文身"，和中原的习俗不同。

译 文

武灵王说："古今的习俗本不相同，为什么要效法古代？历代帝王互不相袭，为什么要遵循古代的礼制？伏羲、神农时代，只教化而不用刑罚，黄帝、尧、舜时代，虽用刑罚而不愤怒。夏、商、周三代的圣王，都是观察社会现实而制定法令，法令制度都顺应潮流，衣服器械都使用方便。所以说，治理国家不一定只用一种方法，只要对国家有利就不必效法古代。圣人的兴起，不承袭前代而兴旺；夏、商的衰败，因不变更制度而灭亡。可见反对古来旧俗的，不应受到非议；而遵循旧制的人，也就不值得赞许了。如果说服装特殊就会思想放荡，那么服饰正统的邹、鲁两国，就应该没有不正的行为了；如果说风俗怪僻的地方，百姓就会变坏，那么风俗特殊的吴、越地区，就该没有杰出的人才了。所以圣人认为，凡是适合穿着的，就是好服装；凡是便于办事的，就是好规章。关于送往迎来的礼节，衣服的样式，是使百姓们整齐划一，而不是用来评论贤能的人的。所以圣人能随着风俗而变化，贤人能随社会变化而前进。谚语说：'照书上记载来驾车的人，不能通晓马的习性；用老办法来对付现代的人，不懂社会的变化。'所以遵循旧制的做法不会建立盖世的功勋，尊崇古代的理论不能治理当代，希望你不要再说反对胡服的话了吧！”

评析

“有高世之功者，必负遗俗之累；有独知之虑者，必被庶人之怨。”与历史上的任何变法者一样，赵武灵王遭遇到保守势力的激烈反对，保守只在于人们的安于现状，不思进取和对未来的不安全感，大多数人愿意处在现实的安全状态之中，而对那些改变、破坏现有格局的人物必定非常的厌恶和痛恨。英雄之异于常人，在于克服了人们的这种短视和惰性，看到了未来的机遇和危机，高瞻远瞩、谋求未来的安全和发展。所以作为英雄，是“论至德者，不和于俗；成大功者，不谋于众”类型的人物。如果安于现状，思维和行动受外界环境之制约，那么也就只能沦为庸众而不自拔，与英雄豪杰无涉了。

赵策三

赵惠文王三十年

原文

赵惠文王[①]三十年，相都平君田单问赵奢[②]曰："吾非不说[③]将军之兵法也，所以不服者独将军之用众。用众者，使民不得耕作，粮食挽赁[④]不可给也。此坐而自破之道也，非单之所为也。单闻之，帝王之兵所用者不过三万，而天下服矣。今将军必负十万、二十万之众乃用之，此单之所不服也。"

注解

①赵惠文王：武灵王之子。

②赵奢：赵国的将军。因封于马服这个地方，故又称马服君。

③说：通"悦"，喜欢。

④挽赁：赋税。

译文

赵惠文王执政三十年的时候，相国安平君田单对赵奢说："我并非是不欣赏赵将军用兵之策，我不佩服的只是将军您用兵数量过多。用兵太多，人民就无法进行耕作，粮食、赋税就无法供给，这是坐着国家自己就灭亡的道理啊，这不是我所想做的。我听说过，帝王所使用的兵力不多于三万，就使得天下归顺了。如今赵将军您每次作战必定要使用十万甚至是二十万的兵力，这是田单我所无法佩服的。”

原文

马服曰：“君非徒不达于兵也，又不明其时势。夫吴干之剑[①]，肉试则断牛马，金试则截匜[②]；薄[③]之柱上而击之则折为三，质[④]之石上而击之则碎为百。今以三万之众而应强国之兵，是薄柱击石之类也。且夫吴干之剑材难，夫毋脊之厚而锋不入，无脾[⑤]之薄而刃不断。兼有是两者，无钩、镡、镡、蒙须[⑥]之便，操其刃而刺，则未入而手断。君无十余、二十万之众，为此钩、镡、镡、蒙须之便，而徒以三万行于天下，君焉能乎？且古者四海之内分为万国，城虽大无过三百丈者，人虽众无过三千家者，而以集兵三万距，此奚难哉！今取古之为万国者分以为战国七，能具数十万之兵，旷日持久数岁，即君之齐已。齐以二十万之众攻荆，五年乃罢；赵以二十万之众攻中山，五年乃归。今者齐、韩相方两国围攻焉，岂有敢曰我其以三万救是者乎哉？今千丈之城、万家之邑相望也，而索以三万之众围千丈之城，不存其一角，而野战不足用也，君将以此何之？”都平君喟然太息曰：“单不至也！”

注解

①吴干之剑：吴国、干国的利剑。

②匜：古代的一种容器，用来装水。

③薄：靠近，接近。

④质：通“置”。

⑤脾：剑面上靠近剑刃的地方称为脾。

⑥钩、镮、镡、蒙须：分别指剑环、剑刃、剑珥、剑绳。

译文

赵奢说道："您不仅仅是不懂得用兵之法，而且还不能清楚现在的形势啊。那吴国、干国的利剑，砍在肉体上能够把牛、马都给砍断；砍在金属上能够把盘子、盆子砍断；砍在柱子上柱子会变成三段；砍在石头上，石头能碎成一百块儿。如今倘若用三万士卒去应对这样强大之国的军队，就如同是砍在柱子上、击在石头上一样。此外吴国干国的宝剑的铸造之材不但难求，而且倘若剑背的厚度不适宜，剑锋就不能刺入物体；倘若剑面的轻薄不适宜，剑刃就不能斩断物体。同时满足了这两方面，可是缺少剑环、剑刃、剑珥、剑绳这样的辅助之类的东西，操起剑刃去刺杀敌人的话，还没有刺到别人，自己的手指就已经断了。倘若您没有十几万、二十万的兵力，来像剑环、剑珥那样做辅助之用，想要仅仅以三万兵士横行天下，您又怎么能做到呢？并且古代的时候天下分成成千上万个国家。即使是大的城邑，城墙也不会多于三百丈；即便是人口众多，也不会多于三千户人家。用召集起来的三万兵士进攻这样的城邑，这又有什么难的呢？现在古代成千上万的国家已经相互合并为现在战国时期的七个国家，都能聚集起数十万的兵士，进行历时很长的持久战，如果仅以三万兵力进行战争的话，就会如同齐国一样遭到惨败了。齐以二十万的兵力讨伐楚国，五年的时间才使战争结束；赵国以二十万的兵力讨伐中山国，五年的时间才得以胜利归国。倘若如今齐国与韩国实力相当，并且都用全力讨伐彼此，哪里有人敢对我说他用三万人的兵力就可以救助这两个国家呢？如今有千丈长的城墙的大城、拥有上万户人家的大邑比比皆是，想要以三万兵力围攻有千丈城墙的大城，连城墙的一个角都不能围困，对于野战兵力就更加不足了，您想要用这点兵做些什么呢？"安平君长叹道："我的确不如您啊！"

评析

用干将之剑做比喻，形象生动而且易于让人理解。先比喻，调动人的感性思维，让人获得一个生动的、笼统的认识，然后就事论事，分析为什么打仗要众多兵员的具体原因，调动人的理性思维，让人从道理上获得一个心服口服的认识。如果光有类比比喻，没有理性说服，那么失之浅薄；而如果光有理性说服，没有类比比喻，那么就失之枯燥、呆板。赵奢虽为一武将，但是辩才上也出类拔萃，他最为出色之处，就在于将比喻类比与理性说服结合了起来。

秦围赵之邯郸

原文

秦围赵之邯郸。魏安釐王①使将军晋鄙救赵。畏秦，止于荡阴②，不进。魏王使客将军新垣衍间入邯郸，因③平原君谓赵王曰："秦所以急围赵者，前与齐闵王争强为帝，已而复归帝，以齐故。今齐已益弱。方今④唯秦雄⑤天下，此非必贪邯郸，其意欲求为帝。赵诚发使尊秦昭王为帝，秦必喜，罢兵去。"平原君犹豫未有所决。

注解

①魏安釐王：名圉，昭王之子。
②荡阴：在今河南阴县南，亦称河阴。
③因：通过。
④方今：当今，现在。
⑤雄：称雄。

译文

秦国围攻赵都邯郸，魏安釐王派将军晋鄙率军救赵。可是晋鄙很惧怕秦兵，不敢前进，就驻扎在荡阴，停滞不前。魏王派客将军辛垣衍悄悄进入邯郸城，通过平原君赵胜对赵孝成王说："秦兵之所以着急发兵围攻贵国邯郸，是因为秦王以前和齐王争相逞威称帝，可是不久又把帝号取消。就因为齐国不称帝，所以秦国也取消了帝号。如今齐国已经愈发衰败，只有秦国称霸天下，可见秦国并不一定是为了贪图邯郸之地，其真正用意是想要称帝。因而只要赵国能派遣专使，尊秦王为帝，那秦王必然很高兴，这样秦兵就会自解邯郸之围。"可是平原君还是犹豫不决。

原文

此时鲁仲连适游赵，会[1]秦围赵。闻魏将欲令赵尊秦为帝，乃见平原君曰："事将奈何矣?"平原君曰："胜[2]也何敢言事?百万之众折于外，今又内围邯郸而不能去。魏王使将军辛垣衍令赵帝秦。今其人在是，胜也何敢言事?"

注解

①会：正巧碰上。

②胜：平原君自称。

译文

这时鲁仲连刚好在赵国游历，正碰上秦兵围攻赵都邯郸。他听说魏国准备让赵王尊秦王为帝，于是就去见平原君说："战事怎么样了?"平原君说："我还能说什么呢?赵国的百万大军战败于外，如今国都邯郸又遭受秦兵的包围而无法击退敌军。魏王派将军辛垣衍劝赵王尊秦王为帝。现在辛将军就在邯郸，我怎么还敢谈战事呢?"

原文

鲁连曰："始吾以君为天下之贤公子也，吾乃今然后[1]知君非天下之贤公子也。梁客辛垣衍安在?吾请为君责而归之。"

平原君曰："胜请召而见之于先生。"平原君遂见辛垣衍曰："东国[②]有鲁连先生，其人在此，胜请为绍介而见之于将军。"辛垣衍曰："吾闻鲁连先生，齐国之高士[③]也。衍，人臣也，使事有职。吾不愿见鲁连先生也。"平原君曰："胜已泄之矣。"辛垣衍许诺。

注解

①乃今然后：而今，现在。

②东国：指齐国。

③高士：品德行为高尚的人，旧时多称隐士。

译文

鲁仲连说："我当初以为阁下是天下的贤公子，到现在我才知道阁下并不是这样的人。魏将军辛垣衍在哪里？我可以替您责备他并让他回去。"平原君说："那么我就把辛将军请来和先生见面。"于是平原君就去见辛垣衍说："东方的齐国有一位鲁仲连先生，此人就在这里，我想给将军介绍他。"辛垣衍说："我早就知道鲁仲连先生是齐国的高士。而我辛垣衍只不过是一个使臣。所以我不愿见鲁仲连先生。"平原君说："可是我已经答应他介绍将军和他见面。"这样辛垣衍才答应和鲁仲连见面。

原文

鲁连见辛垣衍而无言。辛垣衍曰："吾视居北围城之中者，皆有求于平原君者也。今吾视先生之玉貌[①]，非有求于平原君者，曷为[②]久居此围城之中而不去也？"

注解

①玉貌：古代称人容貌的敬辞。

②曷为：何为，为什么。

译文

鲁仲连见到辛垣衍竟一言不发。辛垣衍说："我知道凡是住在被围困的邯郸城中的人，都有求于平原君。但是我现在观察先生的相貌，好像并非有求于平原君，不知道先生为什么在城内久住不走？"

原文

鲁连曰："世以鲍焦无从容而死者，皆非也。今众人[1]不知，则为一身[2]。彼秦者，弃礼义而上首功之国也。权使其士，虏使其民。彼则肆然而为帝，过而遂正于天下，则连有赴东海而死矣。吾不忍为之民也！所为见将军者，欲以助赵也。"辛垣衍曰："先生助之奈何？"鲁连曰："吾将使梁及燕助之。齐、楚则固助之矣。"

注解

①众人：一般人。

②为一身：为自己打算。

译文

鲁仲连说："世人都认为鲍焦是由于无法容忍浊世而自杀，这都是错误的想法。如今一般人不知，认为鲍焦只是为自己。那秦国是一个背弃礼义、崇尚战功、用权术操纵士大夫、把百姓当俘虏一般使用的国家。秦王假如肆无忌惮地称帝，就会以暴虐统治天下，那么我鲁仲连只有投东海而死，决不肯做秦王的顺民！所以才来会见将军，目的是想借此机会帮助赵国。”辛垣衍说：“请问先生要怎样帮助赵国呢？”鲁仲连说：“我准备鼓动魏、燕两国帮助赵国。而齐、楚两国本来已经帮助赵国了。”

原文

辛垣衍曰：“燕则吾请以从矣。若乃[1]梁，则吾乃梁人也，先生恶[2]能使梁助之耶？”鲁连曰：“梁未睹秦称帝之害故也，使梁睹秦称帝之害，则必助赵矣。”

注解

①若乃：至于。

②恶（wū）：何，怎么。

译文

辛垣衍说：“我相信燕国会听从您的意见。至于梁国，我是梁国人，不知道先生要如何使梁国帮助赵国？”鲁仲连说：“这是因为梁国还没有看见秦国称帝的害处，假如梁能清楚秦国称帝之害，就必然发兵救赵。”

原文

辛垣衍曰：“秦称帝之害将奈何？”鲁仲连曰：“昔齐威王尝为仁义矣，率天下诸侯而朝周。周贫且微，诸侯莫朝，而齐独朝之。居[1]岁余，周烈王[2]崩，诸侯皆吊，齐后往。周怒，赴[3]于齐曰：‘天崩地坼，天子下席。东藩之臣田婴齐后至，则斮[4]之。’威王勃然怒曰：‘叱嗟，而母婢也。’卒为天下笑。故生[5]则朝周，死则叱之，诚不忍其求也。彼天子固然，其无足怪。”

注解

①居：待。

②周烈王：名喜，安王之子，公元前375年—公元前369年在位。

③赴：报丧。

④斮：斩，割。

⑤生：指周烈王活着的时候。

译文

辛垣衍说："秦王称帝的害处在哪里呢？"鲁仲连说："以前齐威王曾行仁义之政，他率领天下诸侯去朝拜周天子。当时的周朝既穷又弱，天下诸侯都不肯朝贡，只有齐国肯称臣朝拜。过了一年多，周烈王驾崩，诸侯都去吊丧，可是齐国却最后才到。周显王大怒，就派使臣警告齐王说：'天子驾崩，新即位的天子服丧。而齐国的田婴竟然最后才到，依法当处斩刑。'齐威王听了这话勃然大怒说：'呸，你只不过是一个贱婢所生的奴才。'后来被天下诸侯所嘲笑。周天子在时去朝拜他，死后又如此来咒骂他，实在是由于无法接受周朝的苛求。至于说天子本来就应有点威风，这也没有什么值得奇怪的。"

原文

辛垣衍曰："先生独未见夫仆乎？十人而从一人者，宁力不胜、智不若耶？畏之也。"鲁仲连曰："然梁之比于秦若仆耶？"辛垣衍曰："然。"鲁仲连曰："然吾将使秦王烹醢①梁王。"辛垣衍怏然②不悦曰："嘻，亦太甚矣，先生之言也！先生又恶能使秦王烹醢梁王？"

注解

①烹醢（hǎi）：剁成肉酱。

②怏（yàng）然：不高兴的样子。

译文

辛垣衍说："先生难道没有见过那些仆人吗？十个人服侍一个人，并不是因为力量和智慧不如主人，而是由于害怕主人。"鲁仲连说："那么梁国和秦国的关系，就如同仆人和主人的关系吗？"辛垣衍说："是的。"鲁仲连说："既然这样，我将要让秦王烹杀梁王，把梁王剁成肉酱。"辛垣衍很不高兴地说："唉，先生的话也未免太过分了！先生怎能叫秦王烹杀梁王呢？"

原文

鲁仲连曰："固[①]也，待吾言之。昔者，鬼侯、鄂侯、文王，纣之三公也。鬼侯有子而好，故入之于纣，纣以为恶，醢鬼侯。鄂侯争之急，辨之疾[②]，故脯鄂侯[③]。文王闻之，喟然而叹，故拘之于牖（yǒu）里之库，百日而欲舍之死。曷为与人俱称帝王，卒就脯醢之地也？"

注解

①固：当然。

②辨之疾：极力辩护。

③脯（fǔ）鄂侯：把鄂侯做成肉干。

译文

鲁仲连说："我自然可以这样做，请将军听我解释。古时鬼侯、鄂侯、文王，是殷纣王的三个诸侯。鬼侯有个女儿长得很漂亮，于是就献给纣王纳入后宫，可是纣王认为她不够妩媚，结果纣王就把鬼侯剁成肉酱。鄂侯为这件事向纣王进言直谏，滔滔不绝地辩论，结果纣王又把鄂侯杀死晒成肉干。文王听到这两件惨事以后，不由得长叹一声，结果竟被纣王囚禁在牖里的仓库里，准备把他囚禁一百天后再将他处死。为什么和人家同称帝王，结果反倒被杀死晒成肉干、剁成肉酱呢？"

原文

“齐闵王将之鲁，夷维子执策而从，谓鲁人曰：‘子将何以待吾君？’鲁人曰：‘吾将以十太牢待子之君。’维子曰：‘子安取礼而来待吾君？彼吾君者，天子也。天子巡狩，诸侯辟舍，纳于筦键，摄衽抱几，视膳于堂下，天子已食，退而听朝也。’鲁人投其钥，不果纳。不得入于鲁，将之薛，假途于邹。当是时，邹君死，闵王欲入吊。夷维子谓邹之孤曰：‘天子吊，主人必将倍殡柩，设北面于南方，然后天子南面吊也。’邹之群臣曰：‘必若此，吾将伏剑而死。’故不敢入于邹。邹、鲁之臣，生则不得事养，死则不得饭含。然且欲行天子之礼于邹、鲁之臣，不果纳。”

译文

“齐闵王要去鲁国时，夷维子拿着马鞭子服侍在侧，他对鲁国人说：‘你们要如何接待我们的国君呢？’鲁国人说：‘我们准备用猪、牛、羊各十头的太牢之礼款待你们国君。’夷维子说：‘你们是从哪里学来这种礼节来接待我们国君的呢？我们国君乃是天子。天子到全国各地巡视时，诸侯都要离开正朝住在外面，交出钥匙，撩起衣襟，端着几案在堂下侍候天子进餐；天子吃完，诸侯才能退下。’鲁国人听了这话以后，就把关门锁上，不让齐闵王入境，致使齐国君臣都不能进入鲁国。要到薛国去的时候，想从邹国借路通过。正好碰上邹君死了，齐闵王要去吊丧。夷维子对邹君的遗孤说：‘天子来吊丧，丧主必须把灵柩从北面移向南面，然后请天子面朝南吊唁。’邹国的群臣说：‘假如齐国一定叫我们这样做，那我们宁可伏地而死。’因此齐闵王君臣也不敢进入邹国。邹、鲁两国的臣子，当时君主在世时没能更好地奉养，君主死了以后，也没有预备‘饭含’的能力。但是要叫他们行朝拜天子之礼，他们仍然不肯让齐闵王进入自己的国家。”

原文

“今秦万乘之国，梁亦万乘之国。俱据万乘之国，交[1]有称王之名，睹其一战而胜，欲从而帝之[2]，是使三晋[3]之大臣不如邹、鲁之仆妾也。且秦无已而帝[4]，则且变易诸侯之大臣。彼将夺其所谓不肖[5]，而予[6]其所谓贤；夺其所憎，而与其所爱。彼又将使其子女谗妾为诸侯妃姬，处梁之宫，梁王安得晏然而已乎？而将军又何以得故宠乎？”

注解

①交：彼此布。

②帝之：尊秦鸯帮。

③三晋：赵、魏、韩三国。

④且秦无已而帝：秦的野心没有止境，一旦称帝。

⑤不肖：不称职的。

⑥予：犹言任命。

译文

“如今秦国是拥有万辆兵车的大国，而梁国也是一个万乘之邦。既然都是万乘之邦，而且都互相称帝称王，但是看见秦国一战而胜，就一起称秦王为帝，这使三晋重臣连邹、鲁的奴隶都不如。再说秦王的野心无止境地膨胀，一旦称帝，就会调换诸侯的大臣。废除他所谓的奸臣，把官爵给他心目中的贤臣；剥夺他所憎恨的人的官职，然后任命他所喜欢的人为新官。还会把秦国的女子、说坏话的女人嫁给诸侯们为妃，住在魏王宫里，魏王又怎能安宁无事？而将军又怎能得到原有的宠幸呢？”

原文

于是，辛垣衍起，再拜谢曰："始以先生为庸人，吾乃今日而知先生为天下之士也。吾请去，不敢复言帝秦。"秦将闻之，为却军五十里。适会魏公子无忌[1]夺晋鄙军以救赵击秦，秦军引而去。于是平原君欲封鲁仲连。鲁仲连辞让者三，终不肯受。平原君乃置酒，酒酣，起前以千金为鲁连寿。鲁连笑曰："所贵于天下之士者，为人排患、释难、解纷乱而无所取也。即有所取者，是商贾[2]之人也，仲连不忍为也。"遂辞平原君而去，终身不复见。

注解

①魏公子无忌：信陵君。

②商贾：行商。

译文

辛垣衍听完鲁仲连这番话后，立刻站起来，拜了两拜，谢罪说："我起初以为鲁先生是一个平凡的人，现在我才知道先生是天下的通达之士。因此我现在就告辞，再也不敢谈论尊秦王为帝之事了。"秦国将领听到这个消息后，立刻下令秦军后退五十里。这时正好碰上信陵君杀死晋鄙夺下兵权救赵攻秦，秦将只好率兵回国。事后平原君想封赏鲁仲连。可是鲁仲连却再三推辞，坚决不肯接受。平原君就摆设酒宴，当喝到半醉时，平原君站起以千金为鲁仲连祝酒。然而鲁仲连只是笑一笑说："我之所以受到天下贤士的敬重，就在于为人排难

解忧而不收取报酬。假如收取报酬，那是商人的行为，我鲁仲连不会做这种事。”鲁仲连说完这话，就辞别平原君而去，从此终生不再来见平原君。

评析

鲁仲连的演说激情洋溢、斗志昂扬，说理透彻、推理严密，一切折射出他强大的情感力量和严谨的思维能力。论辩是集情感、语言能力、心理素质、逻辑能力和知识储备为一体的高难度艺术，论辩虽然以语言为载体，但语言是人的知识、情感、意志的外化。在论辩中只有具备严密的思维能力，才能滴水不漏、所向披靡，而论辩如果缺乏热情和情感力量，那么很难撼人心魄。

郑同北见赵王

原文

郑同北见赵王。赵王曰：“子南方之传士也，何以教之？”郑同曰：“臣南方草鄙[1]之人也，何足问？虽然，王致之于前，安敢不对乎？臣少之时，亲尝教以兵。”赵王曰：“寡人不好兵。”郑同因抚手仰天而笑之曰：“兵固天下之狙[2]喜也，臣故意[3]大王不好也。臣亦尝以兵说魏昭王，昭王亦曰：‘寡人不喜。’臣曰：‘王之行能如许由乎？许由无天下之累，故不受也。今王既受先王之传，欲宗庙之安，壤地不削[4]，社稷之血食乎？’王曰：‘然。’今有人操随侯之珠，持丘之环，万金之财，时宿于野，内无孟贲之威，荆庆之断，外无弓弩之御，不出宿夕，人必危之矣。今有强贪之国，临王之境，索王之地，告以理则不可，说以义则不听。王非战国守国之具，其将何以当之？王若无兵，邻国得志矣。”赵王曰：“寡人请奉教。”

注解

①草鄙：鄙陋无知。

②狙：此指奸诈之人。

③故意：猜想。

④削：侵占。

译文

郑同北上拜见赵王。赵王说："您是南方的博学之士，来这里有何见教？"郑同回答说："我是南方一个鄙陋无知的人，有什么值得您向我请教。当然尽管如此，大王您已经把问题摆在了我面前，我又怎么敢不回答呢？我年轻的时候，父亲曾教给我兵法。"赵王说："我不喜欢兵法。"郑同听了这话拍手仰天大笑，他说："兵法本来就是天下最狡诈的人喜欢的东西，我原来就猜想大王您不喜欢它。我早先也曾用兵法游说过魏昭王，昭王也说：'我不喜欢。'我就说：'大王的行为能比得上许由吗？许由并没有被世俗的名利牵累，所以不接受尧的禅让。可是现在大王已经接受了先王遗留下的江山，您想要保持祖先的灵魂平安无事，国家的领土不被侵占，社稷之神得到祭祀吗？'魏昭王说：'那是当然的。'我又说，现在如果有人带着随侯之珠，持丘出产的美玉，揣着万金之财，一个人独自在野外露宿，本身没有孟贲那样的威武、荆庆那样的果断，身边也没有强弓利箭来防御，那么不超过一个晚上，就会被人害死的。现在有强大贪婪的国家进逼大王的边境，向大王索取疆土，晓之以理、动之以义，它们都不会听从，在这种情况下，大王您如果没有争战之国所具有的防御装备，又将用什么去抵御它们呢？大王您如果不讲求用兵的策略，那么邻国的野心就会得逞了。"赵王说："寡人请求你多加指教。"

评析

高洁的道德完人许由只能待在世外，世上的人如果要做许由，那么只有隐居的一条路。如果要待在人类社会，要在世上建功立业，必须抛弃掉道德上迂腐的肤浅之见。

战争本身非常残酷，但正义战争的目的是为了遏止战争和暴力压迫，是为了安全和正义。不对邪恶进行猛烈的打击和残酷的歼灭，哪里能得来自由和安全。如果让那些无知的仁义之人主宰大事，说不定滋生多少变乱，冒出多少大奸大恶出来。

赵策四

五国伐秦无功

原文

五国①伐秦无功，罢于成皋。赵欲搆②于秦，楚与魏、韩将应③之，齐弗欲。苏代谓齐王曰："臣以为足下见奉阳君矣。臣谓奉阳君曰：天下散④而事秦，秦必据⑤宋，魏冉⑥必妒君之有阴也。秦王贪，魏冉妒，则阴不可得已矣。君无搏，齐必攻宋。齐攻宋，则楚必攻宋，魏必攻宋，燕、赵助之。五国据宋，不至一二月，阴必得矣。得阴而构，秦虽有变，则君无患矣。若不得已而必构，则愿五国复坚约。"

注解

①五国：齐、楚、魏、韩、赵。

②搆：同"构"。

③应：响应。

④散：诸侯合纵联盟瓦解。

⑤据：占据。

⑥魏冉：穰侯。

译文

赵、韩、魏、楚、齐五国联合进攻秦国，没有取得成功，在成皋休战。赵国想和秦国和解，楚、魏、韩三国准备响应，齐国不同意。苏秦对齐王说："我已经为您会见了奉阳君。我对奉阳君说：诸侯解散了合纵联盟去投靠秦国，秦国必然要占据宋国，魏冉一定会妒忌您得到陶邑。秦王贪婪，魏冉妒忌，那么陶邑就得不到了。您不和秦国和解，齐国一定进攻宋国。齐国攻宋，那么楚国和魏国也必定进攻宋国，燕国和赵国就会帮助它们。五国占据宋国，不出一两个月必然拿下陶邑。拿下陶邑然后和秦国和解，秦国即使有什么变故，那么您也没有什么忧患了。如果不得已，一定要和秦国和解，那么希望五国坚守盟约。"

原文

"愿得赵，足下雄飞①，与韩氏大吏东免齐王，必无召眠也。使臣守约，若与有倍约者，以四国攻之。无倍约者，而秦侵约，五国复坚而宾②之。今韩、魏与齐相疑也，若复不坚约而讲③，臣恐与国④之大乱也。齐、秦非复合也，必有踦重⑤者矣。复合与踦重者，皆非赵之利也。且天下散而事秦，是秦制天下也。秦制天下，将何以天下为？臣愿君之蚤⑥计也。"

注解

①雄飞：奋发有为。

②宾：同"摈"，排斥对抗。

③讲：私自与秦勾结。

④与国：同盟国。

⑤踦（yǐ）重：通"倚"，偏重。

⑥蚤（zǎo）：通"早"。

译文

“五国投合赵国，您奋发有为，和韩国的大臣向东劝说齐王，齐国就不会召回韩珉。让我做盟约监督人，如果盟国中有违背盟约的，就让其他四国攻打它。如果五国没有违背盟约的，而秦国要侵犯盟国，五国就重新坚守盟约，抗击秦国。现在韩、魏两国和齐国互相猜疑，如果五国不坚守盟约而勾结秦国，我担心盟国会出现大的内乱。齐、秦两国如不再次联合，那么两国一定会出现力量偏重的一方。齐、秦两国再次联合或失去平衡，都对赵国不利。再说，诸侯解散了合纵联盟去争着投靠秦国，那么秦国就能控制诸侯。秦国控制了诸侯，还要诸侯干什么呢？我希望您尽早考虑这件事。”

原文

“天下争秦有六举，皆不利赵矣。天下争秦，秦王受负海内之国，合负亲①之交，以据②中国③，而求利于三晋，是秦之一举也。秦行是计，不利于赵，而君终不得阴，一矣。”

注解

①负亲：指五国背约离散。

②据：控制。

③中国：指中原地区。

译文

“诸侯争着投靠秦国，秦国就会有六种方案，都对赵国不利。诸侯争着投靠秦国，秦国接受了齐国，再和其他诸侯联合，这就控制了中原地区，那么就会向赵、魏、韩三国索取利益，这是秦国的一个方案。秦国实行这个方案，对赵国不利，而您最终得不到陶邑，此其一。”

原文

“天下争秦，秦王内韩珉于齐，内成阳君[①]于韩，相魏怀于魏，复合衍交两王，王贲、韩他[②]之曹，皆起而行事，是秦之一举也。秦行是计也，不利于赵，而君又不得阴，二矣。”

注解

①成阳君：曾为韩相。

②王贲、韩他：皆秦臣，主张对赵用兵。

译文

“天下争着投靠秦国，秦王从齐国接纳韩珉，从韩国接纳成阳君，让魏怀在魏国做国相，恢复连横阵线与燕赵两国复交，而王贲、韩他等人都再度起用，执掌大权，这是秦国的一个方案。秦国实行这个方案，对赵国不利，而您又得不到陶邑，此其二。”

原文

“天下争秦，秦王受齐受赵，三强三亲，以据魏而求安邑，是秦之一举也。秦行是计，齐、赵应之，魏不待伐，抱安邑而倍秦，秦得安邑之饶[①]，魏为上交[②]，韩必入朝秦，过赵已安邑矣，是秦之一举也。秦行是计，不利于赵，而君必不得阴，三矣。”

注解

①饶：富，多。

②上交：关系友好。

译文

“诸侯争着投靠秦国，秦王接受齐国和赵国，三个强国友好以后，就会控制魏国，索取安邑，这是秦国的一个方案。秦国实行这个方案，齐、赵两国响应，魏国不等到秦军进攻，就会献出安邑来给秦国扩充疆土，秦国得到富饶的安邑，魏国成了它的友邦，那么韩国必然也要倒向秦国，秦国就会拿魏国献出安邑为借口来威胁赵国，这是秦国的一个方案。秦国实行这个方案，这对赵国不利，而您一定得不到陶邑，此其三。”

原文

“天下争秦，秦坚[①]燕、赵之交，以伐齐收楚，与韩呡而攻魏，是秦之一举也。秦行是计，而燕、赵应之。燕、赵伐齐，兵始用，秦因收楚而攻魏，不至一二月，魏必破矣。秦举安邑而塞女戟，韩之太行绝，下轵道、南阳高，伐魏，绝韩，包二周[②]，即赵自消烁矣。国燥于秦，兵分于齐，非赵之利也。而君终身不得阴，四矣。”

注解

①坚：巩固。

②二周：东、西周。

译文

“诸侯争着投靠秦国，秦国就巩固和燕、赵两国的外交关系，进攻齐国以联合楚国，和韩呡一起去攻打魏国，这是秦国的一个方案。秦国实行这个方案，燕国和赵国响应。燕、赵两国进攻齐国，双方刚一交锋，秦国就联合楚国去攻打魏国，不到一两个月，魏国必然被攻破。秦国占领安邑，堵塞女戟，韩国的太行之道就被切断，秦国就出兵直下轵道、南阳去进攻魏国，断绝韩国的后路，包抄东周、西周，那么赵国就自然削弱了。国家被秦国削弱，军队又去进攻齐国，这对赵国不利，而您终生也得不到陶邑，此其四。”

原文

“天下争秦，秦坚三晋之交攻齐，国破曹屈，而兵东分于齐，秦桉兵攻魏，取安邑，是秦之一举也。秦行是计也，君桉救魏，是以攻齐之已弊，救与秦争战也。君不救也，韩、魏焉免[1]西合[2]？国在谋之中，而君有终身不得阴，五矣。”

注解

①免：避免。

②西合：合，联合。因秦国位于西南，所以称西合。

译文

“诸侯争着投靠秦国，秦国加强与赵、魏、韩三国的邦交关系以进攻齐国，国家破败，财富骤减，而军队又分布到东边的齐国，秦国于是进攻魏国，夺取安邑，这是秦国的一个方案。秦国实行这个方案，您就要去援救魏国，这样就是拿出进攻齐国已经疲惫的军队去和秦国交战。您不去增援魏国，韩、魏两国怎么能避免与秦国联合呢？赵国在秦国的图谋之中了，而您又终生得不到陶邑，此其五。”

原文

“天下争秦，秦按为义，存亡继绝，固危扶弱，定无罪之君，必起中山与滕[1]焉，秦起中山与滕，而赵、宋同命，何暇[2]言阴？六矣。”

注解

①中山与滕：国名，即中山国、滕国。

②暇：空闲。

译文

“诸侯争着去投奔秦国，秦国于是就假装正义，复兴灭亡的国家，接续已经断绝了的世家，安定危难的国家，扶持衰弱的国家，稳定无罪的君王，必然恢复中山和滕国，秦国恢复中山国和滕国，赵、宋两国就要面临同样的命运，哪还有时间去考虑陶邑？此其六。”

原文

“故曰君必无讲[1]，则阴必得矣。奉阳君曰：‘善。’乃绝和于秦，而收齐、魏以成取阴。”

注解

①讲：讲和。

译文

“所以说您一定不要和秦国和解，那么陶邑一定能够得到。奉阳君说：‘好。’于是放弃和秦国讲和，联合齐国和魏国，以求实现取得陶邑的计划。”

评析

苏秦用选言推理的论辩方法，一下子就说服了奉阳君。所谓选言推理就是先列举对象的所有可能情况，然后一一排除，由此得出另一相反的情况是正确的结论。苏秦列举了各诸侯国竞相事奉秦国的六种方案、六种可能性。结果发现在这六种可能性中奉阳君一点也得不到好处，所以就排除了各诸侯国竞相事奉秦国的这一大前提。得出只有放弃与秦国讲和，还有可能得到陶邑的结论。

客见赵王

原文

客见赵王曰：“臣闻王之使人买马也，有之乎？”王曰：“有之。”“何故至今不遣？”王曰：“未得相马之工[①]也。”对曰：“王何不遣建信君乎？”王曰：“建信君有国事，又不知相马。”曰：“王何不遣纪姬[②]乎？”王曰：“纪姬妇人也，不知相马。”对曰：“买马而善，何补于国？”王曰：“无补于国。”“买马而恶，何危于国。”王曰：“无危于国。”对曰：“然则买马善而若[③]恶，皆无危补于国。然而王之买马也，必将待工。今治天下，举错非也，国家为虚戾，而社稷不血食，然而王不待工，而与建信君，何也？”赵王未之应也。客曰：“燕郭之法，有所谓柔痈者，王知之乎？”王曰：“未之闻也。”“所谓柔痈者，便辟左右之近者，及夫人优爱孺子也。此皆能乘王之醉昏，而求所欲于王者也。是能得之乎内，则大臣为之枉法于外矣。故日月晖于外，其贼在于内，谨备[④]其所憎，而祸在于所爱[⑤]。”

注解

①工：指善于相马的人，犹言相马的行家。

②纪姬：赵王宠姬。

③若：不。

④备：防备。

⑤爱：溺爱。

译文

有游说之士拜见赵孝成王说："我听说大王要派人去买马，有这回事吗？"赵王回答："有这回事。"说客问："那为什么到现在还没派人去买呢？"赵王说："没有找到会相马的人。"说客就问："大王为什么不派建信君去呢？"赵王答道："建信君要处理国家大事，何况他又不懂相马的事。"说客又问："大王为何不派纪姬去呢？"赵王回答："纪姬是个女人，不懂得相马。"说客继续问道："如果买来了马匹而且特别强健，对国家有什么好处？"赵王回答："对国家没有什么好处。"又问："那么买来了不强健的马匹，又会对国家造成什么危害呢？"赵王答道："对国家没有什么危害。"说客说："既然买的马好或者不好，都对国家没有什么益处或危害，大王您买马却一定要等待一个会相马的人。现在大王治理国家的措施不当，国家衰败，几成废墟，甚至不能祭祀，可是大王不等待善于治理国家的人，却把大权交给建信君，这是为什么？"赵王无言以对。

说客继续说道："郭偃之法有所谓'柔痈'的说法，大王您知道吗？"赵王说："我没听说过。"说客说："所谓'柔痈'，是指您左右受宠幸的亲近之臣以及您的夫人、优者和美女等等。这些人都是趁你酒酣耳热之际向您提出自己非分要求的人。这些人的欲望如果能在宫中得到满足，那么大臣就能在外面为非作歹、贪赃枉法了。所以说，太阳和月亮的光芒照亮了世界，可它们内部仍然有黑点。人们十分谨慎地防备自己憎恶的人，可祸患往往却发生在自己溺爱的人身上。"

评析

说客先由买马谈起，看起来毫不经意，实际上已经将要说的话做了谋划安排。选马要等相马之人，那么治理国家更需要物色好贤明的大臣。通过选马与治国的类比，昏庸的赵王才有所悟。对待那些明显在走错路的人，我们当然要指斥他的错误来，但批评也要讲艺术。

魏策一

乐羊为魏将而攻中山

原文

乐羊[1]为魏将而攻中山。其子在中山，中山之君烹其子而遗之羹，乐羊坐于幕下而啜之，尽一杯。文侯谓睹师赞[2]曰："乐羊以我之故，食其子之肉。"赞对曰："其子之肉尚食之，其谁不食！"乐羊既罢中山，文侯赏其功而疑其心。

注解

①乐羊：魏国的将军。

②睹师赞：魏国的臣子。

译文

乐羊担任魏国的将军进攻中山国。乐羊的儿子此时还在中山国，中山国的君王将乐羊的儿子煮了并做成肉羹呈送给他。乐羊坐在军帐中将肉羹喝了，喝完了一杯。魏文侯对大臣睹师赞说道："乐羊由于我，把自己儿子的肉都给吃了。"大臣睹师赞回答道："他自己儿子的肉尚且都能吃，还能有谁的肉吃不下啊！"乐羊已经攻取了中山国，魏文侯一面嘉奖他的功勋，一面又对他的忠心有所怀疑。

评析

为了崇高的目的就可以置骨肉亲情于不顾吗？乐羊的手段大大地违背了目的，丧失了人道，竟让人怀疑起他的人性来。人们一般认为，政治家是为达目的不择手段的。实际上，手段还是要进行选择的。首先，手段取决于目的，这个目的一定是要正确的，有关国家大义的；其次，要看这个手段能否达成目的，如果手段本身的使用违背了目的，使用手段造成的负效大于目的应产生的效益，那么这个手段是不应该采取的。乐羊之引人怀疑，在于他使用的手段过于残酷，大大超过甚至背离了对国家表达忠心这个目的。

魏武侯与诸大夫浮于西河

原文

魏武侯与诸大夫浮于西河，称曰："河山之险，岂不亦信固[①]哉！"王钟侍王，曰："此晋国之所以强也。若善修之，则霸王之业具[②]矣。"吴起[③]对曰："吾君之言，危国之道也；而子又附之，是重危也。"武侯忿然曰："子之言有说乎？"

吴起对曰："河山之险，信不足保也；是伯王之业，不从此也。昔者三苗[4]之居，左彭蠡之波，右有洞庭之水，文山在其北，而衡山在其南。恃此险也，为政不善，而禹放逐之。夫夏桀之国，左天门[5]之阴，而右天溪[6]之阳，庐、睪在其北，伊、洛出其南。有此险也，然为政不善，而汤伐之。殷纣之国，左孟门而右漳、滏，前带河，后被山。有此险也，然为政不善，而武王伐之。且君亲从臣而胜降城，城非不高也，人民非不众也，然而可得并者，政恶故也。从是观之，地形险阻，奚足以霸王矣！"

武侯曰："善。吾乃今日闻圣人之言也！西河之政，专委之子矣。"

注解

①固：坚固。

②具：完成。

③吴起：战国时魏人，曾为魏将，屡建战功，魏文侯任为西河守。

④三苗：我国古代部族名。

⑤天门：山名。

⑥天溪：水名。

译文

魏武侯和大臣们乘船在西河上游玩，魏武侯赞叹道："河山这样的险峻，边防难道不是很坚固吗！"大臣王钟在旁边陪坐，说："这就是晋国强大的原因。如果再修明政治，那么我们魏国称霸天下的条件就具备了。"吴起回答说："我们君主的话，是危国言论；可是你又来附和，这就更加危险了。"武侯很气愤地说："你这话是什么道理？"

吴起回答说："河山的险是不能依靠的，霸业从不在河山险要处产生。过去三苗居住的地方，左有彭蠡湖，右有洞庭湖，岐山居北面，衡山处南面。

虽然有这些天险依仗，可是政事治理不好，结果大禹赶走了他们。夏桀的国家，左面是天门山的北麓，右边是天溪山的南边，庐山和峄山在二山北部，伊水、洛水流经它的南面。有这样的天险，但是没有治理好国政，结果被商汤攻破了。殷纣的国家，左边有孟门山，右边有漳水和滏水，前面对着黄河，后面靠着山。虽有这样的天险，然而国家治理不好，遭到周武王的讨伐。再说您曾经亲自率领我们占领、攻陷了多少城邑，那些城的墙不是不高，人不是不多，然而能够攻破它们，那还不是因为他们政治腐败的缘故吗？由此看来，靠着地形险峻，怎么能成就霸业呢？”

武侯说：“好啊。我今天终于听到明哲的政论了！西河的政务，就全托付给您了。”

评析

古往今来的社会兴衰，关键因素是国家的政务是否清明、制度是否进步。至于地形、自然灾害之类的原因只是枝节问题。同一个中国，改革开放前后就是两个不同的面貌，世界上许多国家和国家之间自然资源相差不大，但强弱兴衰各有不同，其中的关键因素是制度不同。所以制度的进步才是国家兴盛的关键。

苏子为赵合从说魏王

原文

苏子为赵合从，说魏王曰：“大王之地，南有鸿沟、陈、汝南，有许、鄢、昆阳、邵陵、舞阳、新郪；东有淮、颍、沂、黄、煮枣、海盐、无缠；西有长城之界；北有河外、卷、衍、燕、酸枣，地方千里。地名虽小，然而庐田庑舍，曾无所刍牧牛马之地。人民之众，车马之多，日夜行不休已，无以异

于三军之众。臣窃[1]料之，大王之国不下于楚。然横人[2]谋王，外交强虎狼之秦，以侵天下，卒有国患，不被其祸。夫挟强秦之势，以内劫其主，罪无过此者。且魏，天下之强国也；大王，天下之贤主也。今乃有意西面而事秦，称东藩，筑帝宫，受冠带，祠春秋，臣窃为大王愧之。”

注解

①窃：私下。

②横人：主张连横的人。

译文

苏秦为了赵国合纵游说魏襄王道：“大王的国土，南边有鸿沟、陈地、汝南，还有许地、郾地、昆阳、召陵、舞阳、新郪；东边有淮水、颍水、沂水、外黄、煮枣、海盐、无缠；西有长城边界；北有河外、卷地、衍地、酸枣，土地纵横千里。地方名义上虽然狭小，但房屋田舍十分密集，甚至没有放牧牛马的地方。人民众多，车马成群，日夜奔驰，络绎不绝，其声势和三军士兵相比没有什么区别。我私下里估计，大王的国力不亚于楚国。然而那些主张连横的人却劝说大王结交像虎狼一样强暴的秦国，若国家因此遭受祸患，他们又不肯为您分忧。他们依仗强秦的势力，在国内胁迫君主，罪过没有比这更大的了。再说魏国是天下的强国，大王是天下贤明的君主，如今竟有意投向西方事奉秦国，自称是秦国东方的属国，建筑秦帝行宫，接受秦的封赏，春秋两季给它进贡助祭，我心里替大王惭愧。”

原文

“臣闻越王勾践以散卒[1]三千，禽[2]夫差于干遂；武王卒三千人，革车[3]三百乘，斩纣于牧之野。岂其士卒众哉？诚能振其威也。今窃闻大王之卒，武力二十余万，苍头二千万，奋击二十万，厮徒[4]十万，车六百乘，骑五千匹。此其过越王勾践、

武王远矣。今乃劫于辟臣之说，而欲臣事秦。夫事秦必割地效质，故兵未用而国已亏矣。凡群臣之言事秦者，皆奸臣，非忠臣也。夫为人臣，割其主之地以求外交，偷取一旦之功而不顾其后，破⑤公家而成私门，外挟强秦之势以内劫其主，以求割地，愿大王之熟察⑥之也。

“《周书》曰：‘绵绵不绝，缦缦奈何？毫毛⑦不拔，将成斧柯。’前虑不定，后有大患。将奈之何？大王诚能听臣，六国从亲，专心并力，则必无强秦之患。故敝邑赵王使使臣献愚计，奉明约，在大王诏之。”魏王曰：“寡人不肖⑧，未尝得闻明教。今主君以赵王之诏⑨诏⑩之，敬以国从。”

注解

①散卒：残兵败将。
②禽：擒拿。
③革车：战车。
④厮徒：杂差，杂役。
⑤破：损害。
⑥熟察：慎重考虑。
⑦毫毛：幼小。
⑧肖：才能。
⑨诏：诏令。
⑩诏：教导。

译文

“听说越王勾践靠三千残兵败将，在干隧擒获了夫差；周武王也仅有三千士兵，三百辆战车，在牧野杀死了商纣王。难道是他们士兵多吗？实在是因为他们能振奋自己的雄威啊！如今我听说大王的兵力，常备军二十万，青布裹头的士兵二十万，精兵二十万，勤杂部队十万，还有六百辆战车，五千匹战马。这肯定远远超过越王勾践和武王的力量！如今您却迫于谗臣的邪说，想要臣服于秦国。事奉秦国一定得割让土地送上人质，因此军队还没用上而国家的元气已经亏损了。群臣之中凡是主张事奉秦国的人，都是奸臣，绝不是忠臣。作为臣子却割让君主的土地与外国勾结，窃取一时的功名和好处，却不顾及后患，损害国家的利益，去满足个人的私利与欲望，在国外仰仗强秦威势，在国内胁迫自己的君主割让土地，对于卑劣行为，希望大王慎重考虑。

"《周书》上说：'微弱时如不及早斩断，等到长大了又能怎么加呢？幼小时如不及早铲除，将来长大了就得用斧头砍。'事先要当机立断，否则事后必有大祸，到那时不知怎么办。如果大王真能听从我的意见，六国合纵相亲，齐心合力，就一定不会遭受强秦的侵犯。所以敝国赵王派我来进献愚计，呈上盟约，听凭大王诏令。"魏王说："我没有才能，以前从未听过这样高明的指教。现在您以赵王的诏令来教导我，我愿意率领全国民众听从您的安排。"

评析

苏秦的合纵游说，最大特点就在于鼓舞各国的决不屈服的斗志。当时各国摄于秦国的淫威，意志和精神都快要崩溃。鼓舞他人，首先要使对方认识到自己的实力，重估自己的价值，重新树立独立自主、决不俯首称臣的信心。在说明魏国实力的同时，苏秦又列举历史上以弱胜强的众多事例，还针锋相对、斥责那些连横事秦者道德上的卑污。最后又鼓励魏王当机立断，走向联合抗秦的道路。一番慷慨陈词，一气呵成，让人精神上受到鼓舞，道理上认清了形势，确实树立了抗暴的信心。

张仪为秦连横说魏王

原文

张仪为秦连横，说魏王曰："魏地方不至千里，卒不过三十万。地四平，诸侯四通，条达辐凑[1]，无有名山大川之阻。从郑至梁不过百里，从陈至梁二百余里。马驰人趋，不待倦而

至梁。南与楚境，西与韩境，北与赵境，东与齐境，卒戍四方，守亭障者参列。粟粮漕庾[②]不下十万。魏之地势，故战场也。魏南与楚而不与齐，则齐攻其东；东与齐而不与赵，则赵攻其北；不合于韩，则韩攻其西；不亲于楚，则楚攻其南。此所谓四分五裂之道也。”

注解

①辐凑：辐，车轮上的条；凑，通“辏”，车轴。

②漕庾：运河、粮仓。

译文

张仪替秦王前去建立连横同盟，对魏王游说道：“魏国国土方圆还不及千里，兵士不多于三十万。国土四面平坦，四面与诸侯通达，像车辐到车轴一样直接，没有高山大河可以阻挡。从韩国的都城郑到魏国的都城大梁不过百里的路途；从陈到魏国都城也只是二百里多一点。马奔驰人快走，还没有等到疲倦的时候就到达大梁了。魏国在南面和楚国的边境相接，在西面和韩国的边境相接，北面又和赵国的边境相接，东面和齐国的边境相接。士兵守卫在四面八方，守卫边境的哨所和屏障接连排列。运输存放军粮的仓库不少于十万。魏国的地形，原本是一个战场。魏国倘若与南面的楚国交好，却不和齐国联盟，那么齐国就将从东面来攻打魏国；倘若与东面的齐国交好，却不和赵国建立联盟，那么赵国就将从北面进行攻击；倘若魏国不和韩国联盟，韩国就将从西而进行攻击；倘若不和楚国交好亲近，楚国就将从南面进行攻击。这就是所说的四分五裂的方式啊！”

原文

“且夫诸侯之为从者，以安社稷、尊主、强兵、显名也。合从者一天下，约为兄弟，刑白马以盟于洹水之上，以相坚也。夫亲昆弟同父母，尚有争钱财，而欲恃诈伪反覆苏秦之余谋[①]，其不可成亦明矣。大王不事秦，秦下兵攻河外，拔卷、衍、燕、酸

枣，劫卫取晋阳，则赵不南。赵不南则魏不北，魏不北则从道绝，从道绝则大王之国欲求无危不可得也。秦挟韩而攻魏，韩劫于秦，不敢不听。秦、韩为一国，魏之亡可立须②也，此臣之所以为大王患也。为大王计，莫如事秦，事秦则楚、韩必不敢动；无楚、韩之患，则大王高枕而卧，国必无忧矣。”

注解

①苏秦之余谋：苏秦此时已经被处死，故称“余谋”。

②立须：马上就可以等到。须，等待。

译文

“况且诸侯之所以建立合纵联盟，是为了国家社稷的安定，君主能够受到尊重，兵力得以增强，名声能够远扬。合纵者想要诸侯联盟，约定为兄弟一样亲近的国家，在洹水之上杀白马歃血结盟，使彼此之间的关系更为巩固。但是即使是同父同母的亲兄弟，尚且会彼此争夺钱财，想要倚仗诡诈伪善、反反复复的苏秦残留下的计谋，合纵不会成功这已经是显而易见了。倘若大王您不与秦国亲近，秦国就会发兵攻打河外地区，一旦攻下了卷、衍、燕、酸枣之地，挟持卫国进攻晋阳，那么赵国就不能向南进攻了；倘若赵国不能向南进攻，那么魏国就无法向北进攻，这样合纵之事就会失败；合纵失败了，大王您的国家再想没有危险就不可能了。秦国挟持韩国讨伐魏国，韩被秦所控制，不敢不听命于秦国。秦国和韩国联手之后，魏国很快就会灭亡了，这就是我替大王您忧虑的原因所在。替大王您打算，没有什么能比得上臣事秦国的了；如果您臣事秦国，那么楚国和韩国必然不敢对您进攻；消除了楚国和韩国的忧患，大王您就高枕无忧了，国家必然没有忧患了。”

原文

“且夫秦之所欲弱莫如楚，而能弱楚者莫如魏。楚虽有富大之名，其实空虚；其卒虽众多，然而轻走易北，不敢坚战。

魏之兵南面而伐，胜楚必矣。夫亏楚而益魏，攻楚而适秦，嫁祸安国①，此善事也。大王不听臣，秦甲出而东，虽欲事秦而不可得也。”

注解

①嫁祸安国：嫁祸于楚国，使魏国得以安定。

译文

“况且秦国最想要削弱的国家，没有超过楚国的，而最能使楚国得以削弱的国家，没有超过魏国的。楚国虽然享有富裕强大的名声，但其实都是徒有虚名；楚国兵士虽然很多，但动辄就会逃跑、不敢坚持战斗。倘若魏军南下讨伐楚国，必定会战胜楚国。使楚国受到亏损，魏国得以强大，进攻楚国，满足秦王的心愿，嫁祸于楚国，使魏国国内得以安定，这是善事啊。倘若大王您不听从我的建议，等到秦国发兵东进讨伐，那时候即使想要臣事秦国，也已经是不可能的了。”

原文

“且夫从人多奋辞①而寡可信，说一诸侯之王，出而乘其车；约一国而反，而成封侯之基。是故天下之游士，莫不日夜扼腕瞋目切齿以言从之便，以说人主。人主览其辞，牵其说，恶得无眩哉？臣闻积羽沉舟，群轻折轴，众口铄金，故愿大王之熟计之也。”魏王曰：“寡人蠢愚，前计失之。请称东藩，筑帝宫，受冠带，祠春秋，效河外。”

注解

①奋辞：夸谈之言辞。

译文

“况主张合纵之人，大多都是夸夸其谈，很少能够被信赖，对一个诸侯王进行游说，出来就乘坐这个君王赏赐的车子，联合了一个诸侯国返回之后，成功了就为封侯奠定了基础。这就是天下的说客，没有不夜以继日的扼着手腕，睁大眼睛，咬牙切齿，慷慨激昂地言说合纵的益处，取悦国君的原因。国君听了他们的花言巧语，被他们的虚空的说辞所打动，怎能不被其所迷惑呢？我曾听闻羽毛积攒多了也能够使船沉下，很轻的东西聚在一起，也能把车轴压折了，众口一词就能把金属熔化，因此我希望大王您仔细考虑一下！”魏王说：“我真是愚钝啊，以前的谋略都错了。我愿意向秦国自称为东边的臣国，为秦王修筑帝王行宫，接纳秦国的衣冠制度，在春季和秋季向秦国进贡祭祀之物，献出河外之地。”

评析

这次苏秦与张仪的论辩，看来还是以张仪获胜而告终。张仪的连横游说向来以暴力威胁为后盾，大肆渲染秦国武力侵略的严重后果，让弱国的国君胆战心惊。如果说苏秦在进行鼓舞斗志的工作的话，那么张仪就在进行瓦解斗志的工作。

同是一个魏国，在苏秦看来既有地缘优势，又实力雄厚，足以与秦国抗衡；在张仪口中却变得势单力薄，地理上也处于四分五裂的位置，唯有侍奉秦国别无出路。语言对事实的改变、颠倒作用如此巨大，以致魏王左右摇摆、无所适从。同是合纵，在苏秦看来必能形成抗衡强秦的联盟和战略，在张仪看来由于利益不同、人心不合，终究会成为一盘散沙。

张仪以秦相魏

原文

张仪以[1]秦相魏，齐、楚怒而欲攻魏。雍沮谓张子曰："魏之所以相公者，以公相则国家安，而百姓无患。今公相而魏受兵，是魏计过也。齐、楚攻魏，公必危矣。"张子曰："然则奈何?"雍沮曰："请令齐、楚解[2]攻。"

雍沮谓齐、楚之君曰："王亦闻张仪之约秦王乎？曰：'王若相仪于魏，齐、楚恶仪，必攻魏。魏战而胜，是齐、楚之兵折，而仪固得魏矣；若不胜魏，魏必多秦以持其国，必割地以赂[3]王。若欲复攻，其敝不足以应秦。'此仪之所以与秦王阴相结也。今仪相魏而攻之，是使仪之计当与秦也，非所以穷仪之道也。"齐、楚之王曰："善。"乃遽解攻于魏。

注解

①以：凭借。
②解：放弃。
③赂：贿赂。

译文

张仪凭借秦国的势力在魏国任相国，齐、楚两国很气愤，就想攻打魏国。雍沮对张仪说："魏国之所以让您做相国，是以为您做相国国家可以安宁。如今您为相国，魏国却遭受兵祸，这说明魏国的想法错了。倘若齐楚进攻魏国，您的处境就危险了。”张仪说：“既然这样，那该怎么办呢？”雍沮说：“请让我去劝说齐楚两国放弃攻魏。”

于是雍沮去对齐、楚的君主说：“大王可曾听说张仪和秦惠王订密约的事吗？张仪说：‘大王如果能让我到魏国做国相，齐楚恨我，必定攻打魏国。若是魏国战胜了，齐、楚两国的兵力就会受损失，我就顺理成章出任魏相；若是魏国战败，魏国一定投靠秦国来保全自己的国家，必然割地给大王。齐、楚两国如果再想进攻魏国，它们已十分疲惫，怎么能与邦国周旋呢。’这就是张仪和秦王暗中勾结的原因。现在你们去攻打魏国，会促使张仪的计谋实现，而不是困厄张仪的办法。”齐、楚两国的君主都说：“对。”于是立即不攻魏国。

评析

雍沮解救张仪，在于充分利用了齐、楚两国对张仪的仇恨，让敌方误以为行使计谋会陷进圈套，告知敌方这样的计划非但达成不了目的，反而会帮倒忙，于是敌方就会放弃计划，从而挫败了敌方的原来有害于我方的谋划。这就是称为“将计就计”的谋略。谋略家们想得广、看得远，料事如神，经常指出各种事情的结果，你如果能经常在事情之初就判断它的结果的多种可能性，那么你的预见能力和说服能力就会大大加强。

魏策二

魏惠王死

原文

魏惠王死，葬有日矣。天大雨雪，至于牛目，坏城郭，且为栈道而葬。群臣多谏太子者，曰："雪甚如此而丧行，民必甚病之。官费又恐不给，请弛期①更日。"太子曰："为人子而以民劳与官费用之故，而不行先王之丧，不义也。子勿复言。"群臣皆不敢言，而以告犀首。犀首曰："吾未有以言之也，是其唯惠公②呼！请告惠公。"

注解

①弛期：延期。弛，通"迟"，延迟。

②惠公：惠施。

译文

魏惠王死了，安葬的日子已经定下，却遭逢天降大雪，积雪到了驾车的牛眼那么深，通往外城的路已经不通，打算修栈道以安葬。很多臣子进谏规劝太子说："雪如此之大却举行丧礼，人民一定十分困苦，官费恐怕也不充足，请求推迟择日安葬。"太子说："身为人子，由于人民困苦、官费不足的原因，就不为先王举行安葬之礼，这不合乎道义，你们不要再提及此事了。"大臣们都不敢再说了，就告诉了犀首。犀首说："我没什么可说的，也许只有惠公可以吧！请对惠公说吧。"

原文

惠公曰："诺。"驾而见太子曰："葬有日矣。"太子曰："然。"惠公曰："昔王季历葬于楚山之尾，栾水啮其墓，见棺之前和[①]。文王曰：'嘻！先君必欲一见群臣百姓也夫，故使栾水见之。'于是出而为之张于朝，百姓皆见之，三日而后更葬。此文王之义也。今葬有日矣，而雪甚，及牛目，难以行，太子为及日之故，得毋嫌于欲亟葬乎？愿太子更日。先王必欲少留而扶社稷、安黔首[②]也，故使雪甚。因弛期而更为日，此文王之义也。若此而弗为，意者羞法文王乎？"太子曰："甚善。敬弛期，更择日。"

惠子非徒行其说也，又令魏太子未葬其先王而因又说文王之义。说文王之义以示天下，岂小功也哉！

注解

①前和：棺材前面正面的木板。

②黔首：平民百姓。

译文

惠公说："好吧。"就驾车前去拜见太子，说道："安葬的日子已经定下了吗？"太子说："是的。"惠公说："昔日周王季历下葬在楚山脚下，水浸坏了墓穴，棺材前面的木头都露出来了。文王说：‘哎！先君必定是想要见见大臣、人民，才让水冲坏了棺材。’于是就将棺木取出，在早上为他设立灵棚，百姓都前来拜见，三天之后又重新下葬。这是文王的道义啊。如今安葬的日子已经定下了，但是雪下得太大，都到了牛眼那么深了，举行安葬之礼太难，太子您为了按期下葬的原因，难道不是有些过于急躁了吗？希望太子能够择日再举行葬礼。先王必然是想要稍稍多待一会儿，扶持国家社稷，安慰百姓，所以才让雪下得那么大。因此还是推迟葬期另择良日吧，这可是文王的道义啊。倘若不这么做，或许是把效法文王视作耻辱吧？”太子说：“实在是太好了。敬请推迟日期，另择良日。”

惠施不仅使自己的主张得以实行，既让魏太子没有如期安葬先王，又讲述了文王的道义。为天下人讲述文王的道义，这怎么能算是小事呢？

评析

直截了当地从人民辛苦和国家开支不够规劝太子，是一点效果也没有的。如果从太子的孝心出发，正面地以鼓励的方式叫他真正地行孝子之实，那么太子绝对是愿意改变的。所以这种让对方感到自己所言确实与他的目的一致的游说效果就很好。加上灵活的惠子巧妙地将天下大雪这个事实做了另类解释，使太子不得不听从他。“天何言哉”，其实，天下雪这样的自然事实的人事意义，不是由人的口舌、语言随意解释、变换的吗？

田需贵于魏王

原文

田需贵于魏王①，惠子②曰：“子必善左右。今夫杨，横树之则生，倒树之则生，折而树之又生。然使十人树杨，一人拔之，则无生杨矣。故以十人之众，树易生之物，然而不胜一人

者，何也？树之难而去之易也。今子虽自树于王，而欲去子者众，则子必危矣。”

注解

①田需：齐人，借楚国支持，在魏为相。

②惠子：惠施。

译文

田需非常受魏王的信任，惠施对田需说：“你一定要和大王身边的人搞好关系。就像杨树，横着种植也能成活，倒着种植也能成活，折断了种植也能成活。但如果让十个人去植杨树，让一个人去拔，那么就是一棵杨树也不能存活。以十人之众去种很容易存活的杨树，却不能胜过一人拔树，这是什么原因呢？植树难而拔树容易啊。现在你虽然在魏王那里打下了根基，但想除掉你的人太多，那你就很危险了。”

评析

惠子用形象的比喻对正春风得意的宠臣提出了警告。这样的说话方式的确能够给人以深刻的印象，从而提高警惕、戒骄戒躁。处在名利中心地带的人，的确应像《诗经·小雅》中说的：“战战兢兢，如临深渊，如履薄冰。”

庞葱与太子质于邯郸

原文

庞葱[①]与太子质于邯郸，谓魏王曰：“今一人言市有虎，王信之乎？”王曰：“否。”“二人言市有虎，王信之乎？”王曰：

"寡人疑之矣。""三人言市有虎，王信之乎?"王曰："寡人信之矣。"

注解

①庞葱：魏臣。

译文

庞葱和魏太子一起到赵国的邯郸做人质，庞葱对魏王说："现在有人说集市上有老虎，大王会相信吗?"魏王说："不会相信。"庞葱又说："现在有两个人说集市上有老虎，大王会相信吗?"魏王说："我会半信半疑。"庞葱又问："现在有三个人说集市上有老虎，大王相信吗?"魏王说："我相信了。"

原文

庞葱曰："夫市之无虎明矣，然而三人言而成虎。今邯郸去大梁也远于市，而议臣者过于三人矣。愿王察①之矣。"王曰："寡人自为知。"于是辞行，而谗言先至。后太子罢质，果不得见②。

注解

①察：明辨。

②见：信任。

译文

庞葱说："集市上没有老虎是很明显的事，但三个人说有就变成了真有老虎。现在邯郸距离大梁比王宫距离集市远多了，但是前来说我坏话的人将远远超过三个，希望大王明辨啊!"魏王说："我自己会判断。"于是庞葱辞别魏王而去。庞葱还在途中，诽谤他的话已传到国内。等到魏太子归国后，庞葱果然没有再得到魏王的信任。

评析

语言世界与真实世界是不同的，语言并不能指称真实。但语言却是达到真实世界的唯一手段，真实世界只能靠语言来揭示、诠释。谋略的产生，就在于语言世界和真实世界的不对称性、依赖性上。事实可以由语言传播来改变、调遣甚至颠覆。认识具有危险性的语言，谨慎地对待语言，是为人处世的明智之举。

梁王魏婴觞诸侯于范台

原文

梁王魏婴觞诸侯于范台。酒酣，请鲁君举觞。鲁君兴，避席择言曰："昔者，帝女令仪狄作酒而美，进之禹，禹饮而甘①之，遂疏仪狄，绝旨酒，曰：'后世必有以酒亡其国者。'齐桓公夜半不嗛，易牙乃煎敖燔炙②，和调五味而进之，桓公食之而饱，至旦不觉，曰：'后必有以味亡其国者。'晋文公得南之威，三日不听朝，遂推南之威而远之，曰：'后世必以色亡其国者。'楚王登强台而望崩山，左江而右湖，以临彷徨，其乐忘死，遂盟强台而弗登，曰：'后世必有以高台陂池亡其国者。'今主君之尊，仪狄之酒也；主君之味，易牙调也；左白台而右闾须，南威之美也；前夹林而后兰台，强台之乐也。有一于此，足以亡国。今主君兼此四者，可无戒与！"梁王称善相属。

注解

①甘：甘美。
②燔炙：烧烤。

译文

魏惠王魏婴在范台宴请各国诸侯。酒兴正浓的时候，魏惠王向鲁共公敬酒。鲁共公站起身，离开自己的坐席，正色道："从前，舜的女儿仪狄擅长酿酒，酒味醇美，仪狄把酒献给了禹，禹喝了之后也觉得味道醇美。但因此就疏远了仪狄，戒绝了美酒，并且说道：'后代一定有因为美酒而使国家灭亡的。'齐桓公有一天夜里觉得肚子饿，想吃东西，易牙就煎熬烧烤，做出美味可口的菜肴给他送上，齐桓公吃得很饱，一觉睡到天亮还不醒，醒了以后说：'后代一定有因贪美味而使国家灭亡的。'晋文公得到了美女南之威，三天没有上朝理政，于是就把南之威打发走了，说道：'后代一定有因为贪恋美色而使国家灭亡的。'楚灵王登上强台远望崩山，左边是长江，右边是大湖，登临徘徊，唯觉山水之乐而忘记人之将死，于是发誓不再游山玩水。后来他说：'后代一定有因为修高台、山坡、美池，而致使国家灭亡的。'现在您酒杯里盛的好似仪狄酿的美酒；桌上放的是易牙烹调出来的美味佳肴；您左边的白台，右边的闾须，都是南之威一样的美女；您前边有夹林，后边有兰台，都是强台一样的处所。这四者中占有一种，就足以使国家灭亡，可是现在您兼而有之，能不警戒吗？"魏惠王听后连连称赞谏言非常之好。

评析

向君王谏言要选择时间、地点和道具。在美酒、美味、美女、美景俱在的情况下，鲁共公以上述事物为现成道具，历数过去君王大禹与美酒、齐桓公与美味、晋文公与美女南之威、楚灵王与美景楼台的典故和他们留给后人的警言。事例生动、人物话语逼真，足以收到了巨大的说服效果。所以我们在说服他人时一定要选择时间、地点，就地取材，而且拿来做论证的案例也要丰富，具有代表性。

魏策三

秦败魏于华

原文

秦败魏于华，魏王[1]且入朝于秦。周䜣[2]谓王曰："宋人有学者，三年反[3]而名其母。其母曰：'子学三年，反而名我者，何也？'其子曰：'吾所贤者无过尧、舜，尧、舜名。吾所大者，无大天地，天地名。今母贤不过尧、舜，母大不过天地，是以名母也。'其母曰：'子之于学者，将尽行之乎？愿子之有以易名母也。子之于学也，将有所不行乎？愿子之且以名母为后也。'今王之事秦，尚有可以易入朝者乎？愿王之有以易之，而以入朝为后。"

注解

①魏王：指魏安王。

②周䜣：魏臣。

③反：同"返"。

译文

秦军在华阳打败魏军，魏王准备入秦朝拜。魏臣周䜣对魏王说："宋国有个人出外求学，三年后回家，竟然直呼他母亲的名字。他母亲说：'你求学三年应该更加知书达理，回来却叫我的名字，这是为何?'这个人说：'我认为的圣贤没有谁能超过尧、舜，可是对尧、舜都直接称呼名字。我认为最大的事物没有比天地最大的了，可是对天地也直呼它们的名字。如今母亲的贤德超不过尧舜，大不过天地，因此才直呼母亲的名字。'他母亲说：'你所学的知识，准备全部实行吗？那就希望你换一种方式称呼我，不要直呼你母亲的名字。你对于所学的知识，是否准备有所保留，有些地方暂不实行？那希望你暂且把直呼母亲名字的事暂缓。'现在大王要侍奉秦王，还有可以代替朝拜秦王的办法吗？希望大王换一种办法，把朝拜秦王的事推后一些。"

原文

魏王曰："子患寡人入而不出邪？许绾[①]为我祝曰：'入而不出，请殉寡人以头。'"周䜣对曰："如臣之贱也，今人有谓臣曰：'入不测之渊而必出，不出，请以一鼠首为女殉者。'臣必不为也。今秦不可知之国也。犹不测之渊也；而许绾之首，犹鼠首也。内王于不可知之秦，而殉王以鼠首，臣窃为王不取也。且无梁孰与无河内[②]急?"王曰："梁急。""无梁孰与无身急?"王曰："身急。"曰："以三者，身，上也；河内，其下也。秦未索其下，而王效其上，可乎?"

注解

①许绾：秦臣。

②河内：今河南省黄河以北地区。

译文

魏王说："你是不是担心我有去无回？许绾曾对我发誓说：'如果去秦国不能返回，请杀我的头为您殉葬。'"周沂对魏王说："像我这样低贱的人，如果有人对我说：'你跳入不可测量的深渊，一定能出来；如果出不来，我就赌上一只老鼠的脑袋。'我一定不干。秦国是不可预知的国家，就像不可测量的深渊；而许绾的脑袋就好比是老鼠的脑袋。让大王进入不可预知的秦国，却用一只老鼠的脑袋为您担保，我私下里认为大王不能这样做。再说，君王你觉得失掉大梁和失掉河内哪个更紧急？"魏王说："失掉大梁紧急。"周沂又说："失掉大梁和丢掉性命哪个更要紧？"魏王说："性命更要紧。"周沂说："河内、大梁、性命，这三者中性命是最重要的，河内是次要的。秦国还没有要求次要的，而大王却主动送上最要紧的，这能行吗？"

原文

王尚未听也。支期[1]曰："王视楚王[2]。楚王入秦，王以三乘先之；楚王不入，楚、魏为一，尚足以捍秦。"王乃止，王谓支期曰："吾始已诺于应侯矣，今不行者欺之矣。"支期曰："王勿忧也。臣使长信侯[3]请无内王，王待臣也。"

注解

①支期：魏人。
②楚王：指楚考烈王。
③长信侯：魏相。

译文

魏王没有采纳周沂的意见。支期又来劝说："大王可以静观楚王，如果他要去秦国，大王就率三辆战车抢先入秦；如果楚王不去，楚魏联合为一，还能抗拒秦军。"魏王这才没有动身。魏王对支期说："我当初已经答应秦国的应侯范雎了，如今不去似乎欺骗了人家。”支期说：“大王不用担心。我让长信侯去应侯处，可让大王不去秦国，大王请等着我的消息。”

原文

支期说于长信侯曰：“王命召相国。”长信侯曰：“王何以臣为？”支期曰：“臣不知也，王急召君。”长信侯曰：“吾内王于秦者，宁以为秦邪？吾以为魏也。”支期曰：“君无为魏计，君其自为计。且安死乎？安生乎？安穷乎？安贵乎？君其先自为计，后为魏计。”长信侯曰：“楼公①将入矣，臣今从。”支期曰：“王急召君，君不行，血溅君襟矣。”长信侯行，支期随其后。且见王，支期先入谓王曰：“伪病者乎而见之，臣已恐之矣。”长信侯入见王，王曰：“病甚奈何！吾始已诺于应侯矣，意虽道死，行乎？”长信侯曰：“王毋行矣！臣能得之于应侯，愿王无忧。”

注解

①楼公：秦相。

译文

支期对长信侯说：“大王下命令召见你。”长信侯问：“你知道大王为什么召见我呢？”支期说：“我不知道，反正大王急着要见您。”长信侯说：“我让大王去秦国，难道是为了秦国吗？我是为了魏国啊。”支期说：“您不要替魏国打算了，您还是先替自己想想吧。您是乐意死呢，还是乐意活？乐意穷困呢，还是乐意富贵？您还是先为自己考虑，然后再替魏国打算吧。”长信侯说：“楼缓将要来了，请让我等他同去。”支期说：“大王紧急召见您，您如果不去，恐怕鲜血就要溅在您衣襟上了！”长信侯这才走，支期跟在他后面。将要见到魏王时，支期先走进去对魏王说：“您装成有病的样子来接见长信侯，我已经吓唬他了。”长信侯进来拜见魏王，魏王说：“我病得这么重，怎么办呢？我当初已经答应应侯了，所以我即使死在路上也还是要去秦国。”长信侯说：“大王不要去了！我能让应侯免召您入秦，请君王不必担忧。”

评析

魏臣周沂用两个生动形象的比喻一下就把问题说得明明白白。那个求学三年竟然直呼母亲大名、还旁征博引的迂腐书生，不就暗喻那个连基本政治游戏规则都不懂、白白送死的魏王吗？书生与魏王的共同点是：正因为太迂腐，所以连基本的常识都违背了。周沂还用深渊和老鼠做比喻，拨开拿头殉葬这件事的表面现象，直接指出了事情的本质：用一个毫无价值的头做抵押是带不来多大意义的。周沂接着还通过设问再一次规劝魏王不要入秦送死。虽然当时没有说服，但为不久魏王的回心转意打下了基础，终于没有让魏王成为楚怀王第二。

秦使赵攻魏

原文

秦使赵攻魏，魏谓赵王曰：“攻魏者，亡赵之始也。昔[①]者晋人欲亡虞而伐虢，伐虢者，亡虞之始也。故荀息以马与璧假道[②]于虞，宫之奇谏[③]而不听，卒假晋道。晋人伐虢，反[④]而取虞。故《春秋》书之，以罪[⑤]虞公。今国莫强于赵，而并齐、秦，王贤而有声者相之，所以为腹心之疾者，赵也。魏者，赵之虢也；赵者，魏之虞也。听秦而攻魏者，虞之为也。愿王熟计之也。”

注解

①昔：从前。

②假道：借道。

③谏：劝说。

④反：同“返”。

⑤罪：责备。

译文

秦国要赵国攻打魏国，魏王对赵王说：“赵国攻打魏国是赵国灭亡的开始。从前，晋国想要灭掉虞国就先攻打虢国，攻打虢国就是灭掉虞国的开始。所以在晋国大夫荀息拿出宝马和玉璧向虞国借通道时，虞国相国宫之奇劝说虞公，但没听取，最后借道给晋国，晋国灭掉虢国后，在返国途中就灭掉了虞国。所以《春秋》记载了这件事，特别责备了虞公。现在诸侯中没有比赵国更强，而能与齐、秦并驾齐驱的，赵王既贤明又得到有声望的人辅佐，所以秦国的心腹之患就是赵国。魏、赵两国同虞、虢两国一样，是唇齿相依的关系，唇亡则齿寒。听任秦国来攻打魏国，就等于从前虞国借道给晋国攻打虢国一样，会自取灭亡，希望大王深思熟虑。”

评析

春秋时期离战国时代不远，春秋发生的许多事情对战国各国都有很大的启示意义。春秋有名的晋国借道攻打虢国、灭亡虞国的典故说明了唇齿相依、唇亡齿寒的道理。此理对现代社会的我们也有很大启发意义，在广交朋友、同盟的同时要善待这种联盟关系，自己损害这种关系的，到头来吃亏的还是自己。团结就是力量，联盟才会具有巨大的抵抗力、竞争力。

魏策四

献书秦王

原文

献书秦王曰："昔窃闻大王之谋出事于梁，谋恐不出于计[①]矣，愿大王之熟计之也。梁者，山东之要[②]也。有蛇于此，击其尾，其首救；击其首，其尾救；击其中身，首尾皆救。今梁王，天下之中身也。秦攻梁者，是示天下要断山东之脊也，是山东首尾皆救中身之时也。山东见亡必恐，恐必大合，山东尚强，臣见秦之必大忧可立而待也。臣窃为大王计，不如南出。事于南方，其兵弱，天下必能救。地可广大，国可富，兵可强，主可尊。王不闻汤之伐桀乎？试之弱密须氏以为武教，得密须氏而汤之服桀矣。今秦国与山东为仇，不先以弱为武教，兵必大挫，国必大忧。"秦果南攻蓝田、鄢、郢。

注解

①计：计划。

②要：指腰部。

译文

有人上书给秦昭王说："我听说大王谋划出兵魏国，这个计划恐怕不妥当，希望大王慎重考虑一下。魏国犹如山东六国的腰部。譬如这里有一条蛇，你打它的尾，它的头就会来救护；你打它的头，它的尾巴就会来救护；打击它的腰部，首尾都会来救护。现在的魏国就好比是天下诸侯的腰身。秦国要攻打魏国，就是向天下人显示要腰斩山东六国的脊梁，这显然也将造成山东六国'首尾皆救腰身'的局面。山东六国必定害怕被消灭，只要一害怕，必定广泛联合在一起。六国的力量还很强大，我看秦国一定很快就要遭受巨大的忧患了。我私下替大王考虑，不如向南方出兵。矛头对准楚国，楚国兵力弱，诸侯必定不能相救。这样，秦国的领土就可以扩大，国家能够富足，兵力会加强，君王也能受到天下人的尊崇。大王听说过商汤讨伐夏桀的事吗？他先对弱小的密须国用兵，以此训练和整顿自己的军事力量，等攻下密须国以后，商汤认为可以征服夏桀了。现在秦国与山东六国为敌，如果不以弱国来训练战斗力量，那么军队必将遭受严重挫伤，国家必定面临更大的忧患。"秦兵果然取道蓝田，攻打楚国鄢、郢二城。

评析

战国说客最善于运用的说话技巧就是类比与典故。用类比非常形象，不需要牵涉一堆地缘政治学理论，直接说明问题。用典故也是非常的直接，用相同处境下的古人处理事务的成功案例，做出示范和引导，不言而喻地说服对方应该如何处理问题。我们在说话前要多花时间考虑如何说话，多在自然界、社会历史当中寻找有利于我们说话的现象和事例，然后加以运用，会收到奇效。

魏王问张旄

原文

魏王问张旄曰："吾欲与秦攻韩，何如？"张旄对曰："韩且坐而胥[1]亡乎？且割而从[2]天下乎？"王曰："韩且割而从天下。"张旄曰："韩怨魏乎？怨秦乎？"王曰："怨魏。"张旄曰："韩强[3]秦乎？强魏乎？"王曰："强秦。"张旄曰："韩且割而从其所强，与所不怨乎？且割而从其所不强，与其所怨乎？"王曰："韩将割而从其所强，与其所不怨。"张旄曰："攻韩之事，王自知矣。"

注解

①胥：通"须"，等待。

②从：讲和。

③强：意动用法，以……为强。

译文

魏王问张旄说："我想联合秦国攻打韩国，如何？"张旄回答说："韩国是准备坐等亡国呢，还是割让土地、联合天下诸侯反攻呢？"魏王说："韩国一定会割让土地，联合诸侯反攻。"张旄说："韩国恨魏国，还是恨秦国？"魏王说："怨恨魏国。"张旄说："韩国是认为秦国强大呢，还是认为魏国强大呢？"魏王说："认为秦国强大。"张旄说："韩国是准备割地依顺它认为强大的和无怨恨的国家呢，还是割地依顺它认为不强大并且心有怨恨的国家呢？”魏王说：“韩国会将土地割让给它认为强大并且无怨恨的国家。”张旄说：“攻打韩国的事，大王您应该明白了吧！”

评析

张旄没有直截了当向魏王指出不应该联合秦国攻打韩国，没有像一般游说那样，先亮出自己观点，然后论证自己观点。他把观点隐藏在最后，甚至到最后也没有直接说出来，但魏王已经心领神会。采取这种设问的游说方法，可以强化论点，使对方心服口服。设问实际上是将一般游说方法倒置的一种方法。先通过互相问答一步步论证、一步步接近论点，最后自然而然地亮出自己观点。这种富有谋略特色的游说方式，我们善加运用，也会收到很好的效果。

秦攻韩之管

原文

秦攻韩之管，魏王发兵救之。昭忌曰：“夫秦强国也，而韩、魏壤梁。不出攻则已，若出攻，非于韩也必魏也。今幸而于韩，此魏之福也。王若救之，夫解攻者，必韩之管也；致攻者，必魏之梁也。”魏王不听，曰：“若不因救韩，韩怨[①]魏，西合于秦，秦、韩为一，则魏危[②]。”遂救之。

秦果释管而攻魏。魏王大恐，谓昭忌曰：“不用子之计而祸至，为之奈何？”昭忌乃为之见秦王曰：“臣闻明主之听也，不以挟私为政，是参行[③]也。愿大王无攻魏，听臣也。”秦王曰：“何也？”昭忌曰：“山东之从，时合时离，何也哉？”秦王曰：“不识[④]也。”曰：“天下之合也，以王之不必也；其离也，

以王之必也。今攻韩之管，国危矣，未卒而移兵于梁，合天下之从，无精于此者矣。以为秦之求索，必不可支也。故为王计者，不如制赵。秦已制赵，则燕不敢不事秦，荆、齐不能独从。天下争敌于秦，则弱矣。”秦王乃止。

注解

①怨：怨恨。
②危：危险。
③参行：参考众说而行。
④识：指导。

译文

秦国攻打韩国的管城，魏王发兵救援韩国。昭忌对魏王说：“秦国是强国，而韩魏与秦国接壤。秦国不发兵进攻则罢，如果发兵，矛头不对准韩国，必对准魏国。如今幸而进攻韩国，这是魏国的幸运。大王如果救援韩国，那么解除围攻的，必定是韩国的管城；招致进攻的，必定是魏国的大梁了。”魏王不听劝告，说：“如果不趁此时去营救韩国，韩国将要怨恨魏国，它向西和秦联合，结成一体，那么魏国不就危险了吗？”于是就去救助韩国。

秦国果然扔下管邑来攻打魏国。魏王惊恐万分，对昭忌说：“我没有采纳您的意见，结果大祸临头，这该如何是好呢？”昭忌就为这件事去见秦王说：“我听说英明的君王听政的时候，不根据私见治理国家，希望大王不要进攻魏国，听信我的意见吧。”秦王说：“为什么呢？”昭忌回答说：“崤山以东的六国，时而联合，时而分离，为什么呢？”秦王说：“不清楚。”昭忌说：“天下诸侯之所以联合，是因为大王攻击目标还没确定；它们的分裂，是因为大王进攻目标已经确定了。如今秦国攻打韩国管城，韩国就危险了，可是还没有个结果就把军队移向魏国，那么诸侯要组织合纵联盟的想法，没有比这时更强烈的了。各国都认为秦国如此贪得无厌，肯定不会支助您。所以替大王考虑，不如去制服赵国。如果控制赵国，那燕国也不得不服从您，楚和齐就不能单独合纵。如果天下诸侯争着与秦国为敌，那么秦国就要衰弱下去。”秦王于是停止攻魏。

评析

昭忌有先见之明，指出要发生的祸患，他也有应急的策略，一旦真的出现了祸患，他很快也就有办法对付。这种腹有良谋、尽忠国事的国家干臣，是国家的幸运。在国际事务中，国家的安全和利益在险恶的国际环境中尤显重要，如果国家不强大，那只能徐图自强，尽量避免与那些以强凌弱、以势压人的强国直接交锋，甚至应该把祸水引向其他国家。

长平之役

原文

长平之役，平都君说魏王曰："王胡不为从?"魏王曰："秦许[①]吾以垣雍。"平都君曰："臣以垣雍为空割也。"魏王曰："何谓也?"平都君曰："秦、赵久相持于长平之下而无决。天下合于秦，则无赵；合于赵，则无秦。秦恐王之变也，故以垣雍饵[②]王也。秦战胜赵，王敢责垣雍之割乎?"王曰："不敢。""秦战不胜赵，王能令韩出垣雍之割乎?"王曰："不能。""臣故曰，垣雍空割也。"魏王曰："善。"

注解

①许：许诺，应承。

②饵：诱饵。

译文

秦、赵长平之战时，平都君劝魏安王说："大王为何不实行合纵呢？"魏王说："因为秦国答应让韩国把垣雍归还给我们。"平都君说："我认为归还垣雍不过是一句空话。"魏王说："这是什么意思？"平都君："秦赵长久地相持在长平城下，不能决出胜负。诸侯若和秦国联合，赵国就会灭亡；若和赵国联合，秦国就会灭亡。秦国担心大王改变原意，所以用垣雍来引诱大王。秦国如果战胜了赵国，大王敢向秦国索取垣雍吗？"魏王说："不敢。"平都君说："秦国如果不能战胜赵国，大王能让韩国交出垣雍吗？"魏王说："不能。"平都君说："所以我说归还垣雍是句空话。"魏王说："对。"

评析

用这种选言推理的方法，可以穷尽一切可能的情况，使对方明白最终的结果。人在利益诱惑前面会变得糊涂甚至弱智，堂堂的一国之君都被人家像哄小孩一样欺骗，何况我们这些普通人。因此当出现利益诱惑时我们一定要挺得住。而那些明智之士，能轻易洞穿利益背后的谎言，三言两语，就会将事情结果挑明。

魏王欲攻邯郸

原文

魏王[①]欲攻邯郸，季梁[②]闻之，中道而反[③]，衣焦不申[④]，头尘不浴，往见王曰："今者臣来，见人于大行，方北面而持其驾，告臣曰：'我欲之楚。'臣曰：'君之楚，将奚为北面？'曰：'吾马良。'臣曰：'马虽良，此非楚之路也。'曰：'吾用多。'臣曰：'用虽多，此非楚之路也。'曰：'吾御者善。'此

数者愈善，而离楚愈远耳。今王动欲成霸王，举欲信于天下，恃王国之大，兵之精锐，而攻邯郸’以广地尊名，王之动愈数[5]，而离王愈远耳，犹至楚而北行也。”

注解

①魏王：魏惠王。

②季梁：魏臣。

③反：同“返”。

④申：伸张，伸展。

⑤数：音 shuò。

译文

魏王打算攻打邯郸，季梁听说这件事，中途折回，衣服蜷缩不伸，头上的尘土也没有洗，匆忙去见魏王道：“今天我来的时候，在大路上见到一个人，正朝着北方驾着他的车，告诉我说：‘我想到楚国去。’我说：‘您到楚国，为什么朝着北方走？’那个人回答说：‘我的马是好马。’我说：‘马虽然好，可这不是到楚国的路啊。’那个人回答说：‘我的费用充足。’我说：‘费用虽然充足，可这不是到楚国的路啊。’他又说：‘我驾车的人技术高明。’这几个条件愈好，距楚国就愈远了。如今大王的举动总想称霸称王，总想在天下得到伸张，依仗大王的国土大，武器精良，想去攻打邯郸，从而扩张土地提高名声，大王的行动愈频繁，离开称王的事业就愈远，就好像想到楚国却向着北走一样啊。”

评析

季梁为了打动魏王，来了个现身说法，以自己的经历，带出了南辕北辙的故事，形象地说明了魏王的行动与自己的目的背道而驰的道理。其实这个故事并不一定就发生在季梁身上，他之所以与自己的亲身经历相联系，是为了让故事显得生动和真实，从而更具有说服力。我们在说服他人时不妨也用这种说法，将一些故事、案例融入自己的亲身经历，这样就更容易打动人。

信陵君杀晋鄙

原文

信陵君杀晋鄙[①]，救邯郸，破秦人，存赵国，赵王[②]自郊迎。唐雎谓信陵君曰："臣闻之曰，事有不可知者，有不可不知者；有不可忘者，有不可不忘者。"信陵君曰："何谓也?"对曰："人之憎我也，不可不知也；吾憎人也，不可得而知也。人之有德于我也，不可忘也；吾有德于人也，不可不忘也。今君杀晋鄙，救邯郸，破秦人，存赵国，此大德也。今赵王自郊迎，卒然见赵王，臣愿君之忘之也。"信陵君曰："无忌[③]受教。"

注解

①晋鄙：魏将。

②赵王：孝成王。

③无忌：信陵君之名。

译文

信陵君杀了晋鄙，救了邯郸，打败了秦军，保全了赵国，赵孝成王亲自到郊外去迎接他。唐雎对信陵君说："我听说过，事情有不能知道的，有不能不知道的；有不能忘记的，有不能不忘记的。"信陵君说："你说的是什么意思?"唐雎回答说："别人厌恶我，是不能不知道的；我厌恶别人，却不能让别人得知。别人对我有恩德，不能忘记；我对别人有恩德，就不能不忘记了。如今你杀了晋鄙，救了邯郸，打败了秦军，保全了赵国，这是大恩大德啊。现在赵王亲自到郊外来迎接你，仓促之间见到赵王，我希望你忘掉自己的功劳！"信陵君说："我完全接受您的教导。"

评析

唐雎这种由普遍到个别的说服方法在战国说客中比较少见，先由一般的公理、原理、原则做大前提，再最后推出结论，这种方法就是演绎法。演绎法在西方比较流行，西方哲学家、论辩家都是运用演绎法的大师。当代人由于西化程度已非常高，受到的西方的理工学科的影响也较大，所以我们在说服受众的时候应该多用演绎法。唐雎叫信陵君谦虚谨慎，淡忘功劳，这的确是高明的处世哲学。

秦王使人谓安陵君

原文

秦王使人谓安陵君曰①：“寡人欲以五百里之地易安陵，安陵君其许寡人?”安陵君曰：“大王加惠，以大易小，甚善。虽然，受地于先王，愿终守之，弗敢易。”秦王不说。安陵君因使唐雎使于秦。

注解

①秦王：嬴政，公元前247年即秦王位，公元前221年统一六国后改称始皇帝。安陵君：魏国分封的小国君主。安陵，在今河南鄢陵西北。

译文

秦王派人对安陵君说：“我打算用五百里的地方交换安陵，安陵君能答应我吗?”安陵君说：“承蒙大王对敝国施恩，用大换小，很好。可是，安陵是从先王那里继承下来的，我愿一直守住它，不敢拿来交换。”秦王为此很不高兴。安陵君因而派唐雎出使秦国。

原文

秦王谓唐雎曰：“寡人以五百里之地易安陵，安陵君不听寡人，何也？且秦灭韩亡魏，而君以五十里之地存者，以君为长者，故不错[1]意也。今吾以十倍之地，请广于君，而君逆寡人者，轻寡人与？”唐雎对曰：“否，非若是也。安陵君受地于先王而守之，虽千里不敢易也，岂直五百里哉！”

注解

①错：同“措”。

译文

秦王对唐雎说：“我用五百里的地方交换安陵，但安陵君却不肯听从我，这是为什么？况且秦国已经灭掉韩、魏，而安陵君仅凭五十里的地方得以保存下来，是因为我念他是个年高有德的人，所以才没有在意。现在我拿出十倍的土地来为他扩大地盘，而他竟然违抗我，是瞧不起我吗？”唐雎回答说：“不，不是这样。安陵君从先王那里继承下来的土地，就要保住它，即使用一千里土地也不敢交换，何况是五百里呢？”

原文

秦王怫然怒，谓唐雎曰：“公亦尝闻天子之怒乎？”唐雎对曰：“臣未尝闻也。”秦王曰：“天子之怒，伏尸百万，流血千里。”唐雎曰：“大王尝闻布衣之怒乎？”秦王曰：“布衣之怒，亦免冠徒跣[1]，以头抢地尔。”唐雎曰：“此庸夫之怒也，非士之怒也。……若士必怒，伏尸二人，流血五步，天下缟素，今

日是也。”挺剑而起。

秦王色挠，长跪而谢之曰：“先生坐，何至于此，寡人谕矣。夫韩、魏灭亡，而安陵以五十里之地存者，徒以有先生也。”

注解

①徒跣（xiǎn）：赤脚。

译文

秦王勃然大怒，对唐雎说：“您也曾听说过天子发怒吗？”唐雎回答说：“我没有听说过。”秦王说：“天子发起怒来，就会使百万尸体倒地，血流千里。”唐雎说：“大王可曾听说过平民发怒吗？”秦王说：“平民发起怒来，不过是披头赤脚，用头往地上撞罢了。”唐雎说：“这是庸人的发怒，不是侠士的发怒。……要是侠士发起怒来，将使两具尸体同时倒下，血流五步，普天下的人都会穿上孝服，今天就是这样的时候。”说罢，就拔出宝剑，挺起身来。

秦王吓得脸色大变，慌忙从座位上挺直身子，向唐雎道歉说：“先生请坐下，哪里会到这种地步呢！我已经明白了。韩、魏两国都被灭掉，而安陵却凭着五十里的地方得以幸存，正是因为有先生您这样的人在啊。”

评析

唐雎的浩然正气、慷慨陈词使他流芳百世。他在论辩时的气势完全压倒了骄狂的秦王。他的这种仗义执言，就是借助道义的力量，传播勇气与正义，令一切利诱威逼相形见绌，他赋予论辩以正义凛然的人格魅力，把宣传真理与弘扬正气融为一体，使人的内在本质精神得到弘扬，使人的个性风采、精神世界得到了展示。这正是论辩决胜的法宝。唐雎不畏强暴、蔑视强权、敢于与专制暴君抗争的正义之气，和他“三军可夺帅，匹夫不可夺志”的不屈服精神，使他的人格显得无比伟大，使他的论辩显得无比有力。

韩策一

申子请仕其从兄官

原文

申子请仕其从兄官，昭侯不许也。申子有怨色。昭侯曰："非所学于子者也。听子之谒[①]而废子之道乎？又亡其[②]行子之术而废子之谒乎？子尝教寡人循功劳，视次第，今有所求，此我将奚听乎？"申子乃辟舍请罪，曰："君真其人也！"

注解

①谒：请求。

②亡其：还是，表示选择。

译文

申不害替他的堂兄求官，昭侯不答应。申不害面带怨恨之色。昭侯说："难道这不是跟您学的吗？您是想让我答应您的请求而废弃您执政的主张呢，还是实践您的主张而拒绝您的请求呢？您曾经教导我，要按照人的功劳进行奖赏，安排官职，如今您有请求，您将让我听从哪一个？”申不害于是就离开客舍，前去请罪说：“您可真是按照我的学说行事的人啊！”

评析

韩昭侯是战国变法图强的明君之一。他对付申不害的徇私谋官行为，来了个“以牙还牙”的自相矛盾的反驳法。用他自己的主张，批驳他自己的行为。这一招非常有效，会使对方哑口无言。

苏秦为楚合从说韩王

原文

苏秦为楚合从说韩王曰：“韩北有巩、洛、成皋之固，西有宜阳、常阪之塞，东有宛、穰、洧水，南有陉山，地方千里，带甲①数十万。天下之强弓劲弩，皆自韩出。谿子、少府、时力、距黍，皆射六百步②之外。”

注解

①带甲：指士兵。

①步：古代长度单位。周代以八尺为一步，秦代以六尺为一步。

译文

苏秦替楚国组织合纵联盟游说韩王说：“韩国北面有巩邑、洛邑、成皋这样险要的地方，西面有宜阳、常阪这样的关隘险塞，东面有宛邑、穰邑和洧水，南面有陉山，土地纵横千里，士兵有好几十万。普天下的强弓劲弩都是韩国出产的，谿子、少府、时力、距黍等弩弓都能射到六百步以外。”

原文

"韩卒超足而射，百发不暇止，远者达胸，近者掩心。韩卒之剑戟皆出于冥山、棠溪、墨阳、合伯。邓师、宛冯、龙渊、大阿，皆陆断马牛，水击鹄雁，当敌即斩。坚甲、盾、鞮鍪①、铁幕②、革抉③、㕮芮④，无不毕具。"

注解

①鍪（móu）：头盔。

②铁幕：保护手臂的铁器。

③革抉（jué）：保护肩膀的皮质物品。

④㕮芮（fá ruì）：系盾用的绶带。

译文

"韩国士兵举足踏弩，连续发射多次也不用停歇，远距离发射可以射中靶胸，近距离发射可以射中靶心。韩国士兵使用的剑都出自冥山、棠溪、墨阳、合伯等地。邓师、宛冯、龙渊、大阿等宝剑，都能在陆地斩杀马牛，在水里截击天鹅和大雁，遇到敌人就能砍杀。铠甲、头盔、臂衣、扳指、系盾的丝带等，没有一样不具备。"

原文

"以韩卒之勇，被①坚甲，蹠②弩，带利剑，一人当百，不足言也。夫以韩之劲，与大王之贤，乃欲西面事秦，称东藩，筑帝宫，受冠带，祠春秋，交臂而服焉。夫羞社稷而为天下笑，无过此者矣。是故愿大王之熟计之也。大王事秦，秦必求

宜阳、成皋。今兹效之，明年又益求割地。与之，即无地以给之；不与，则弃前功而后更受其祸。且夫大王之地有尽，而秦之求无已。夫以有尽之地，而逆无已之求，此所谓市怨而买祸者也，不战而地已削矣。”

注解

①被：通“披”，穿上。

②蹠：踩，跨。

译文

“凭着韩国士兵的勇敢，穿上坚固的铠甲，脚踏强劲的弩弓，佩带锋利的宝剑，一个人抵挡一百个人，不在话下。凭着韩国的强大和大王的贤明，竟然想要投向西方服侍秦国，自称是秦国东方的属国，给秦国修建帝王的行宫，接受秦国的封赏，春秋两季向秦国进贡以助祭祀，拱手屈服。使国家蒙受耻辱以致被天下耻笑，没有比这更严重的了！所以希望大王认真考虑这个问题。大王如果屈服秦国，秦国一定索取宜阳和成皋。今年把土地献给它，明年又更进一步地要求割地。给它吧，就没有那么多来满足它；不给吧，就前功尽弃而遭受后患。况且大王的土地有穷尽，而秦国的贪求却没有止境。拿有限的土地去承受那无止境的贪求，这就是通常所说的求取怨恨买来祸患啊，用不着交战而土地已经减少了。”

原文

“臣闻鄙语①曰：‘宁为鸡口，无为牛后。’今大王西面交臂而臣事秦，何以异于牛后乎？夫以大王之贤，挟强韩之兵，而有牛后之名，臣窃为大王羞之。”韩王忿然作色，攘臂按剑，仰天太息曰：“寡人虽死，必不能事秦。今主君以楚王之教诏之，敬奉社稷②以从。”

注解

①鄙语：俗语。

②社稷：此处代指国家。

译文

“我听俗语说：‘宁肯做鸡嘴，也不做牛尾。’现在大王如果投向西方，拱手屈服，像臣子一样服侍秦国，这跟做牛尾有什么不同呢？凭着大王的贤明，拥有强大韩国的军队，却蒙受做牛尾的丑名，我私下里替大王感到羞愧！”韩王气得变了脸色，撸袖伸臂，手握宝剑，抬起头来叹息道：“我即使死了，也一样不屈服秦国！现在您用楚王的教诲来指教我，我愿意恭敬地拿我的国家来听从吩咐。”

评析

“宁为鸡首，无为牛后。”这是一句叫弱者不依附于强者，独立自尊的格言。人贵在自立，如果自己不自主独立，那么肯定会受尽欺侮、长期生活在强权的阴影下。所以只要有一线希望，能够独立自主就独立自主。苏秦的合纵，从另一方面讲，实际上就是唤醒各诸侯独立意识和自尊自强精神的活动。所以他要大肆渲染韩国武器的精良、士兵的强大，极力夸张臣服秦国的屈辱和恶果。

张仪为秦连横说韩王

原文

张仪为秦连横说韩王曰：“韩地险恶，山居，五谷[①]所生，非麦而豆；民之所食，大抵豆饭藿羹[②]；一岁不收，民不餍糟

糠；地方不满九百里，无二岁之所食。料大王之卒，悉之不过三十万，而厮徒负养[3]在其中矣，为除守徼亭障塞，见卒不过二十万而已矣。秦带甲百余万，车千乘，骑万匹，虎贲之士[4]跿跔科头贯颐奋戟[5]者，至不可胜计也。秦马之良，戎兵之众，探前趹后，蹄间三寻[6]者，不可称数也。山东[7]之卒，被甲冒胄以会战，秦人捐甲徒裎[8]以趋敌，左挈人头，右挟生虏。夫秦卒之与山东之卒也，犹孟贲之与怯夫也，以重力相压，犹乌获之与婴儿也。夫战孟贲、乌获之士，以攻不服之弱国，无以异于堕千钧之重集于鸟卵之上，必无幸矣。诸侯不料兵之弱，食之寡，而听从人之甘言好辞，比周以相饰也，皆言曰：'听吾计则可以强霸天下。'夫不顾社稷之长利而听须臾之说，诖误人主者，无过于此者矣。"

注解

①五谷：稻、粟、麦、黍、稷五种粮食作物。

②藿羹（huò gēng）：豆叶做的菜羹。

③厮徒负养：杂役和苦力。

④虎贲之士：勇猛的人。

⑤跿跔（tú jū）科头贯颐奋戟：跿跔，单脚跳跃；科头，没戴头盔；贯颐，捧着脸；奋戟，高举战戟。这些都是勇猛不怕牺牲的表现。

⑥寻：1寻等于3尺。

⑦山东：崤山以东。

⑧徒裎（chěng）：赤身裸体。

译文

张仪为了秦国的连横之事，对韩王游说道："韩国地形十分险恶，很多百姓都居住在山中，所种植的五谷粮食之中，不是麦子就是豆子；百姓所吃的，几乎都是豆饭或豆叶做的菜羹；假若有一年没有好收成，百姓吃糟糠都吃不饱；韩国国土方圆不足九百里，所积攒的粮食还不够吃两年。估计大王您的士卒，加起来也不过有三十万，把杂役和苦力包括在内，现在戍守关卡要塞的士兵也不会多于二十万。而秦国披戴铠甲的精锐部队就有百万还要多，战车上千辆，骁骑万匹，勇猛的兵卒，奔腾跳跃，高举战戟，甚至连铠甲都不戴就冲锋陷阵的，无法计算。秦国的战马品种优良，士卒众多。抬起前蹄蹬直后腿，前后蹄之间一跃能有9尺，这样的战马多得数都数不过来。崤山以东的士卒，就是披戴着盔甲前来迎战，秦兵即使不披戴盔甲赤身裸体，也能把敌人打败，左手提着人头，右手挟持着俘虏。秦兵的士卒与崤山以东的士卒进行比较，就好比是勇猛的孟贲和懦夫一样；如果再用重兵相压，就好比是大力士乌获与婴儿一样。用像乌获、孟贲一样勇猛的士卒，去攻打不臣服的弱国，这和把千钧重的东西压在鸟卵上没有什么差别，必定没有幸存的。倘若诸侯们不估量一下自己兵力的衰弱，粮食的困乏，却听信主张合纵的说客的花言巧语，互相勾结营私欺诈，都说‘只要您听从于我的谋略，就能够称霸天下’，不顾及国家社稷的长远利益，而只听信一时的空话，欺骗君主，没有什么能超过这了。”

原文

“大王不事秦，秦下甲据①宜阳，断绝韩之上地，东取成皋、宜阳，则鸿台之宫、桑林之苑非王之有已。夫塞成皋，绝上地，则王之国分矣。先事秦则安矣，不事秦则危矣。夫造祸而求福，计浅而怨深，逆秦而顺楚，虽欲无亡，不可得也。故为大王计，莫如事秦。秦之所欲，莫如弱楚，而能弱楚者莫如韩。非以韩能强于楚也，其地势然也。今王西面事秦以攻楚，为敝邑，秦王必喜。夫攻楚而私其地，转祸而说秦，计无便于此者也。是故秦王使使臣献书大王御史，须以决事。”韩王曰：“客幸而教之，请比郡县，筑帝宫，祠春秋，称东藩，效宜阳。”

注解

①甲据：发兵占据。

译文

"倘若大王您不臣事秦国的话，秦国就会发兵夺取宜阳，把韩国上党的交通切断，东面夺取成皋、宜阳，这样的话，鸿台离宫、桑林御苑就不再归大王您所有了。倘若成皋被封锁了，上党的要道也被切断了，这样大王您的国家也就将要被分裂了。倘若您先臣事秦国的话就能得到安宁，而不臣事秦国就将会很危险了。倘若在灾祸中寻求福气，因为所用之计太短浅而结下很深的怨恨，违逆秦国却顺从于楚国，那么即使不想让国家灭亡，也是办不到的。所以替大王您考虑，最好是臣事秦国。秦国所想要的，没有什么比使楚国削弱更强烈的了，而能够使楚国削弱的，没有哪个国家能比上韩国。这并非是由于韩国比楚国强大，而是韩国的地势使然。如今大王您倘若能够臣事西面的秦国而攻打楚国，为敝国做事我们秦王必定十分高兴。围攻楚国而私占楚国的土地，把祸患转嫁于楚国并能取悦于秦王，没有什么计策能比这更有利可图了。所以秦王派遣使臣我向大王献书，等待大王您的裁决。"韩王说："有幸能够得到客卿的赐教，请把韩国作为秦国的一个郡县，为秦王修筑行宫，在春秋季节进献祭祀的礼品，自称为东面的藩国，并将宜阳进献给秦王。"

评析

同是一个韩国，由张仪来说简直一文不值，民贫国弱、军队废弛、毫无战斗力，但是在苏秦说来却是兵强马壮、极富战斗力。这就是语言的魔力，语言完全可以改变对事实的看法。苏秦、张仪对事实的不同解释和渲染，改变和左右着韩王对自己国力、天下大势的看法。最后，张仪对秦国暴力的渲染和秦国武力的赤裸裸威胁对韩王发生了作用，韩王由于内心的软弱，终于屈服在暴秦面前。

五国约而攻秦

原文

五国[①]约而攻秦，楚王为从长，不能伤[②]秦，兵罢[③]而留于成皋。魏顺谓市丘君曰："五国罢，必攻市丘，以偿[④]兵费。君资臣，臣请为君止天下之攻市丘。"市丘君曰："善。"因遣之。

魏顺南见楚王曰："王约五国而西伐秦，不能伤秦，天下且以是轻王而重秦，故王胡不卜交[⑤]乎？"楚王曰："奈何？"魏顺曰："天下罢，必攻市丘以偿兵费。王令之勿攻市丘。五国重王，且听王之言而不攻市丘；不重王，且反王之言而攻市丘。然则王之轻重必明矣。"故楚王卜交而市丘存。

注解

①五国：赵、楚、魏、燕、韩。

②伤：击溃。

③兵罢：停战。

④偿：补偿。

⑤卜交：测验。

译文

赵、楚、魏、燕、韩五国结盟进攻秦国，楚考烈王为盟主，但是没能击溃秦国，五国联军于是停战，驻扎在成皋。魏顺对市丘的长官说："五国收兵之后必然会攻打市丘，以此来弥补军费。您如果资助我，我愿意替您阻止诸侯进攻市丘。"市丘的长官就说："好吧。"于是派遣他到楚国去。

魏顺南下拜见楚考烈王说："大王邀集五国军队西攻秦国，却无功而返，天下人将因此看轻大王而尊重秦国，那么大王为什么不测验一下诸侯对您的态度呢？"楚王说："如何办呢？"魏顺说："此次战争停止之后，五国必然进攻市丘以补偿战争中的损失。大王何不命令他们不要进攻市丘。五国如果尊重您，就会听从命令，不进犯市丘；如果他们不尊重您，就会违背大王的命令而进攻市丘。这样一来，大王声威的轻重必然可以看得分明了。"楚王照此行动以测验五国的态度，而市丘也就因此保住了。

评析

巧用计策，让他人出力，为自己效劳。这看起来有点欺骗的味道，但实际上两方面都没有受到损失。楚考烈王测验了各国的忠心，市丘的危机也轻松解除了。这种两全其美的策略能说它是欺骗吗？实际上聪明人就善于利用不同主体的利益差别，调遣安排，实现自己的如意算盘。

秦韩战于浊泽

原文

秦、韩战于浊泽①，韩氏急。公仲朋谓韩王②曰："与国不可恃，今秦之心欲伐楚，王不如因张仪为和于秦，赂之以一名都，与之伐楚，以此一易二之计也。"韩王曰："善。"乃儆公仲之行，将西讲于秦。

注解

①浊泽：韩地，在今河南长葛西与禹县西北交界处。

②韩王：韩宣惠王。

译文

秦、韩两国在浊泽大战，韩军处境危急。公仲朋对韩王说："盟国是不能依靠的，现在秦国想的是攻打楚国，大王不如通过张仪与秦国讲和，送上一座大城，让秦国去攻打楚国，这是一石二鸟之计。"韩王说："好。"于是为公仲朋准备好一切，派他到秦国去谈判。

原文

楚王①闻之，大恐，召陈轸而告之。陈轸曰："秦之欲伐我久矣，今又得韩之名都一而具甲，秦、韩并兵南乡②，此秦所以庙祠而求也。今已得之矣，楚国必伐矣。王听臣，为之儆四境之内选师，言救韩，令战车满道路。发信臣，多其车，重其币，使信王之救己也。韩为不能听我，韩必德王也，必不为雁行③以来。是秦、韩不和，兵虽至楚，国不大病矣。为能听我，绝和于秦，秦必大怒，以厚怨于韩。韩得楚救，必轻秦；轻秦，其应秦必不敬。是我困秦、韩之兵，而免楚国之患也。"

注解

①楚王：楚怀王。

②乡：通"向"。

③雁行：跟随。

译文

楚王听说，大为恐慌，急忙召见陈轸把这件事告诉他。陈轸说："秦国一直想攻打楚国，现在又得到韩国的一座大城，并准备好了军队，秦、韩起兵南进，这是秦国多次祈求神灵所想的事，现在终于实现，楚国肯定会遭到攻打。大王听我一言，在全国调集军队，对外宣称准备出兵救韩，让战车塞满道路。同时派出使者，多备车辆，带上重礼，让韩相信楚国会救它。韩国就算不相信楚国，也将会感谢大王，定不会与秦国一起攻楚。这样，秦国、韩国不能团结一致，就算攻打楚国，楚国也不会有太大的危险。如果韩国相信楚国，不和秦国联合，秦国必定会大怒，深恨韩国。韩国得到楚国的援救，就会看轻秦国，这样对秦国的要求也不会言听计从。这样楚国就能阻挡秦、韩的军队，而免除楚国的祸患了。”

原文

楚王大说[①]，乃儆四境[②]之内选师，言救韩，发信臣，多其车，重其币，谓韩王曰：“弊邑虽小，已悉起之矣。愿大国遂肆意于秦，弊邑将以楚殉韩。”

韩王大说，乃止公仲。公仲曰：“不可。夫以实苦我者，秦也；以虚名救我者，楚也。恃楚之虚名，轻绝强秦之敌，必为天下笑矣。且楚、韩非兄弟之国也，又非素约而谋伐秦也。秦欲伐楚，楚因以起师言救韩，此必陈轸之谋也。且王以使人报于秦矣，今弗行，是欺秦也。夫轻[③]强秦之祸，而信楚之谋臣，王必悔之矣。”

注解

①说：同“悦”

②四境：指全国。

③轻：轻视。

译文

楚王十分高兴，于是下令在全国调集军队，声称要援救韩国；派出使者，带上车辆和重礼，对韩王说：“我国虽小，已经调动全国之兵来援。希望贵国下决心抵抗秦国，楚国将与韩国共存亡。”

韩王大为高兴，让公仲朋停止出发。公仲朋说：“不能这样。以战争之实陷我们于困苦窘迫之地的是秦，用诺言假说来援救我们的是楚。相信楚国的谎言而轻易地与强秦为敌，必定会让天下耻笑。况且，楚、韩又不是友好国家，没有共同攻打秦国的约定。秦国想要攻打楚国，所以楚国声言起兵救韩，这一定是陈轸的计策。而且大王已派人通知秦王要去和谈，现在又反悔，就是欺骗秦国。轻视强秦的威胁而听信楚王的谋臣，大王一定会后悔啊！”

原文

韩王弗听。遂绝和于秦。秦果大怒，兴师与韩氏战于岸门①，楚救不至，韩氏大败。

韩氏之兵非削弱也，民非蒙愚也，兵为秦禽，智为楚笑，过听于陈轸，失计于韩也。

注解

①岸门：在今河南长葛北。

译文

韩王没有听从公仲朋的意见，和秦国断交。秦国大怒，兴兵与韩军在岸门大战，楚国援军并没有到达，韩军大败。

韩国的军队并没有削弱，韩国的人民也并不愚昧，韩军被秦军打败，行动被楚国耻笑的原因，是由于误听陈轸的诳言而没有采纳公仲朋的正确主张啊。

评析

陈轸是个了不起的谋士，楚国的危难在他处便迎刃而解。关键是他善于分化瓦解敌人，给敌方同盟中的一方施以利益诱惑，拉拢腐蚀，化敌为友，最终摧垮敌方联盟，免除灾祸、打败敌人。在现代商战中，企业联盟在法律范围内大打价格战、客户争夺战、市场范围瓜分战，如遇到对方的联合“攻势”，我们一定要临危不乱，设法分化对方的联盟，拉拢对方中的不坚定者，最终促使我方立于不败之地。

韩策二

楚围雍氏五月

原文

楚围雍氏[①]五月，韩令使者求救于秦，冠盖相望也，秦师不下殽[②]。韩又令尚靳[③]使秦，谓秦王曰："韩之于秦也，居为隐蔽，出为雁行。今韩已病矣，秦师不下殽。臣闻之，唇揭者齿寒，愿大王之熟计之。"宣太后曰："使者来者众矣，独尚子之言是。"召尚子入。宣太后谓尚子曰："妾事先王也，先王以其髀加妾之身，妾困不支也；尽置其身妾之上，而妾弗重也，何也？以其少有利焉。今佐韩，兵不众，粮不多，则不足以救韩。夫救韩之危，日费千金，独不可使妾少有利焉。"

注解

①雍氏：韩地名。

②殽（yáo）：崤山。

③尚靳（jìn）：韩国的臣子。

译文

楚国已经将韩城雍氏围困五个月了，韩国派遣使者前去向秦国求救，使者的车辆连续不断，但秦国的军队始终没有东下崤山。韩王又派遣尚靳到秦国，尚靳对秦王说道："韩国对秦国而言，平常的时候韩国是秦国的屏障，战争之时是秦国的先锋。如今韩国有难，秦军却一直没有东下崤山。我曾听闻，如果嘴唇没有了那么牙齿就会寒冷，希望大王您能仔细考虑一下。"宣太后说："韩国来了那么多使者，只有尚靳说得对。"于是就把尚靳召来。宣太后对尚靳说道："妾身我服侍先王，先王把他的大腿搭在我身上，我会十分累不能支；但先王把整个身子都压在我身上的时候，我却并不觉得重，这是为何呢？因为稍微有些好处。如今援救韩国，倘若兵力不足，粮食不多，就不足以援救韩国。解救韩国的危机，一天就要耗费千金，难道连稍微给我些好处都不行吗？"

原文

尚靳归书报韩王，韩王遣张翠[1]。张翠称病，日行一县。张翠至，甘茂[2]曰："韩急矣，先生病而来。"张翠曰："韩未急也，且急矣。"甘茂曰："秦重国知王也，韩之急缓莫不知。今先生言不急，可乎？"张翠曰："韩急则折而入于楚矣，臣安敢来？"甘茂曰："先生毋复言也。"

注解

①张翠：韩国的臣子。

②甘茂：秦国的大臣。

译文

尚靳回来向韩王上书报告，韩王就派大臣张翠再到秦国。但是张翠声称有病，一天只能走一个县的路程。张翠到了秦国，甘茂说："韩国形势已如此紧急了吗？先生病了还要前来。"张翠说："韩国形势还没有紧急，将要紧急了。"甘茂说："秦国强大君王贤明，韩国形势紧急与否，没有什么不知道的。如今先生却说不紧急，这可以吗？"张翠说："韩国倘若真的紧急的话，就会转过来投靠楚国，我怎么还能来？"甘茂说："先生您不用再说了。"

原文

甘茂入言秦王曰："公仲柄得秦师，故敢捍楚。今雍氏围，而秦师不下殽，是无韩也。公仲且抑首①而不朝，公叔且以国南合于楚。楚、韩为一，魏氏不敢不听，是楚以三国谋秦也。如此则伐秦之形成矣。不识坐而待伐，孰与伐人之利？"秦王曰："善。"果下师于殽之救韩。

注解

①抑首：低着头。

译文

甘茂入朝秦王言说此事，说道："倘若公仲能够掌控秦军，就能够对抗楚国。如今韩城雍氏被困围，但秦军却不东下崤山出兵援助，这样秦国就会丧失韩国这个盟国。并且公仲耷拉着头也不上朝，公叔必将与南面的楚国联合。如果楚、韩联合的话，魏国就不敢不听从楚国，这样楚国就会利用楚、韩、魏三国之力对秦国有所图谋。如此一来，讨伐秦国的联盟就建成了。难道不知道是坐着等待被人讨伐好还是讨伐别人好吗？"秦王说："好吧。"于是果真发兵东下崤关去救助韩国。

评析

秦国本想在救助韩国前捞到土地等众多好处，但让张翠的巧妙说辞和毫不低声下气的姿态所迷惑，终于无条件地出兵援韩。现实人情世故，也大都如此。人性中的利益权衡、自私自利等否定性的东西太多，所以用求情、唤醒对方同情心的手段很难奏效，倒是采取否定的、威胁的、惩罚的方式以重大利益损失来胁迫，倒容易使应该帮你的人就范。人性复杂，要想成事，必然要懂得如何驾驭人心。

齐令周最使郑

原文

齐令周最使郑，立韩扰而废公叔。周最患[1]之，曰："公叔之与周君交也，令我使郑，立韩扰而废公叔。语曰：'怒于室者色于市。'今公叔怨齐，无奈何也，必周君而深怨我矣。"史舍曰："公行矣，请令公叔必重[2]公。"

周最行至郑，公叔大怒。史舍入见曰："周最故不欲来使，臣窃强之。周最不欲来，以为公也；臣之强之也，亦以为公也。"公叔曰："请闻其说。"对曰："齐大夫诸子有犬，犬猛不可叱，叱之必噬人。客有请叱之者，疾视而徐叱之，犬不动；复叱之，犬遂无噬人之心。今周最固[3]得事足下，而以不得已之故来使，彼将礼陈其辞而缓其言，郑王必以齐王为不急，必不许也。今周最不来，他人必来。来使者无交于公，而欲德于韩扰，其使之必疾，言之必急，则郑王必许之矣。"公叔曰："善。"遂重周最。王果不许韩扰。

注解

①患：苦恼。
②重：尊重。
③固：通“故”，旧时。

译文

齐国派周最出使韩国，胁迫韩国任命韩扰为相国，罢免公叔。周最为此很苦恼，他说：“公叔和周君的关系很好，派我出使韩国，使韩国废掉公叔而立韩扰为相。俗话说：‘人在家里生气，一定会把怒容在大庭广众之下表露出来。’如果公叔怨恨齐国，那是没有办法的事，可是他一定会和周君绝交从而痛恨于我呀。”史舍劝道：“您就去吧，我会让公叔尊重您的。”

周最来到了韩国，公叔非常愤慨。史舍见公叔说：“周最本来不想出使韩国，是我私下里强迫他来的。周最不想来，是为了您好；我强迫他来，也是为了您好。”公叔说：“请您说说您的理由。”史舍回答道：“齐国一个大夫养了一条很凶猛的狗，不能呵斥，呵斥它就要咬人。有一位客人想试试，先小心地盯住它，轻轻地呵斥，狗没有动；又大声呵斥它，狗竟没有了咬人的意思。周最以前有幸能够侍奉您，这次不得已才出使韩国。他将按照礼节慢慢地陈述齐国的要求，韩王一定以为齐王并不急于这样做，一定不会答应这个要求。如果周最不来，别人一定也会来出使的。来的人和您没什么交情，又想要讨好韩扰，出使肯定会很快，说话的口气一定很急切，那么韩王一定会答应他。”公叔说：“好。”于是就很敬重周最。韩王果然没有让韩扰取代公叔为相。

评析

对狗温柔舒缓，再凶猛的狗也不会咬人；对人温柔舒缓，人也就不会有强烈的改变。史舍用“狗事”喻人事，聪明之中带有幽默，让人叹服之后还可玩味。这种类比的说服方法，经常会起到立竿见影的效果。

公叔且杀几瑟

原文

公叔且杀几瑟也，宋赫[1]为谓公叔曰："几瑟之能为乱也，内得父兄，而外得秦、楚也。今公杀之，太子[2]无患，必轻公。韩大夫知王之老而太子定，必阴事之。秦、楚若无韩，必阴事伯婴。伯婴亦几瑟也。公不如勿杀，伯婴恐，必保于公。韩大夫不能必其不入也，必不敢辅伯婴以为乱。秦、楚挟几瑟以塞伯婴，伯婴外无秦、楚之权，内无父兄之众，必不能为乱矣。此便于公。"

注解

①宋赫：宋人，说客。

②太子：指公子咎。

译文

公叔准备杀掉几瑟，宋赫替几瑟对公叔说："几瑟能发动叛乱，是因为他在国内得到了大王（韩襄王）、公仲的支持，在国外得到了秦、楚两国的援助。现在如果您杀了他，公子咎（韩国太子）没有了后患，一定会轻视您。韩国的大臣们看到韩王年老，如果太子业已确定了，他们一定会在暗中讨好太子。秦、楚两国如果没能依靠几瑟得到韩国，肯定会暗中再去支持伯婴（韩襄王少子）争立太子。这样伯婴又和几瑟一样，是争夺国家大权的对手。您不如不杀几瑟，伯婴受到威胁，必定会请求得到您的保护。韩国的大臣们对几瑟返回韩国不能肯定，因此也就不敢帮助伯婴发动叛乱。秦、楚两国就会帮助几瑟来堵塞伯婴争权的道路。这样，伯婴既得不到秦、楚两国的外援，又得不到韩国大臣们的内应，肯定不能发动骚乱。这对您十分有利。”

评析

维持局面要懂得把握均势，使各利益主体互相牵制，而自己能从中渔利。“均势”是一个国际政治概念。它强调国际上对各国家利益权力的分配大体平衡，维持一种既定的秩序与格局。比起相互争战、相互消灭的战争状态而言，维持一种互相和平对抗、竞争的均衡格局，是一种明智之举。之所以明智，是因为由自己来主导和操纵的这种均势中，自己可以花费很少的成本就能谋得巨大的利益。在当今市场环境下的商界人士，也要具有这种大局眼光，在市场各利益团体的均势中牟取自己的利润。

史疾为韩使楚

原文

史疾[①]为韩使楚，楚王[②]问曰：“客何方所循？”曰：“治列子圉寇[③]之言。”曰：“何贵？”曰：“贵正。”王曰：“正亦可为国乎？”曰：“可。”王曰：“楚国多盗，正可以圉[④]盗乎？”曰：“可。”曰：“以正圉盗，奈何？”顷间有鹊止于屋上者，曰：“请问楚人谓此鸟何？”王曰：“谓之鹊。”曰：“谓之乌，可乎？”曰：“不可。”曰：“今王之国有柱国、令尹、司马、典令[⑤]，其任官置吏，必曰廉洁胜任。今盗贼公行而弗能禁也，此乌不为乌，鹊不为鹊也。”

注解

①史疾：韩臣。
②楚王：不详何王。
③列子圉（yù）寇：列御寇，又称列子，战国时郑国学者。
④圉：防御，禁止。
⑤司马：主管军事。典令：主管发布政令。

译文

史疾替韩国出使楚国，楚王问道："先生研究何种学问？"史疾回答说："钻研列子御寇的学说。"楚王又问："看重什么？"史疾回答："看重正。"楚王说："正也可用来治国吗？"史疾回答说："可以。"楚王说："楚国的盗贼多，正可以御盗吗？"史疾回答说："可以。"楚王问："以正御盗，如何实施？"不久，有只鹊停在了屋上，史疾问："请问楚国把这种鸟称为什么？"楚王说："叫它鹊。"史疾问："称为乌鸦可以吗？"楚王回答说："不可以。"史疾说："如今大王的国内有柱国、令尹、司马、典令等官，在任用官员时，定要叫他们廉洁胜任。如今盗贼横行而不能禁止，这就是乌不成乌，鹊不成鹊啊。"

评析

在任何一个国家或者公司中，名与实，概念与实质，职位与工作，一定要相称；否则名实不副，内政管理就会出现混乱。"在其位要谋其政"，公司中的各个领导要胜任自己工作，董事长当谋划公司董事的利益和发展大方向，总经理当开展经营、拓展业务，各部门经理应各司其职分管好自己的本职工作。

韩傀相韩

原文

韩傀[1]相韩，严遂重于君，二人相害也。严遂政议直指[2]，举韩傀之过。韩傀以之叱[3]之于朝。严遂拔剑趋之，以救解[4]。于是严遂惧诛[5]，亡去，游求人可以报韩傀者。

注解

①韩傀（kuǐ）：侠累。韩烈侯时为相国。

②政议直指：公正无私地议论，直言不讳地批评。

③叱：斥责、斥骂。

④救解：因有人来救，所以脱险。

⑤诛：罪责。

译文

韩傀任韩国的国相，严遂也受到韩烈侯的器重，他们二人相互排斥。严遂敢于公正地发表议论，直言不讳地进行批评，指责韩傀的过错。韩傀因此在朝廷上怒斥严遂。严遂拔出剑直奔韩傀，因有人阻止严遂，韩傀才得以脱险。此后，严遂害怕被韩傀杀害，就逃离了韩国，到处寻找可以向韩傀报仇的人。

原文

至齐，齐人或言："轵[1]深井里聂政，勇敢士也，避仇隐于屠者[2]之间。"严遂阴交[3]于聂政，以意厚之[4]。聂政问曰："子

欲安用我乎?"严遂曰:"吾得为役之日浅[5],事今薄[6],奚敢有请?"于是严遂乃具酒[7],觞聂政母前。仲子奉黄金百镒,前为聂政母寿。

注解

①轵(zhǐ):车轴的末端。

②屠者:以屠宰牲畜为业的人。

③阴交:暗中交往。

④以意厚之:对待聂政情意深厚。

⑤日浅:日子不多。

⑥薄:迫,紧急。

⑦具酒:摆开酒宴。

译文

严遂来到齐国,有人对他说:"轵地深井里的聂政,是个勇敢的侠士,因为躲避仇人才混迹在屠户中间。"严遂就和聂政暗中交往,以深情厚谊相待。聂政问严遂:"您想让我干什么呢?"严遂说:"我为您效劳的时间还不长,我们的交情还这样薄,怎么敢对您有所求呢?"于是,严遂就备办了酒席向聂政母亲敬酒,又拿出百镒黄金,为聂政母亲祝寿。

原文

聂政惊,愈怪其厚,固谢[1]严仲子。仲子固进,而聂政谢曰:"臣有老母,家贫,客游以为狗屠,可旦夕得甘脆以养亲。亲供养备,义[2]不敢当仲子之赐。"严仲子辟[3]人,因为聂政语曰:"臣有仇,而行游诸侯众矣。然至齐,闻足下义甚高,故直进百金者,特以为夫人粗粝[4]之费,以交足下之欢,岂敢以有求邪?"

注解

①固谢：坚决辞谢。

②义：按理。

③辟：躲开。

④粗粝：粗粮。

译文

聂政大为震惊，越发奇怪他何以厚礼相待，就坚决辞谢严遂的赠金。但严遂坚决要送，聂政就推辞说："我家有老母，生活贫寒，只得离乡背井做个杀狗的屠夫，这样可以早晚买些美味可口的食物来奉养母亲。母亲的供养已经齐备，按理说不敢再接受你的赏赐。"严遂避开他人，对聂政说："我有个仇人，我游访过很多诸侯国了。然而到了齐国，才听说你很重义气。所以特地送上百金，只不过想作为老人家粗劣饮食的费用，也让你感到高兴，哪里敢有什么请求呢？"

原文

聂政曰："臣所以降志辱身，居市井者，徒[1]幸而养老母。老母在，政身未敢以许人也。"严仲子固让，聂政竟不肯受。然仲子卒备宾主之礼而去。

注解

①徒：只是，仅仅。

译文

聂政说："我之所以降心抑志，屈身辱体，隐居在这集市上，只是希望能够奉养老母。我的老母还健在，不敢答应为别人去死。"严遂坚持让聂政收下赠金，聂政终究不肯接受。可是严遂到底还是尽了宾主之礼才离去。

原文

久之，聂政母死，既葬，除服[1]。聂政曰："嗟乎！政乃市井之人，鼓刀以屠，而严仲子乃诸侯之卿相也，不远千里，枉车骑而交臣[2]，臣之所以待之至浅鲜矣，未有大功可以称[3]者，而严仲子举百金为亲寿，我虽不受，然是深知政也。夫贤者[4]以感忿睚眦[5]之意，而亲信穷僻之人，而政独安可嘿[6]然而止乎？且前日要政，政徒以老母。老母今以天年终，政将为知己者用。"

注解

①除服：守孝期满，脱去丧服。

②枉车骑而交臣：委屈了他们的身份来与我结交。

③称：配得上。

④贤者：指严仲子。

⑤睚（yá）眦（zì）：小小的怨恨。

⑥嘿（mò）：通"默"。

译文

过了很久，聂政的母亲去世，安葬以后，聂政守孝期满，脱去丧服。感叹地说："唉！我聂政只是个集市上敲刀屠宰的人，而严遂却是诸侯的卿相，他不远千里，屈驾前来与我结交，我对他太薄情了，没有做出可以和他待我相称的事情来，可他却拿出百金为我老母祝寿，我虽然没有接受，可是这表明他很赏识我聂政啊。严遂这样贤明的人因为一时的小怨恨，而亲近信任我这种穷乡僻壤的人，我聂政怎能不声不响地了结了呢？再说以前他邀请过我，我只因为老母还健在。如今老母已享尽天年而逝，我要去为赏识我的人效劳。"

原文

遂西至濮阳，见严仲子曰："前所以不许仲子者，徒以亲在。今亲不幸，仲子所欲报仇者为谁？"严仲子具告曰："臣之仇韩相傀。傀又韩君之季父①也，宗族盛，兵卫设②，臣使人刺之，终莫能就。今足下幸而不弃，请益具车骑壮士，以为羽翼③。"政曰："韩与卫，中间④不远，今杀人之相，相又国君之亲，此其势不可以多人。多人不能无生得失，生得失则语泄，语泄则韩举国⑤而与仲子为雠也，岂不殆哉！"遂谢车骑人徒⑥，辞，独行仗剑至韩。

注解

①季父：叔父。

②兵卫设：安排有卫兵。

③羽翼：助手。

④中间：犹言中隔，中间相隔。

⑤举国：全国。

⑥人徒：随从人员。

译文

于是聂政向西到了濮阳，见了严遂说："以前我之所以没答应你，只因为我母亲还健在。如今我母亲已经去世，请问你想报仇的人是谁？"严遂一一地告诉聂政说："我的仇人是韩国国相韩傀。韩傀又是韩烈侯的叔父，他同宗族的人很多，兵卫布置得很严密，我派人去刺杀他，始终没能成功。现在承蒙你不嫌弃我，请让我为你多准备车马和勇士作为你的助手。"聂政说："韩国和卫国相隔不远，现在要去刺杀韩国国相，而他又是国君的亲人，在这种情况下，不能够带很多人去。人多了容易出差错，出了差错就难免在言语间泄露机密，泄露了机密，那么韩国举国上下都会与你为仇，那岂不是太危险了吗！"于是聂政谢绝了车马和随从人员，告别了严遂，只身一人拿着剑到了韩国。

原文

韩适有东孟之会，韩王及相皆在焉，持兵戟而卫者甚众。聂政直入，上阶刺韩傀。韩傀走而抱哀侯，聂政刺之，兼中哀侯，左右大乱。聂政大呼，所杀者数十人。因自皮面抉眼，自屠出肠①，遂以死。

注解

①自屠出肠：自己剖开肚子，拉出肠子。

译文

韩国恰好在东孟举行盛会，韩王和韩傀都在场，他们身边手持兵器警卫的人很多。聂政径直闯了进去，登上台阶刺杀韩傀。韩傀跑向哀侯，聂政刺死韩傀，同时也刺中了哀侯，左右的人一片混乱。聂政大声呼喊，杀死了几十人。随后他自己用剑划破脸皮，挖出眼珠，又剖腹挑出肠子，就此死去。

原文

韩取聂政尸于市，县购之千金①。久之莫知谁子。政姊闻之，曰："弟至贤，不可爱妾之躯，灭吾弟之名，非弟意也。"乃之韩。视之曰："勇哉！气矜之隆。是其轶贲、育而高成荆矣。今死而无名，父母既殁，兄弟无有，此为我故也。夫爱身不扬弟之名，吾不忍也。"乃抱尸而哭之曰："此吾弟轵深井里聂政也。"亦自杀于尸下。

注解

①县购之千金：悬千金之重赏。

译文

韩国人把聂政的尸体摆放在街市上，用千金重赏征求此人的姓名。过了很久，没有人知道他是谁。聂政的姐姐听说后，说道："我弟弟是个非常贤良的人，我不能吝惜自己的生命，而埋没弟弟的名声，这也不是弟弟的本意。"于是她就去了韩国。她指着聂政的尸体说："英勇啊！豪气壮烈。你的行为简直超过了孟贲和夏育，盖过了成荆。现在你死了却不让人知道你的姓名，父母已不在世，又没有兄弟，你这样做都是为了不牵连我啊。吝惜自己的生命而不去显扬你的名声，我不忍心这样做啊。"于是就抱着聂政的尸体痛哭道："这是我弟弟轵邑深井里的聂政啊。"于是在聂政的尸体旁自杀身亡。

原文

晋、楚、齐、卫闻之曰："非独政之能，乃其姊者，亦列女①也。"聂政之所以名施于后世者，其姊不避菹醢②之诛以扬其名也。

注解

①列女：重名节，视死如归的女子。列通"烈"。

②菹（zū）醢（hǎi）：剁成肉酱。

译文

晋、楚、齐、卫等国的人听说了这件事，都赞叹道："不仅聂政勇武，就是他的姐姐也是个重义轻生的女子啊。"聂政之所以能名垂后世，就是因为他姐姐不怕自己被剁成肉酱来显扬他的名声啊。

评析

士为知己者死，为朋友道义甘愿献身，“豹死留皮，人死留名”，为自己美好的名誉甘愿以自己的生命为代价换得。其实人之为人，人之异与其他生物，就在于他有精神。精神价值完全超过物质上的满足。只可惜现代社会越来越重视物质标准，将人生的意义与物质财富联系起来，如此的人生观与古人相比真有点自惭形秽。

韩策三

或谓韩公仲

原文

或谓韩公仲曰："夫孪子之相似者，唯其母知之而已；利害之相似者，唯智者知之而已。今公国，其利害之相似，正如孪子之相似也。得以其道为之，则主尊而身安；不得其道，则主卑[①]而身危。今秦、魏之和成，而非公适束之，则韩必谋矣。若韩随魏以善秦，是为魏从也，则韩轻矣，主卑矣。秦已善韩，必将欲置其所爱信者，令用事于韩以完之，是公危矣。今公与安成君为秦、魏之和，成固为福，不成亦为福。秦、魏之和成，而公适束之，是韩为秦、魏之门户也，是韩重而主尊矣。安成君东重于魏，而西贵于秦，操右契[②]而为公责德于秦、魏之主，裂地而为诸侯，公之事也。若夫安韩、魏而终身相，公之下服，此主尊而身安矣。秦、魏不终相听者也。齐怒于不得魏，必欲善韩以塞魏；魏不听秦，必务善韩以备秦，是公择布而割也。秦、魏和，则两国德公；不和，则两国争事公。所谓成为福，不成亦为福者也，愿公之无疑也。"

注解

①卑：卑贱。

②操右契：指掌握着重要的条件。操：掌握。右：古代尊崇右，表示重要。

译文

有人对韩国的公仲说："双胞胎长得很相似，只有他们的母亲能分辨出他们；利与害表面上也很相似，只有明智的人才能分辨清楚。现在您的国家利、害相似，正如双胞胎长得相似一样。能用正确的方法治理国家，就可以使君主尊贵，身心安稳；否则，就将让君主卑贱，身陷危境。如果秦、魏两国联合成功，却不是您来促成的，那么韩国一定会遭到秦魏两国的谋算。如果韩国跟随魏国去讨好秦国，韩国就成了魏国的附庸，必将受到轻视，君主的地位就降低了。秦国和韩国友好以后，秦国一定会安置它所亲近的、信任的人，让他在韩国执掌政权，以此巩固秦国的势力。这样，您就危险了。如果您和安成君帮秦、魏联合，成功固然是福气，就算不成功也是好事。秦、魏两国联合成功，而且是由您来促成的，这样，韩国就成了秦、魏两国往来的通道，韩国的地位肯定会得到提高，君主也会更受尊重。安成君在东面受到魏国的重视，在西面得到秦国的尊崇，掌握着这样的优势，可以替您向魏、秦两国的君主索取好处，将来分封土地，成为诸侯，这是您头等的功业，至于使韩魏相安无事，您终生能做相国，这是您次一等的功业，这都能使国君尊贵自身安稳。再说秦魏两国不可能长期友好下去。秦国恼怒得不到魏国，必然会亲近韩国以便遏制魏国，魏国也不会永远听从秦国，一定设法和韩国修好来防备秦国，这样您就可以像选择布匹随意剪裁一样轻松应付。如果秦魏两国联合，那么两国都会感激您；如果不能联合，那么又都会争着讨好您。这就是我所说的成功了是福气，不成功也是好事的道理，希望您不要再犹豫了。"

评析

韩、秦、魏三国的每种合作方式，都会给公仲的利益带来不同的结果。该位说客能深刻把握形势、洞见事情发展趋势。而且游说时条理分明，各种情况分析得透彻、清楚，最好的方式就是秦、魏联合，而公仲做主导，如此韩国和公仲就会获取最大利益，受到秦、魏两国的尊崇。

或谓韩王曰

原文

或谓韩王曰："秦王欲出事于梁①，而于攻绛、安邑，韩计将安出矣？秦之欲伐韩以东窥周室甚，唯寐忘之。今韩不察，因欲与秦，必为山东②大祸矣。秦之欲攻梁也，欲得梁以临③韩，恐梁之不听也，故欲病之以固交也。王不察，因欲中立，梁必怒于韩之不与己，必折④为秦用，韩必举矣，愿王熟虑之也。"

注解

①出事于梁：指对魏国发动战事。

②山东：崤山以东，这里指崤山以东的诸侯国。

③临：兵临。

④折：反过来。

译文

有人对韩王说道："秦王想要讨伐魏国，接着攻打绛地和安邑，韩国将怎样应对呢？秦国之所以想要讨伐韩国，是想要尽快灭掉周王朝，只有这个才是他梦寐以求的。倘若如今韩国不清楚这一点，打算与秦国联手，这必将是六国的大祸。秦国之所以想要讨伐魏国，是想要夺取魏国，以兵临韩国，一担心魏国不听从于他，因此才想给魏国点颜色瞧瞧，以巩固秦、魏的邦交。大王倘若不清楚这些，而打算中立，魏国必定会很怨恨韩国不帮助自己，魏国必将反过来为秦国所用，到时候韩国必将被攻取，希望大王您好好考虑考虑。"

原文

"不如急发重使之赵、梁，约复为兄弟，使山东皆以锐师戍韩、梁之西边，非为此也，山东无以救亡，此万世之计也。秦之欲并①天下而王之也，不与古同。事之虽如子之事父，犹将亡之也；行虽如伯夷，犹将亡之也；行虽如桀、纣，犹将亡之也。虽善事之无益也，不可以为存，适②足以自令亟亡也。然则山东非能从亲，合而相坚如一者，必皆亡矣。"

注解

①并：兼并。

②适：恰恰。

译文

"您不如赶紧派特使前往赵、魏两国，与他们结成兄弟一样友好的邦交，让崤山以东的六国都派出精锐部队戍守韩、魏两国西面的边界，不这样的话崤山以东的国家都将无法救亡图存，这是恩泽万世的长远之计。秦国想要兼并诸侯，称王于天下，它和以往的称王不同。侍奉秦国即使是如同儿子侍奉父亲一样，最终仍然会被秦国灭亡；做事即使是像伯夷禅让王位一样高尚，也仍然会被灭掉；做事即使是像夏桀、殷纣那样无道，但仍将被灭掉。即使好好侍奉秦国，也不会有什么好处，凭借这个不能使自己得以保存，反而会加速自己的灭亡。这样看来倘若山东六国不能建立合纵联盟、坚守盟约、团结一致的话，必将都会被秦所灭。"

评析

雄辩家需要对时局有深刻把握、透彻理解和准确的预测，只有脑子里装有天下大势，超越了常人看问题的一般见识，雄辩中方能高瞻远瞩、纵横捭阖。此名说客已经觉察到了秦国的巨大的战略图谋，秦国妄图通过魏国消灭韩国，再最终消灭六国。而缺乏战略远见的韩王确实只有灭亡的一种命运。六国悲剧，从某种意义上说，都是由于统治者鼠目寸光的短浅见识酿成的。

韩氏逐向晋于周

原文

韩氏逐向晋于周，周成恢为之谓魏王曰："周必宽①而反之，王何不为之先言②，是王有向晋于周也。"魏王曰："诺。"

注解

①宽：宽恕。

②王何不为之先言：成恢向魏王建议，先于周提出送回向晋。

译文

韩国把向晋从周驱逐出境，周君为此派成恢对魏王说：“周王必然以宽大的态度让向晋回去，所以君王为什么不先为向晋说这话呢，因为这样就等于君王在周室有了一个可利用的心腹。”魏惠王说：“寡人知道了。”

原文

成恢因[1]为谓韩王曰：“逐向晋者韩也，而还之者魏也，岂如道韩反之[2]哉！是魏有向晋于周，而韩王失之也。”韩王曰：“善。”亦因请复之。

注解

①因：则。

②之：指向晋。

译文

于是成恢就为向晋对韩王说：“驱逐向晋的是韩国，而使向晋回去的是魏国，所以最好是由韩国让向晋回去！否则就等于魏国有一位忠臣的心腹在周都，而韩王则在周丧失了一位内应。”韩宣惠王说：“的确如此。”于是韩宣惠王也请求让向晋回周朝。

评析

韩国在将向晋一驱一召之中，使向晋心悦诚服，也避免了向晋被其他势力给拉拢过去。在此过程中成恢起了关键的作用，他做好了整体安排，用不同的话语说服各方，使各方都按照自己的计划行事。尤其是游说魏王，实际上是一个最为重要的铺垫工作，不做铺垫，计划就不能实现。

燕策一

苏秦将为从北说燕文侯

原文

苏秦将为从[1]，北说燕文侯曰："燕东有朝鲜、辽东，北有林胡、楼烦，西有云中、九原，南有呼沱、易水。地方二千余里，带甲数十万，车七百乘，骑六千匹，粟支十年。南有碣石、雁门之饶，北有枣栗之利，民虽不由田作，枣栗之实足食于民矣，此所谓天府也。夫安乐无事，不见覆军杀将之忧，无无过燕矣。大王知其所以然乎？"

注解

①从：通"纵"，合纵。

译文

苏秦为了合纵的计策去北方游说，他对燕文侯说："燕国东面有朝鲜和辽东，北面有林胡和楼烦，西边有云中和九原，南边有呼沱河和易水。国土方圆两千多里，士兵有几十万，战车七百多辆，战马六千多匹，存粮可以供十年食用。燕国的南边有碣石和雁门的丰饶地产，北边有大量枣和栗子的收成，即便是老百姓都不去种地，仅仅是枣和栗子也够吃的了，这就是所谓的天府之国。燕国长久以来百姓安居乐业，免于战争的灾祸，不用担心战败的忧虑，这样的和平环境没有任何一个诸侯国能跟燕相比。大王知道这是为什么吗？”

原文

“夫燕之所以不犯寇被兵①者，以赵之为蔽于南也。秦、赵五战，秦再胜而赵三胜。秦、赵相弊，而王以全燕制其后，此燕之所以不犯难也。且夫秦之攻燕也，逾云中、九原，过代、上谷，弥地踵②道数千里，虽得燕城，秦计固不能守也，秦之不能害燕亦明矣。今赵之攻燕也，发兴号令，不至十日，而数十万之众，军于东垣矣。度呼沱，涉易水，不至四五日距国都矣。故曰，秦之攻燕也，战于千里之外，赵之攻燕也，战于百里之内。夫不忧百里之患而重千里之外，计无过于此者。是故愿大王与赵从亲，天下为一，则国必无患矣。”

注解

①被兵：遭受战争的祸患。

②踵：足迹。

译文

“燕国之所以能够免于战祸，就是因为有南面的赵国做屏障。秦国和赵国先后发起了五次战争，秦国胜了两次，赵国胜了三次。秦军赵军的实力彼此互相削弱，而大王却保住了自己的实力，稳坐在后方，这正是燕国不被侵犯的原因。再说如果秦国想攻打燕国，要穿越云中、九原、代郡、上谷等地方，长途跋涉几千里，即使能够打下燕国的城池，也不能守得下来，秦国不能来攻打燕国的道理是显而易见的。如果赵国攻打燕国，赵王下令出兵，不超过十天，几十万的大军就能够集结到东垣这里。渡过呼沱河和易水，不用四五天就能够到达燕国的都城。所以说秦国攻打燕国，要在千里之外开战；而赵国攻打燕国，战事却在百里之内。不去担心百里之内的忧患而眼盯着千里之外的事情，这是非常严重的战略失误。所以我希望您能够和赵国结成战略同盟，诸侯国都联合起来，燕国就没有什么要去担心的了。”

原文

燕王曰：“寡人国小，两迫强秦，南近齐、赵。齐、赵，强国也，今主君幸教诏之，合从以安燕，敬以国从。”于是赍①苏秦车马金帛以至赵。

注解

①赍：赠予，赠送。

译文

燕王说：“我们燕国弱小，西面担心着强秦进攻，南面靠近齐国赵国。齐国赵国都是诸侯国中的强国，如今受到了您的指点，让我加入合纵联盟来使国家长治久安，我愿意把整个国家交给您来安排。”而后给苏秦提供了车辆钱币礼品，让他到赵国谈合纵的事。

评析

赵国是燕国的地理屏障，燕国得益于赵国免除了秦国的战乱，这是任何一个有政治地理概念的人都清楚的事。苏秦抓住了这个根本点不放，指出联合赵国、共同抗秦才是保持国家长治久安的战略大计。其雄辩先树立燕国信心、描画国泰民安的景象，接着指出这些景象的背后原因。最后指出了合纵抗秦才是燕国的最好选择。既有逻辑力量，也不乏折服他人。

燕文公时

原文

燕文公时，秦惠王以其女为燕太子妇。文公卒，易王立。齐宣王因燕丧攻之，取十城。武安君苏秦为燕说齐王，再拜而贺，因仰而吊。齐王按戈而却①曰："此一何庆吊相随之速也？"对曰："人之饥所以不食乌喙②者，以为虽偷③充腹，而与死同患也。今燕虽弱小，强秦之少婿也。王利其十城而深与强秦为仇。今使弱燕为雁行④，而强秦制其后，以招天下之精兵，此食乌喙之类也。"

注解

①却：使退却。

②乌喙：一种有毒的东西。

③偷：暂且。

④雁行：向大雁飞行一样，按顺序前进。在此指充当先锋。

译文

燕文公在位的时候，秦惠王把他的女儿嫁给了燕国太子。燕文公去世以后，太子易王继承了王位，齐国趁着燕国遭遇国丧的时候进攻燕国，连着攻下了十座城池。武安君苏秦为了燕国去游说齐王，他两次行跪拜礼表示庆贺，接着又仰面吊唁。齐王按住手边的兵器喝令他退却，说道："为什么在庆贺之后这么快就跟着吊唁？"苏秦答道："人在饥饿的时候之所以不去吃有毒的食物，就是因为虽然吃下去能暂时充饥，但毒死和饿死一样都非常痛苦。如今燕国虽然弱小，但燕王确是强大秦国的女婿。大王贪图十个城池却和强秦结下了深深的仇恨，如果让弱小的燕国做前锋，而强大的秦国在后方支援，招揽天下的精兵来进攻齐国，这就如同您吃下了有毒的食物一样。”

原文

齐王曰：“然则奈何?”对曰：“圣人之制事也，转祸而为福，因败而为功。故桓公负妇人而名益尊，韩献开罪[1]而交愈固，此皆转祸而为福、因败而为功者也。王能听臣，莫如归燕之十城，卑辞以谢秦。秦知王以己之故归燕城也，秦必德王；燕无故而得十城，燕亦德王。是弃强仇而立厚交也。且夫燕、秦之仅事齐，则大王号令天下皆从。是王以虚辞附秦，而以十城取天下也，此霸王之业矣。所谓转祸为福，因败成功者也。”

注解

①开罪：得罪。

译文

齐王问道：“这可该怎么办呢?”苏秦答道：“圣人做事，能够把坏事变成好事，让失败转变为成功。所以虽然齐桓公好女色，但声名依然更加显赫；韩献子得罪了赵盾，却让两个人的交情更加深厚，这就是将坏事变成好事、把失败转为成功的例子。大王如果愿意听从我的计策，不如把燕国的十座城池还回去，用恳切的言辞向秦国道歉。秦王知道大王您是因为秦国的关系才归还这十座城池，一定会感激你；而燕王不费周折就收回了自己的城池，必然会对大王感恩戴德。这就是把强敌转化为友好的邦交。而且如今燕国秦国都跟齐国建立了友好邦交，其他诸侯国也都会听从大王的号令。这样一来，虽然大王对秦国说了些谦恭的话，但却用十座城池换来了各诸侯国的遵从，这是建立霸业的功绩。这就是所谓的变坏为好，变失败为成功。”

原文

齐王大说，乃归燕城，以金千斤谢其后，顿首涂[1]中，愿为兄弟而请罪于秦。

注解

①涂：通“途”。

译文

齐王听了以后非常高兴，于是把占领燕国的十座城池还了回去，还拿出黄金千金表示歉意，一路上表现得非常谦卑，向秦国请罪并表示愿意结为兄弟般的邦国。

评析

苏秦刚开始就以念悼词先声夺人，紧紧地抓住了齐王的心。然后剖析了秦、齐、燕三国之间的利益关系，秦国可以联燕攻齐，齐国面临着这种威胁之后开始改变态度。之后苏秦据古论今、旁征博引，指出归还十座城市才会转祸为福。论证非常的有力，尤其是引用齐桓公、韩献子等历史人物的经验，给论辩内容增加了一种历史的厚重感，把这种历史智慧自如地运用和贯通于论辩中，给人一种不可抗拒的说服力。

人有恶苏秦于燕王者

原文

人有恶[①]苏秦于燕王者曰："武安君[②]，天下不信人[③]也。王以万乘下之，尊之于廷[④]，示天下与小人群也。"

注解

①恶：毁，诽谤。

②武安君：此指苏秦。

③不信人：不可依赖之人。

④廷：朝廷。

译文

有人在燕王面前诽谤苏秦说："武安君苏秦是天下最不讲信义的人。君王以万乘之尊去俯就他，在朝廷上推崇他，这是向天下诸侯表示君王和小人为伍。"

原文

武安君从齐来，而燕王不馆[①]也。谓燕王曰："臣东周之鄙人也，见足下身无咫尺之功，而足下迎臣于郊，显臣于廷。今臣为足下使，利得十城，功存危燕，足下不听臣者，人必有言臣不信，伤臣于王者。臣之不信，是足下之福也。使臣信如尾

生[②]，廉如伯夷[③]，孝如曾参[④]，三者天下之高行，而以事足下，可乎？”燕王曰：“可。”曰：“有此，臣亦不事足下矣。”

注解

①不馆：不准备馆舍。

②尾生：相传尾生与一女子立下约定，在桥下相会。尾生在桥下等待，是时洪水暴发，但尾生信守约定不离开，最后为洪水所淹死，成为信守约定的楷模。

③伯夷：商末孤竹君之长子。孤竹君原本想让次子叔齐承袭爵位，孤竹君死后叔齐让位于伯夷。伯夷认为这样会违背父命，于是逃亡，叔齐也随之一起逃亡。武王伐纣，伯夷叔齐认为这是作乱，不道，隐遁首阳山，最后被饿死。

④曾参：孔子弟子，历史上有名的孝子。

译文

苏秦从齐国回来，燕昭王竟不准备任用他。因而苏秦就对燕昭王说：“臣是东周的一个乡野小民，当臣第一次进见君王时，臣还没有一点儿功劳，而君王却到郊外来迎接臣，在朝廷上表彰臣招待臣。现在臣为君王出使齐国，使燕国收回十城的土地，有挽救弱燕危亡命运的功劳，但是君王反而不相信臣，一定是有人在君王面前说臣不讲信义，在君王面前诽谤臣。臣不讲信义，那倒是君王的福气。假如臣像尾生一般守信，像伯夷一般高洁，像曾参一般孝顺，用这三个天下最好的美德来侍奉君王好不好呢？”燕昭王说：“好啊。”苏秦说：“假如臣是有这三种美德的人，那臣也就不会来服侍君王了。”

原文

苏秦曰："且夫孝如曾参，义不离亲一夕宿于外，足下安得使之之齐？廉如伯夷，不取素餐①，污武王之义而不臣焉，辞孤竹之君，饿而死于首阳之山。廉如此者，何肯步行千里，而事②弱燕之危主乎？信如尾生，期而不来，抱梁柱而死。信至如此，何肯杨③燕、秦之威于齐而取大功乎哉？且夫信行者，所以自为也，非所以为人也。皆自覆之术，非进取之道也。"

注解

①素餐：什么也不付出而得到的饭。

②事：臣事、事奉。

③杨：通"扬"，宣扬。

译文

苏秦说："要像曾参一般孝顺，连一夜都不肯离开父母而住在外面，那君王还能派他出使齐国吗？假如像伯夷一般高洁，不肯白吃不做事的饭，认为周武王不义就不做他的臣子，辞去孤竹君的王位不做，宁肯活活饿死在首阳山下。像这样孤芳自赏的义士，又怎肯步行几千里来臣事危亡边缘的燕国君主呢？假如像尾生一般守信义，和女人在桥下约会，女人不来水却来了，他竟抱着桥柱不走被淹死。像如此守信义的人，又怎肯到齐国去宣扬燕、秦的威势来建立大功呢？况且守信用的人，乃是为了自己，并不是为了别人。这些都是保守的做法，根本不是进取的策略。"

原文

"且夫三王代①兴，五霸迭②盛，皆不自覆也。君以自覆为可乎？则齐不益于营丘③，足下不逾楚境，不窥于边城之外。

且臣有老母于周，离老母而事足下，去[4]自覆之术，而谋进取之道，臣之趣[5]固不与足下合者。足下皆自覆之君也，仆者进取之臣也，所谓以忠信得罪于君者也。”

注解

①代：更迭，交替。
②迭：意思同“代”
③营丘：今山东临淄。
④去：弃。
⑤趣：同“趋”。

译文

“况且三王相继兴起，五霸轮流强盛，都不仅仅是为了保护自己。君王以为保护自己是应该的吗？那齐国就不能进兵营丘，而君王也不能越过楚国的边界，更不能向边城之外窥探。况且臣有老母在周境，臣离开老母而来侍奉君王，放弃保护自己的观念而寻求进取的策略，臣的目的本来是跟君王不相合的。君王是保护自己的君主，而臣是力求进取的臣子，这就是‘由于忠信却得罪君王’。”

原文

燕王曰：“夫忠信，又何罪之有也？”

对曰：“足下不知也。臣邻家有远为吏者，其妻私人[1]。其夫且归，其私之者忧之，其妻曰：‘公勿忧也，吾已为药酒以待之矣。’后二日，夫至。妻使妾奉卮[2]酒进之。妾知其药酒也，进之则杀主父，言之则逐主母，乃阳僵弃酒。主父大怒而笞之[3]。故妾一僵而弃酒，上以活主父，下以存主母也。忠至如此，然不免于笞，此以忠信得罪者也。”

注解

①私人：与人私通。

②卮（zhī）：古代盛酒的器具。

③笞之：用竹板、荆条打。

译文

燕王说："忠信怎么会得罪寡人呢？"

苏秦回答说："君王可能不明白这种道理。臣有一个邻居到远方做官，留在家的妻子和人通奸。当丈夫要回家时，奸夫很担忧。这时妻子对奸夫说：'你不必担心，我已经准备好毒药等他回来。'过了两天丈夫回来了。妻子叫侍妾端毒酒给他喝。侍妾知道这是一杯毒酒，男主人喝了就会被毒死，可是说出来女主人就会被赶走，因此侍妾就假装跌倒把毒酒弄翻。不料男主人竟然大怒而鞭打侍妾。侍妾故意把毒酒弄翻，对上救了男主人一命，对下保全了女主人在家中的地位。侍妾忠贞到如此程度，然而竟逃不过男主人的鞭打，这就叫做以忠信而获罪。"

原文

"臣之事，适①不幸而有类妾之弃酒也。且臣之事足下，亢义益国，今乃得罪，臣恐天下后事足下者，莫敢自必也。且臣之说齐，曾不欺之也。使之说齐者，莫如臣之言也，虽尧、舜之智，不敢取也。"

注解

①适：恰好。

译文

“臣今天的所作所为，不幸恰好有些类似这侍妾的故意把酒弄洒的情况。况且臣侍奉君王，合乎道义而且对燕国能有所帮助，不料臣竟因此而获罪，臣恐怕以后来侍奉君王的天下士子，都会丧失信心啊。况且臣前往齐国游说的，不是用欺骗手段吗？如果其他国家使者游说齐国的，没有谁像我那样，即使他们像尧、舜一般明智，也不能给国家带来利益。”

评析

苏秦通过列举尾生、伯夷、曾参的事迹，和一个小故事，驳斥了那些道学家们对他的指责，也说明了自己好心没有好报的处境。阴谋诡计用在日常人事上，那是小人伎俩，而如果用在国家大事上，那是枭雄志士的雄才大略。儒家强调高行节义，但因此导致道德至上的虚骄之气充斥官场和社会中，而战国策士们的务实精神为国家增添了活力。善变敢说、运筹谋划不是在扭曲人性，而是在充分张扬人的智力、个性和气度，显露出人之为人的生命的力量和存在的价值。以词锋相争，以智谋相夺，没有遮蔽道德虚饰的战国策士们的这种进取有为的功利主义人生观，在任何社会，都有一定的积极意义。

张仪为秦破从连横谓燕王

原文

张仪为秦破从连横，谓燕王曰：“大王之所亲，莫如赵，昔赵王以其姊为代王妻，欲并[①]代，约与代王遇于句注之塞。乃令工人作为金斗[②]，长其尾，令之可以击[③]人。与代王饮，而阴告厨人曰：‘即酒酣乐，进热歠[④]，即因反斗击之。’于是酒

酣乐进取热歠。厨人进斟羹，因反斗而击之，代王脑涂地。其姊闻之，摩笄以自刺也。故至今有摩笄之山，天下莫不闻。"

注解

①并：吞并。

②金斗：铁斗。

③击：打。

④歠（chuò）：饮，喝。

译文

张仪替秦国破坏合纵推行连横政策，对燕王说："大王最亲近的诸侯莫过于赵国了。从前赵襄子把他的姐姐嫁给代君为妻，想要吞并代国，于是就跟代君约定在句注关塞会晤。他命令工匠制作了一个铁斗，把斗柄做得很长，使其可以用来打人。赵襄子在和代君喝酒之前，暗中告诉厨夫说：'当酒喝得正高兴时，就送上热汤，那时就乘机掉过铁斗打死代君。'当时酒喝得正畅快，赵襄子要热汤，厨夫进来盛汤，趁机掉过铁斗打在代君的头上，代君脑浆流了一地。赵襄子的姐姐听说这件事后，用磨尖的金簪自杀了。因此至今还有摩笄山，天下人没有不知道的。"

原文

"夫赵王之狼戾①无亲，大王之所明见知也。且以赵王为可亲邪？赵兴兵而攻燕，再围燕都而劫②大王，大王割十城乃却以谢。今赵王已入朝渑池，效③河间以事秦。大王不事秦，秦下甲云中、九原，驱赵而攻燕，则易水、长城非王之有也。且今时赵之于秦，犹④郡县也，不敢妄兴师以征伐。今大王事秦，秦王必喜，而赵不敢妄动矣。是西有强秦之援，而南无齐、赵之患，是故愿大王之熟计之也。"

注解

①狼戾：凶狠暴戾。

②劫：威逼。

③效：献。

④犹：如同。

译文

“赵王凶狠暴戾，六亲不认，这是大王明明知道的。难道您觉得赵王是可以亲近的吗？赵国曾发兵攻打燕国，围困燕都，威逼大王，大王割让十座城邑去谢罪，赵国才退兵。现在赵王已经到渑池去朝见秦王，献出河间而归顺秦国。如果大王不归顺秦国，秦发兵云中、九原，驱使赵军进攻燕国，那么易水和长城，就不归大王所有了。况且当前赵国对于秦国来说，就如同郡县一般，不敢妄自发兵去攻打别国。如果大王归顺秦国，秦王一定很高兴，赵国也不敢轻举妄动了。如若那样，燕国西面有强大的秦国援助，南边没有了齐赵的侵扰，所以希望大王能深思熟虑。”

原文

燕王曰：“寡人蛮夷[①]辟处，虽大男子，裁[②]如婴儿，言不足以求正，谋不足以决事。今大客幸而教之，请奉社稷西面而事秦，献常山之尾[③]五城。”

注解

①蛮夷：古代泛指华夏中原民族以外的少数民族。

②裁：通“才”，仅仅、刚刚。

③尾：末端，山脚下。

译文

燕王说："我身居野蛮僻远的地方，这里的人即使成年男子的智慧也仅像小孩一般，他们讲话不能有正确的看法，他们的智慧不能决断事情。如今有幸得到贵客的指教，我愿意献上燕国，归服秦国，并献出恒山西南的五个城邑。"

评析

只要离间燕赵两国的关系、促使燕国依靠秦国而不再信赖赵国，连横事秦的目的就能达到。张仪为了说明赵王的不值信任，列举了赵王杀姐夫的这样一个例子，如此就将赵王凶狠暴戾、六亲不认的个性真实地刻画了出来。这样一种举一反三、简单枚举的方法，在论说中值得经常使用。燕王看到赵王不可信，而且非常暴戾，于是产生了厌恶和畏惧，只能用事奉秦国换来自己国家的安宁。

燕昭王收破燕

原文

燕昭王[①]收破燕后即位，卑身厚币，以招贤者，欲将以报仇。故往见郭隗[②]先生曰："齐因孤国之乱，而袭破燕。孤极知燕小力少，不足以报。然得贤士与共国，以雪先王之耻[③]，孤之愿也。敢问以国报仇者奈何？"

注解

①燕昭王：名职，燕王哙之子，公元前311—公元前278年在位。

②郭隗（wěi）：燕国贤人。

③先王之耻：公元前316年，燕王哙把王位让给相国子之，引起内乱，齐宣王乘机攻破燕国，杀死燕王哙。先王，指燕王哙。

译文

燕昭王在收拾残破的燕国后登位，他谦恭有礼，用丰厚的礼品延聘贤人，打算依靠他们为国报仇。他特地去见郭隗先生说："齐国乘着我国的内乱而攻破我国。我深知燕国国小力弱，没有足够的力量报仇。但如能得到贤士和我共同治理国家，为先王报仇雪恨，这可是我的心愿啊。请问先生，怎样才能为国复仇呢？"

原文

郭隗先生对曰："帝者与师处，王者与友处，霸者与臣处，亡国与役处。诎指而事之，北面而受学，则百己者至。先趋而后息，先问而后嘿[①]，则什己者至。人趋己趋，则若己者至。冯[②]几据杖，眄视[③]指使，则厮役之人至。若恣睢[④]奋击，呴籍叱咄[⑤]，则徒隶之人至矣。此古服道致士之法也。王诚博选国中之贤者，而朝其门下，天下闻王朝其贤臣，天下之士必趋于燕矣。"

注解

①嘿：同"默"。

②冯：同"凭"。

③眄（miǎn）视：斜视。

④恣睢：放肆骄横。

⑤呴（jū）籍：凌辱。叱咄（chìduō）：大声吼叫。

译文

郭隗先生回答说：“成就帝业的国君，把贤人当作师长对待；成就王业的国君，把贤人当作朋友对待；成就霸业的国君，把贤人当作普通臣下对待；亡国的君主，则把贤人当作仆役对待。国君如能屈己奉人，像弟子一样向贤人求教，才能超过自己百倍的人就会到来。如果做事抢先而休息在后，发问在前而沉默在后，才能高出自己十倍的人就会到来。如果跟着别人亦步亦趋，才能与自己相当的人就会到来。如果身靠几案，手拄拐杖，斜眼看人，指手画脚，那么供跑腿差使的人就会到来。如果放肆骄横，对人任意凌辱，狂呼乱叫，那就只有奴隶般的人到来了。这是从古以来事奉贤者，招致人才的方法啊。大王真能广泛选拔国内的贤人，亲自登门求教，天下的贤人听到这个消息，定会赶到燕国来。”

原文

昭王曰：“寡人将谁朝而可？”郭隗先生曰：“臣闻古之人君，有以千金求千里马者，三年不能得。涓人[①]言于君曰：‘请求之。’君遣之。三月得千里马，马已死，买其首五百金，反以报君。君大怒曰：‘所求者生马，安事死马而捐五百金？’涓人对曰：‘死马且买之五百金，况生马乎？天下必以王为能市马，马今至矣。’于是不能期年，千里之马至者三。今王诚欲致士，先从隗始，隗且见事，况贤于隗者乎？岂远千里哉！”

注解

①涓人：国君身边的侍从。

译文

燕昭王说："我去拜见谁才好呢？"郭隗先生说："我听说古代有一位国君，用千金求购千里马，三年都没能买到。他身边的侍臣对他说：'请让我去寻求吧。'国君就派他去了。三个月后得到了千里马，可马已经死了，他就用五百金买下死马的头，回去向国君复命。国君非常生气地说：'我寻求的是活马，怎么去买死马而白费我的五百金呢？'侍臣答道：'死马尚且用五百金来买它，何况活马呢！天下都知道大王喜欢买好马，千里马就会来到了。于是不到一年，买到的千里马就有三匹。如今大王真想招致贤士，请先从我郭隗开始。我郭隗尚且受到重视，何况胜过郭隗的呢？他们难道会嫌燕国太远而不肯前来吗？"

原文

于是昭王为隗筑宫而师之。乐毅[1]自魏往，邹衍[2]自齐往，剧辛[3]自赵往，士争凑燕。燕王吊死问生，与百姓同其甘苦。二十八年，燕国殷富，士卒乐佚轻战。于是遂以乐毅为上将军[4]，与秦、楚、三晋合谋以伐齐。齐兵败，闵王出走于外。燕兵独追北入至临淄，尽取齐宝，烧其宫室宗庙。齐城之不下者，唯独莒、即墨。

注解

①乐毅：原为中山国灵寿（今河北平山东北）人，赵灭中山，成为赵人，后入燕，成为燕国名将。

②邹衍：齐国学者。

③剧辛：赵国贤人。

④上将军：位在诸将之上，相当于统帅。

译文

于是燕昭王为郭隗修建了房舍，拜他为师。接着，乐毅从魏国前来，邹衍从齐国前来，剧辛从赵国前来，贤士们争着聚集到燕国。燕昭王悼唁死去的人，慰问生存的人，和百姓同甘共苦。经过二十八年，燕国富庶，战士们安乐舒适，敢于战斗。于是燕昭王任用乐毅做上将军，和秦、韩、赵、魏等国共同策划攻打齐国。齐军被打得大败，齐闵王逃亡国外。燕军单独追击败逃的齐军，直入临淄，搬走齐国的所有珍宝，烧毁齐国的宫室宗庙。齐国的城邑，只有莒和即墨未被攻下。

评析

人才对于一个人成就大业来说非常的重要，而求贤若渴、礼贤下士的人肯定为自己成就一番事业打下了坚实的基础。只有非常谦恭地尊重人才、推崇人才、优待人才，才能招来人杰，云集才俊，也才能集思广益、凝聚力量成就伟业。

燕策二

苏代为燕说齐

原文

苏代为燕说齐，未[1]见齐王，先说淳于髡曰："人有卖骏马者，比三旦立于市，人莫知之。往见伯乐曰：'臣有骏马，欲卖之，比三旦立于市，人莫与言，愿子还而视之，去而顾之，臣请献一朝之贾。'伯乐乃还而视之，去而顾之，一旦而马价十倍。今臣欲以骏马见于王，莫为臣先后者，足下有意为臣伯乐乎？臣请献白璧[2]一双，黄金千镒[3]，以为马食。"淳于髡曰："谨闻命矣。"入言之王而见之，齐王大说苏子。

注解

①未：没有。

②白璧：洁白的玉璧。

③镒（yì）：古时重量单位，合二十两。

译文

苏代为燕国去游说齐国，没有见齐威王之前，先对淳于髡说道："有一个卖骏马的人，接连三天早晨守候在市场里，也无人知道他的马是匹骏马。卖马人很着急，于是去见伯乐说：‘我有一匹骏马，想要卖掉它，可是接连三天早晨，也没有哪个人来问一下，希望先生您能绕着我的马看一下，离开时回头再瞅一眼，这样我愿意给您一天的费用。’伯乐于是就照着卖马人的话做了，结果一下子马的身价竟然涨了十倍。现在我想把‘骏马’送给齐王看，可是没有替我前后周旋的人，先生有意做我的伯乐吗？请让我送给您白璧一双，黄金千镒，以此作为您的辛苦费吧。”淳于髡说：“愿意听从您的吩咐。”于是淳于髡进宫向齐王做了引荐，齐王接见了苏代，而且很喜欢他。

评析

“货好不怕巷子深”，这样的落后观念不仅在现代社会，而且在古代有识之士眼中也是很迂拙的意识。有才能的人一定要推销自己，而且要善于推销自己，要像卖马人借助伯乐提高马的身价一样，要借助一些要人提高自己的身价。那些不学无术的人尚且采用这样的手段，作为有真才实学者，采用这样的手段推销自己是完全应该的。

燕饥赵将伐之

原文

燕饥，赵将伐之。楚使将军之燕，过[①]魏，见赵恢。赵恢曰：“使除患无至，易于救患。伍子胥、宫之奇不用，烛之武、张孟谈受大赏。是故谋者皆从事于除患之道，而先使除患无至者，今予以百金送公也，不如以言。公听吾言而说赵王曰：‘昔者吴伐齐，为其饥也，伐齐未必胜也，而弱越乘其弊[②]以霸。今王之伐燕也，亦为其饥也，伐之未必胜，而强秦将以兵承王之西，是使弱赵居强吴之处，而使强秦处弱越之所以霸也。愿王之熟计之也。’”

使者乃以说赵王，赵王大悦，乃止。燕昭王闻之，乃封之以地。

注解

①过：路过。
②弊：疲惫。

译文

燕国发生饥荒，赵国准备乘机攻打它。楚国派一名将军到燕国去，途经魏国时，见到了赵恢。赵恢对楚将说："预防灾祸不让它发生，这比灾祸发生后再去解救要容易得多。历史上伍子胥和宫之奇的劝谏都不被君王采用，而烛之武和张孟谈的谋略却受到君王的赏识。所以谋臣们都想方设法防患于未然，消除灾祸使它不会发生。现在我与其送您百金，不如送您几句话。您如果能听我的话，就去劝说赵王：'过去吴国讨伐齐国，是因为齐国闹饥荒，可是没有等到伐齐取得成功，弱小的越国就趁吴国疲惫之机打败了吴国而称霸一方。现在大王要攻打燕国，也是因为他们闹饥荒，我看讨伐燕国未必能获胜，而且强大的秦国可能在西部出兵乘机进攻赵国。这是让弱赵处在当年强吴的不利地位，而让现在的强秦国处于当年弱越的有利地位啊。希望大王认真思量。'"

楚国的使者于是就用赵恢的这番话去规劝赵王，赵王听后非常高兴，就打消了攻打燕国的念头。燕昭王听说这件事后，就把土地封赏给这位楚国的使者。

评析

赵恢在论辩中博古通今，把所论辩的问题放到已经过去的历史坐标系上，借古讽今，用历史的经验启示今人，使今人牢记前车之鉴。虽然借用的是历史的陈迹，然而其话锋直指当前、直指当事者的内心，具有了无可辩驳的雄辩力。我们在向上级、下属阐述意见时要多列举历史上的人物和事件，让已经发生的能证明自己论点的事例直接阐明观点，如此肯定会增强言说的说服力。

昌国君乐毅

原文

昌国君乐毅为燕昭王合五国之兵而攻齐，下七十余城，尽郡县之以属燕，三城未下而燕昭王死。惠王即位，用①齐人反间②，疑乐毅，而使骑劫代之将。乐毅奔③赵，赵封以为望诸君。齐田单欺诈骑劫，卒败燕军，复收七十城以复齐。燕王悔，惧赵用乐毅承燕之弊以伐燕。

注解

①用：相信。

②反间：反间计。

③奔：逃亡。

译文

昌国君乐毅为燕昭王率领五国联军攻打齐国，拿下了七十多座城池，把它们都编入燕国的郡县，还有三座城池没有攻下，燕昭王就去世了。惠王即位，相信了齐国人的反间计，怀疑乐毅，就派骑劫去取代他统领燕军。乐毅逃往赵国，赵王封他为望诸君。齐国的田单用计对付骑劫，终于打破燕军，把齐国失去的七十座城池完全收复。燕王后悔，害怕赵国用乐毅趁燕国疲惫来攻打燕国。

原文

燕王乃使人让乐毅，且谢之曰："先王举国而委将军，将军为燕破齐，报先王之雠[①]，天下莫不振动，寡人岂敢一日[②]而忘将军之功哉！会先王弃群臣，寡人新即位，左右误寡人。寡人之使骑劫代将军者，为将军久暴露于外，故召将军且休计事。将军过听，以与寡人有郤[③]，遂捐[④]燕而归赵。将军自为计则可矣，而亦何以报先王之所以遇将军之意[⑤]乎？"

注解

①雠（chóu）：同"仇"。

②一日：时刻，每刻，每天。

③郤：同"隙"，此指不和。

④捐：抛弃。

⑤意：情意。

译文

燕王就派人责备乐毅，又婉转地说："先王把国家完全交给将军，将军替燕国攻破了齐国，替先王报了仇，天下都感到震动，我每时每刻都不敢忘记将军的功劳！正遇上先王去世，我刚即位，身边的人误导了我。我之所以派骑劫代替你，是因为将军长期辛苦在外，所以让你回国休息。将军误听别人的话，认为和寡人有了间隙，抛弃燕国去了赵国。你为自己打算，这样做是可以的，但这怎么能够报答先王对将军的情谊呢？"

原文

望诸君乃使人献书报燕王曰："臣不佞，不能奉承先王之教[①]，以顺左右之心，恐抵斧质之罪，以伤先王之明，而又害于足下之义，故遁逃奔赵。自以负不肖之罪，故不敢为辞说。

今王使使者数之罪，臣恐侍御者之不察先王之所以畜幸臣之理，而又不白于臣之所以事先王之心，故敢以书对。”

注解

①先王之教：当作“王命”。

译文

望诸君派人献上书信，回复燕王说：“我不才，不能领会大王的意图，顺从您左右亲信的心意，恐怕遭受死罪，影响到先王的知人之明，而又会给您带来加害功臣的不义名声，所以逃奔到赵国。自认为身负不肖的罪名，所以不敢用言语辩解。现在大王派使者数落我的罪过，我担心您身边的人不了解先王信任我的原因，又不明白我对先王尽心尽力的心情，所以敢于用书信来回答。”

原文

“臣闻贤圣之君不以禄私其亲，功多者授之；不以官随其爱，能当者处之。故察能而授官者，成功之君也；论行而结交者，立名之士也。臣以所学者观之，先王之举错[①]有高世之心，故假节[②]于魏王，而以身得察于燕。先王过举，擢之乎宾客之中，而立之乎群臣之上，不谋于父兄，而使臣为亚卿[③]。臣自以为奉令承教，可以幸无罪矣，故受命而不辞。”

注解

①错：通“措”。

②节：使者所持的凭证。

③亚卿：很高的爵位。

译文

“我听说贤明的君主不把俸禄随意奖给亲近的人，功劳大的才授给他；不把官职交给个人喜欢的人，有能力的才让他担任职务。所以考查臣下的才能而授以适当的官职，这是成功的君主；考虑朋友的行为正确才和他结交的，这才是建立功名的人。我根据自己学到的知识来观察，先王的行为超出于世间一般人，所以在担任魏国使臣时，得到燕国方面的了解。先王过分抬举我，把我从宾客当中提拔起来，让我处在群臣之上，不和同姓贵臣商量，就任命我做亚卿。我自认为接受先王的命令和教诲，可以免除罪过，所以接受任命而没有推辞。”

原文

“先王之命曰：‘我有积怨深怒于齐，不量轻弱，而欲以齐为事。’臣对曰：‘夫齐，霸国之余教，而骤胜之遗事也，闲于兵甲，习于战攻。王若欲攻之，则必举天下而图之；举天下而图之，莫径于结赵矣。且又淮北宋地，楚、魏之所同愿也。赵若许约，楚、魏、宋尽力，四国攻之，齐可大破也。’先王曰：‘善。’臣乃口受令，具符节，南使臣于赵。顾反命，起兵随而攻齐。以天之道，先王之灵，河北之地，随先王举而有之于济上。济上之军奉令击齐，大胜之。轻卒锐兵，长驱至国。齐王逃遁走莒①，仅以身免。珠玉财宝，车甲珍器，尽收入燕。大吕陈于元英②，故鼎反于历室③，齐器设于宁台④。蓟丘⑤之植，植于汶皇。自五伯以来，功未有及先王者也。先王以为惬其志，以臣为不顿命，故裂地而封之，使之得比乎小国诸侯。臣不佞，自以为奉令承教，可以幸无罪矣，故受命而弗辞。”

注解

①齐王：齐闵王。莒：今山东莒县。

②大吕：齐钟名。元英：燕官。

③历室：燕宫。

④宁台：燕台。

⑤蓟丘：燕都蓟城的标志性地方，在今北京白云观西。

译文

“先王告诉我：‘我对齐国有深仇大恨，不自量国力微弱，想把对付齐国作为目标。’我回答：‘齐国有霸国的传统，又有多次战胜的余威，对兵器很熟练，对战事很熟悉。大王如果想攻打它，就必须联合各国去对付它；联合各国首先就要拉拢赵国。淮北是宋国的地方，楚、魏两国都想得到它。赵国如果同意和燕国结盟，楚、魏也愿尽力，四国联合，就可以大破齐国。’先王说：‘好。’我就接受口头的命令，准备好使臣所用的符节，向南出使赵国。在我回国复命后，随即发兵攻齐。由于上天的保佑和先王的英明，河北的地方都被先王占领。济上的部队奉命追击，大获全胜。精锐的兵士长驱直入，直达齐都。齐王孤身逃到莒城。珠玉财宝，兵器和贵重的器物，全都运回燕国。齐国的大吕钟陈放在燕国的元英宫，燕国从前失去的鼎也回归故国，齐国的器物陈放在燕国的宁台上。蓟丘种植的竹子，现在移植在齐国的汶水。自五霸以来，没有谁的功劳能与先王相比。先王感到很满意，认为我能完成使命，所以割地封我，让我能和小国诸侯相提并论。我不才，自认为按照先王的指令办事，可以避免罪过，所以接受命令，没有推辞。”

原文

“臣闻贤明之君，功立而不废①，故著于《春秋》；蚤知②之士，名成而不毁，故称于后世。若先王之报怨雪耻，夷万乘之强国，收八百岁之蓄积③，及至弃群臣之日，余令诏后嗣之遗义，执政任事之臣，所以能循法令，顺庶孽者，施及萌隶，皆可以教于后世。”

注解

①废：半途而废。

②蚤知：先见之明。

③蓄积：积蓄。

译文

“我听说贤明的君主，功劳建立后，不会半途而度，所以载入史册；有先见之明的人，成名后善于保持，所以被后世称道。像先王那样能报仇雪恨，削平万乘的大国，取走齐国八百年的积蓄，在他去世后，他的影响继续存在，执政的大臣们整顿法令，理顺嫡庶关系，把遗教推行到民众之中，先王的所作所为，都可用来教育后代。”

原文

“臣闻善作者不必善成，善始者不必善终。昔者五子胥说听乎阖闾，故吴王远迹至于郢。夫差弗是也，赐之鸱夷[①]而浮之江。故吴王夫差不悟先论之可以立功，故沉子胥而不悔；子胥不蚤见主之不同量，故入江而不改。夫免身全功以明先王之迹者，臣之上计也；离毁辱之非，堕先王之名者，臣之所大恐也。临不测之罪，以幸为利者，义之所不敢出也。”

注解

①鸱（chī）夷：皮囊。

译文

“我听说善于开创的人不一定善于完成，有好的开头不一定有好的结尾。从前伍子胥的意见被吴王阖闾采纳，所以吴王远征打到楚的郢都。夫差不听伍子胥的意见，杀死他后，用皮革裹尸，沉在江中。吴王夫差不知道采纳伍子胥先前的意见可以立功，所以把伍子胥沉入江水，并不后悔；伍子胥没有及早发现两个君主度量不同，所以无法改变沉江的命运。免掉杀身之祸，保全已有的功劳，阐扬先王的伟业，这是我的上策；遭受侮辱性的诽谤，损害先王知人的名声，这是我最为恐惧的。面对无法预见的后果，侥幸为别图从中取利，从道义上讲，我绝不会这样去做。”

原文

“臣闻古之君子，交绝①不出恶声，忠臣之去也，不洁其名。臣虽不佞②，数奉教于君子矣。恐侍御者之亲左右之说，而不察疏远之行也，故敢以书报，唯君之留意焉。”

注解

①交绝：绝交。

②佞：才华。

译文

“我听说古时的君子，在绝交的时候，不会说自己之长，揭别人之短，忠臣在离国的时候，不把功劳归于自己，把错误归于君上。我虽不才，也曾多次受到过君子的教诲。我担心大王听信身边人的议论而不了解我远在赵国的行为，所以敢于用书信来回答，希望大王能够谅察。”

评析

历史上的功臣，得其善终者并不多。“功高震主”“兔死狗烹”，所谓名满天下，谤也随之。嫉妒者、仇恨者、不满者遍布朝野。尤其是新主登基，既不知昔日的艰难，又听信谗言与诽谤，故而诛杀功臣的特别多。乐毅结合自己的经历，阐明了这个千古适用的政界、商界公理，对新主燕惠王听信谗言、用人不当提出了委婉的批评。无论是才干还是忠心，乐毅都堪称一代名将。

赵且伐燕

原文

赵且伐燕，苏代为燕王谓惠王曰："今者臣来，过易水，蚌[①]方出曝，而鹬[②]啄其肉，蚌合而钳[③]其喙。鹬曰：'今日不雨，明日不雨，即有死蚌。'蚌亦谓鹬曰：'今日不出，明日不出，即有死鹬。'两者不肯相舍，渔者得而并禽[④]之。今赵且伐燕，燕、赵久相支以弊大众，臣恐强秦之为渔父也。故愿王之熟计之也。"惠王曰："善。"乃止。

注解

①蚌：河蚌。

②鹬：一种水鸟，嘴又尖又长，主要以小鱼等为食。

③钳：钳住，夹住。

④禽：通"擒"，擒获。

译文

赵国想去攻打燕国，苏代帮助燕王对赵惠文王说："这次我前来赵国的时候，路过易水，刚好看到一只河蚌出来晒太阳，有个鹬鸟咬住了河蚌的肉，而河蚌则夹住了这个鹬鸟的嘴巴。鹬鸟说：'我今天不松口，明天也不松口，你就成个死蚌了。'河蚌也对鹬鸟说：'我今天不让你的嘴巴出去，明天还不让，你就成个死鸟了。'河蚌鹬鸟都不肯首先放掉对方，这时来了个渔翁，轻而易举就把两个家伙都抓走了。现如今您想要攻打燕国，燕赵两国长久相持不下，只会让百姓疲劳困顿，我害怕强大的秦国就会成为这个'渔翁'了。

希望大王能够自己考虑清楚啊！”赵惠文王说：“你说得对。”就放弃了攻打燕国的想法。

评 析

战国说客们大量运用寓言故事来喻事明理，生动形象、直白明了。寓言不仅增强了辩词的说服力，而且使行文别出心裁、独具摇曳生恣意蕴无穷的美感。今天我们的话语相对于古人，显得贫乏和苍白，只有不断地在语言的形象、生动、直白上多下点功夫。

燕策三

燕太子丹质于秦亡归

原文

燕太子丹[1]质于秦，亡归。见秦且灭六国，兵以临[2]易水，恐其祸至。太子丹患之，谓其太傅[3]鞫武曰："燕、秦不两立，愿太傅幸而图[4]之。"武对曰："秦地遍天下，威胁韩、魏、赵氏，则易水以北[5]，未有所定也[6]。奈何以见陵之怨，欲排其逆鳞哉?"太子曰："然则何由[7]?"太傅曰："请入，图之。"

注解

①燕太子丹：燕王喜之子。

②临：逼近。

③太傅：太子太傅，古代师傅之官。

④图：考虑，谋划。

⑤易水以北：燕国处于易水的北方，在此实指燕国。

⑥未有所定也：燕国也前途未卜。

⑦然则何由：那么有什么办法呢?

译文

燕太子丹在秦国做人质，逃回燕国。眼见秦国就要灭亡六国，秦兵已经攻打到易水，担心亡国惨祸行将降临燕国。太子丹忧心如焚，于是就对自己的太傅鞠武说："燕秦势不两立，希望太傅能为国家考虑。"鞠武回答说："秦国土地遍布天下，兵临韩、赵、魏三国之后，易水以北的燕的命运难卜。为什么只因为在秦国做人质时所遭受的一点点小怨恨，就冒极大的危险来激怒秦王呢？"燕太子丹说："那可怎么办呢？"鞠武说："请太子进内室，由臣来为太子谋划！"

原文

居之有间[①]，樊将军亡秦之燕，太子容[②]之。太傅鞠武谏曰："不可。夫秦王之暴，而积怨于燕，足为寒心[③]，又况闻樊将军之在乎！是以委肉当饿虎之蹊，祸必不振矣！虽有管[④]、晏[⑤]，不能为谋。愿太子急遣樊将军入匈奴以灭口。请西约三晋，南连齐、楚，北讲于单于，然后乃可图也。"

注解

①有间：过了一些日子。
②容：接待。
③寒心：惧怕。
④管：管仲。
⑤晏：晏婴。

译文

不久，樊将军从秦国逃亡到燕国，太子丹收留他。这时鞠武进谏说："不可以收留樊将军。秦王政暴虐无道，而且一向很愤恨燕国，听了令人简直胆战心惊，又何况听说樊将军逃来燕国，岂不是更加仇恨燕国！这就等于把肉放在饿虎通过的路上，那燕国的大祸已经无法挽救！即使管仲、晏婴在世也毫无办法。请太子赶紧让樊将军投奔匈奴，以便消除秦国发兵攻燕的借口。然后往西跟韩、魏结盟，往南跟齐、楚订约，往北跟匈奴讲和，如此才可以抗拒秦兵。”

原文

太子丹曰：“太傅之计，旷日弥久①，心惛然，恐不能须臾。且非独于此也。夫樊将军困穷于天下，归身于丹，丹终不迫于强秦，而弃所哀怜之交②置之匈奴，是丹命③固卒④之时也。愿太傅更虑⑤之。”

注解

①旷日弥久：荒废拖延的日子太久了。
②哀怜之交：同情的朋友。
③命：生命。
④卒：结束。
⑤更虑：重新考虑。

译文

燕太子丹说：“太傅的计划需要很长时间才能实现，但是我现在内心忧愁纷乱已经到了极点，恐怕一刻也不能再等。而且还不只这些。因为樊将军走投无路才来投靠我，我绝对不能因为强秦的威胁，而就把我可怜的朋友赶到匈奴，我宁肯因此而结束我的生命，希望太傅再重新考虑一下。”

原文

鞫武曰：“燕有田光先生者，其智深，其勇沉①，可与之谋也。”太子曰：“愿因太傅交于田先生，可乎？”鞫武曰：“敬诺。”出见田光，道太子曰：“愿图国事于先生。”田光曰：“敬

奉教②。”乃造焉。

注解

①沉：深、深沉。
②敬奉教：遵命。

译文

鞠武说：“燕都有一位田光先生，此人智谋深远，个性勇敢刚毅，太子可和他密商一切。”燕太子丹说：“那太傅可不可以帮我介绍和田光先生见面呢？”鞠武说：“没问题。”于是鞠武就去拜访田光，并且介绍太子丹的事说：“太子想要跟先生密商国事。”田光先生说：“愿意遵命效。”于是鞠武陪着田光去见太子丹。

原文

太子跪而逢迎①，却行为道②，跪而拂席。田先生坐定，左右无人，太子避席③而请曰：“燕、秦不两立，愿先生留意也。”田光曰：“臣闻骐骥④盛壮之时，一日而驰千里。至其衰也，驽马⑤先之。今太子闻光壮盛之时，不知吾精已消亡矣。虽然，光不敢以乏⑥国事也。所善⑦荆轲，可使也。”太子曰：“愿因先生得愿交于荆轲，可乎？”田光曰：“敬⑧诺。”

注解

①逢迎：上前迎接。
②却行为道：倒退着走。
③避席：离开座位。
④骐骥：千里马。
⑤驽马：奔马，不好的马。
⑥乏：荒废。

⑦所善：好朋友。

⑧敬：遵命。

译文

太子丹跪立迎接，替田光引路倒退着往后走，又跪在地上替田光拂净席位。田光坐下以后，左右一个人都没有，太子丹离开席位，毕恭毕敬地向田光请教说："燕、秦势不两立，请先生多多考虑。"田光说："据臣所知，骏马在强盛时一天能跑千里路。等到它衰老时连笨马都不如。如今太子所听到的是壮年时的田光，岂不知臣如今已经衰老无用。尽管如此，臣仍然不敢荒废国事而辜负太子的重托。臣有位名叫荆轲的好友可以推荐给您。"燕太子丹说："那先生能不能让我跟荆轲做个朋友呢？"田光说："一切遵命。"

原文

即起，趋出。太子送之至门，曰："丹所报，先生所言者，国大事也，愿先生勿泄[①]也。"田光俯而笑曰："诺。"

注解

①泄：泄露。

译文

田光说完这话就起立出去。太子丹一直送到门口时说："我今天告诉先生的，和先生为我所策划的，都是国家的机密大事，请先生千万不要泄露出去。"田光低着头笑了笑说："一切请太子放心。"

原文

偻行[①]观荆轲，曰："光与子相善，燕国莫不知。今太子闻光壮盛之时，不知吾形已不逮[②]也，幸而教之曰：'燕、秦不两

立，愿先生留意也。’光窃不自外[3]，言足下于太子，愿足下过太子于宫[4]。”荆轲曰：“谨奉教。”

注解

①偻行：弯着腰走路。

②不逮：不及，赶不上。

③不自外：不当外人。

④宫：住的地方，居所。

译文

于是田光就俯身恭敬地悄悄去见荆轲说：“我田光和你荆轲是好朋友，燕国没有人不知道的。现在太子只知道我壮年时的威名，却不知道我如今已经老朽无用，荣幸地承蒙他教导说：‘燕、秦势不两立，希望先生多多考虑！’我不把你当外人，所以我已经把你推荐给太子，希望你前往宫中拜见太子。”荆轲说：“一切遵命照办！”

原文

田光曰：“光闻长者之行，不使人疑之，今太子约光曰：‘所言者，国之大事也，愿先生勿泄也。’是太子疑光也。夫为行使人疑之，非节侠士也。”欲自杀以激荆轲，曰：“愿足下急过太子，言光已死，明不言也。”遂自刭[1]而死。

注解

①刭：以刀割颈。

译文

田光说：“据我田光所知，长者的行为不使人怀疑，现在太子叮嘱我，

'方才所说的都是国家机密大事，请先生千万不要泄露出去'，这就证明太子怀疑我。一个人的行为叫人怀疑，绝非高风亮节的侠义之士。"于是就准备自杀来激励荆轲说："请你赶快去拜见太子，说我田光已经自杀身死，表白我绝对没有泄露国家机密大事。"田光说完话就自刎而死。

原文

轲见太子，言田光已死，明不言也。太子再拜而跪，膝下行流涕，有顷而后言曰："丹所请田先生无言者，欲以成大事之谋，今田先生以死明不泄言，岂丹之心哉？"

荆轲坐定，太子避席顿首曰："田先生不知丹不肖，使得至前①，愿有所道②，此天所以哀燕不弃其孤也。今秦有贪饕③之心，而欲不可足也。非尽④天下之地，臣⑤海内之王者，其意不厌⑥。今秦已虏韩王，尽纳其地，又举兵南伐楚，北临赵。"

注解

①使得至前：能够让我在您跟前。

②愿有所道：希望说出我的心里话。

③贪饕（tāo）：贪利。

④尽：尽吞。

⑤臣：使称臣。

⑥餍（yàn）：饱，满足。

译文

于是荆轲就去见太子丹，说田光已经自杀，用意是表白没有泄露国家机密大事。太子丹一听此话就跪地而拜，一边膝行一边流泪，过了一会儿说："我所叮嘱的是不让田先生泄露机密，以便为国家完成一件大事，如今田光先生竟以死来证明没有泄密，这怎么是我的本意啊？"

荆轲坐定以后，太子丹离开席位叩头说："田先生不知道我无能，才介绍我拜见先生接受先生的指教，这是上天可怜燕国而不遗弃他的后人。现在秦王有虎狼之心，他的欲望永远无法满足，除非占领全天下的土地和征服全天下的诸侯，否则是绝对不会停止侵略战争的。秦国已经俘虏韩王，吞并了韩国全部土地；又发兵继续往南攻打楚国，往北兵临赵国。”

原文

“王翦将数十万之众临漳、邺，而李信出太原、云中。赵不能支秦，必入臣，入臣，则祸至燕。燕小弱，数困于兵，今计举国不足以当秦。诸侯服秦，莫敢合从。丹之私计，愚以为诚得天下之勇士，使于秦，窥以重利，秦王贪其贽，必得所愿矣。”

译文

“秦将王翦，率领几十万秦军列阵在漳水、邺城，而秦将李信出兵赵国的太原和云中等地。赵国一旦支持不住就会投降秦国，赵国投降秦国之后，那大祸就要降临到燕国。燕国弱小无力，以前屡次为秦兵所困，现在即使动员全国兵力，也不足以抵抗强秦。何况天下诸侯都已经屈服在秦国的兵威之下，没有一个人再敢出面组织合纵之盟。因此我私下有一个计划，我认为如果能得到天下的一位勇士，假称派他出使秦国，以重利来引诱秦王，秦王为了贪图这项重利，必然能够实现我的愿望。”

原文

“诚①得劫秦王，使悉②反③诸侯之侵地，若曹沫之与齐桓公，则大善矣；则不可，因而刺杀之。彼大将擅兵于外，而内有大乱，则君臣相疑，以其间诸侯，诸侯得合从，其偿破秦必矣。此丹之上愿，而不知所以委命，唯荆卿留意焉。”

注解

①诚：假若。

②悉：全部。

③反：归还。

译文

“如果能够劫持秦王，使他归还诸侯的领地，再者，若曹沫效力于齐桓公，则更好了；假如不能这样，就当场把秦王杀死。那些大将在国外掌握兵权，如果国内大乱那么君臣就要互相猜疑，我燕国就乘机联合天下诸侯，团结一致完成合纵之盟，就必然能够实现我击败秦国的心愿。这是我最大的愿望，至于我的生死早已置之度外，一切希望贤卿多多留意！”

原文

久之，荆轲曰：“此国之大事，臣驽下[①]，恐不足任使。”太子前顿首，固[②]请无让，然后许诺。

注解

①驽下：庸碌无能，没有才华。

②固：坚决。

译文

荆轲听完这番话以后，过了很久才说：“这是国家的机密大事，臣庸碌无能，恐怕不能够负起这项重任。”燕太子丹一听这话就走向前去磕头，恳请荆轲不要推辞，这样，荆轲才算答应下来。

原文

于是尊荆轲为上卿，舍[1]上舍，太子日日造问[2]，供太牢[3]异物，间进车骑美女，恣荆轲所欲，以顺适其意。久之，荆卿未有行意。秦将王翦破赵，虏赵王，尽收其地，进兵北略地[4]，至燕南界。太子丹恐惧，乃请荆卿曰："秦兵旦暮渡易水，则虽欲长侍足下，岂可得哉？"

注解

①舍：安置。

②造问：问候。

③供太牢：准备丰富的宴席。

④北略地：向北侵占土地。

译文

于是太子丹立刻拜荆轲为上卿，安置在最好的馆舍，太子丹每天都来问候，供给最好的猪牛羊肉和上等珍宝，同时也奉上很多车马和美女，满足荆轲的一切所需，目的是极力讨荆轲欢心。过了很久，荆轲还没有要出发的意思。此时，秦将王翦已经征服赵国，俘虏赵王，占领了赵国的全部土地，接着王翦又继续进兵北侵，一直攻打到燕国的南疆。这时太子丹非常恐惧，就来请求荆轲说："秦兵在旦夕之间就要渡过易水，虽说我很想长期侍奉贤卿，然而在目前的情况下又怎么可能呢？"

原文

荆卿曰："微太子言，臣愿得谒[1]之。今行而无信，则秦未可亲也。夫今樊将军，秦王购之金千斤，邑万家。诚能得樊将军首，与燕督亢[2]之地图献秦王，秦王必说见臣，臣乃得有以报太子。"太子曰："樊将军以穷困来归[3]丹，丹不忍以己之私，而伤长者之意，愿足下更虑之。"

注解

①谒：拜谒。
②督亢：南部肥沃的土地。
③归：投奔。

译文

荆轲说："即使太子不来请求，臣也要西去谒见秦王。不过现在去却没有贵重礼物，秦王必然不肯相信臣。不过秦王曾悬赏一千金和万户侯，征求樊将军的头。所以只要能得到樊将军的头，和燕国督亢的地图，明言把这两件重礼献给秦王，秦王一定会欣然接见臣，如此臣才能报答太子的重托。"燕太子丹说："樊将军穷途末路才投奔我，我绝对不忍心为了实现自己的私人计划，而做出这种不够朋友的事，希望贤卿另想其他办法。"

原文

荆轲知太子不忍，乃遂私见樊於期曰："秦之遇[1]将军，可谓深矣。父母宗族，皆为戮[2]没。今闻购将军之首，金千斤，邑万家，将奈何？"

注解

①遇：对待。
②戮：杀也。

译文

荆轲知道太子丹不忍心杀樊将军，于是就私自去见樊将军说："秦国对待将军可算积怨太深了。将军的父母宗族都被秦王杀戮。我听说秦王悬赏一千金和万户侯征求将军的头，不知将军要怎么办？"

原文

樊将军仰天太息流涕曰："吾每念，常痛于骨髓，顾计不知所出耳[①]。"轲曰："今有一言，可以解燕国之患，而报将军之仇者，何如？"樊於期乃前曰："为之奈何？"荆轲曰："愿得将军之首以献秦，秦王必喜而善见臣，臣左手把其袖，而右手甚抗其胸，然则将军之仇报，而燕国见陵之耻除矣。将军岂有意乎？"

注解

①顾计不知所出耳：只是想不出什么办法啊！

译文

樊将军听完这话，仰天流泪叹息说："每当我想到这些事，都有如万箭穿心一般地疼痛，然而却想不出好办法来解决！"荆轲说："现在有一个好办法，既可以解除燕国的亡国之祸，又可以报将军的血海深仇，不知将军认为如何？"樊将军听完后探着头向前问："是什么好办法呢？"荆轲说："就是得到将军的头献给秦王，秦王一定欣然接见我，到那时我就可以左手抓住秦王的袖子，右手用剑刺进秦王的胸膛。这样一来不但报了将军的血海深仇，而且也洗雪了燕国的奇耻大辱，不知将军是否肯答应？"

原文

樊於期偏袒[①]扼腕而进曰："此臣日夜切齿拊心也，乃今得闻教。"遂自刎。太子闻之，驰往，伏尸而哭，极哀。既已，无可奈何，乃遂收盛樊於期之首，函封之[②]。

注解

①偏袒：脱下一边衣袖露出臂膀。

②函封之：用匣子封好。

译文

樊将军听到这里，就挽起袖子，握住手腕走向前说："这是我日夜咬牙切齿所希望的事，到如今才算听到阁下的明教！"樊将军说完这话就自杀身亡。太子丹知道以后，跑去伏尸痛哭，十分哀伤。樊将军既然已经自杀，太子丹在无可奈何的情况下，就割下他的头装在一个木匣子里封存起来。

原文

于是太子预求天下之利匕首，得赵人徐夫人之匕首，取之百金，使工以药淬之，以试人，血濡[①]缕，人无不立死者。乃为装[②]遣荆轲。燕国有勇士秦武阳，年十二杀人，人不敢与忤视。乃令秦武阳为副。

注解

①濡（rú）：沾染。

②装：行装。

译文

于是太子丹征求天下最锐利的匕首，结果征得赵人徐夫人的匕首，太子丹出价一百金把匕首买下，然后让工匠用毒药来淬染刀刃，经试刺人只要流出一点血，此人就当场死亡。于是太子丹为荆轲准备行装，派他出使秦国。燕国又有一名勇士名叫秦武阳，十二岁时就杀过人。人们都不敢横眼看他，因而派他为副手。

原文

荆轲有所待，欲与俱，其人居远未来，而为留待。顷[①]之未发。太子迟[②]之，疑其有改悔，乃复请之曰："日以尽矣，荆

卿岂无意哉？丹请先遣秦武阳。”荆轲怒，叱太子曰：“今日往而不反者，竖子[3]也！今提一匕首入不测之强秦，仆所以留者，待吾客与俱。今太子迟之，请辞决矣！”遂发。

注解

①顷：一会儿。

②迟：拖延。

③竖子：小孩子，带有很强的呵责的意味。

译文

可是荆轲还准备等一个人，打算跟这个人一起去，这个人住的地方太远，还没有来到，荆轲仍在等他。为此过了很久还未出发，太子丹急得不得了，甚至怀疑荆轲改变了主意，于是就又请求荆轲说：“日期已经到了最后关头，贤卿不愿意去，那我就先派秦武阳去吧！”荆轲听了这话很生气，斥责太子丹说：“假如有去而无回，那才是一个庸俗的小子？如今我只凭一把匕首，深入虎穴般的秦国，我之所以一直停留不走，是为了等待我的一位壮士。现在太子既然嫌太晚，那我就出发了！”荆轲说完这话就毫不犹豫地出发了。

原文

太子及宾客知其事者，皆白衣冠[1]以送之。至易水上，既祖[2]，取道。高渐离击筑，荆轲和而歌，为变徵[3]之声，士皆垂泪涕泣。又前而为歌曰：“风萧萧兮易水寒，壮士一去兮不复还！”复为慷慨羽声[4]，士皆瞋目，发尽上指冠。于是荆轲遂就车而去，终已不顾。

注解

①白衣冠：丧服。

②祖：路神。

③变徵（zhǐ）：变了调的徵音，比较悲凉。

④羽声：宫、商、角、徵、羽为古代最基本的物种乐音。

译文

太子丹、宾客和知道这件事的人，都穿着白色的丧服为荆轲送行，他们一齐来到易水河边，祭拜路神之后，荆轲踏上征途。当时由高渐离击筑，由荆轲高歌一曲，声音是悲壮的变徵之声，在场的人听了都泪流满面。最后荆轲又向前唱道："凄凉的风把易水吹得很冷，壮士这一去就不再回来啦！"接着荆轲又唱出慷慨激昂的羽声悲歌，在场送行的人都听得很激动，大家瞪着双眼，怒发冲冠。于是荆轲上车而去，连头都没再回过一次。

原文

既至秦，持千金之资币物，厚遗秦王宠臣中庶子蒙嘉。嘉为先言于秦王曰："燕王诚振畏慕大王之威，不敢兴兵以拒大王，愿举国为内臣，比诸侯之列①，给贡职如郡县，而得奉守先王之宗庙。恐惧不敢自陈，谨斩樊於期头，及献燕之督亢之地图，函封，燕王拜送于庭，使使以闻大王，唯大王命之。"

注解

①比诸侯之列：像诸侯一样。

译文

荆轲到了秦都咸阳以后，首先用一千斤黄金的重礼贿赂秦王宠臣中庶子蒙嘉。蒙嘉替荆轲向秦王说："燕王实在太畏惧大王的威严，因此不敢起兵反抗大王，情愿率领全民臣事大王，和其他诸侯一样编成秦国的郡县，每年按时来秦国进贡，以便奉祀秦国先王的宗庙。但是燕王由于恐惧过度，不敢亲自来陈情，才特别砍下樊於期的头，并且献出燕国督亢地图，这两种献礼都封在木匣子之中，由燕王亲手在朝廷交给使者，然后才派使者来献给大王，如今正等待大王的命令随时献上。”

原文

秦王闻之，大喜。乃朝服，设九宾，见燕使者咸阳宫。荆轲奉樊於期头函，而秦武阳奉地图匣，以次进至陛下①。秦武阳色变振恐，群臣怪之，荆轲顾笑武阳，前为谢曰：“北蛮夷之鄙人，未尝见天子，故振慑，愿大王少假借②之，使毕③使于前。”秦王谓轲曰：“起，取武阳所持图。”

注解

①陛下：宫殿的台阶之下。

②假借：宽恕，原谅。

③毕：完成。

译文

秦王听了十分高兴，就立刻穿上朝服，特设九宾之礼，在咸阳宫接见燕使。荆轲捧着装有樊於期头的木匣，而秦武阳捧着装有督亢地图的木匣，由荆轲领先按次序走向宫殿的台阶。不料这时秦武阳由于恐惧而神情紧张，群臣看了都觉得很奇怪，荆轲赶紧回头对秦武阳笑了笑，再继续向前为秦武阳辩解说：“他是北方的野蛮粗人，没见过天子宫殿的雄伟场面，所以神情显得紧张恐惧，恳请大王能够多多谅解他，以便让他在大王面前完成使命！”秦王对荆轲说：“你起来把秦武阳所拿的地图给寡人！”

原文

轲既取图奉之，发图①，图穷②而匕首见。因左手把秦王之袖，而右持匕首椹抗之。未至身，秦王惊，自引而起，绝袖。拔剑，剑长，掺其室③。时怨急，剑坚，故不可立拔。荆轲逐秦王，秦王还柱而走。群臣惊愕，卒④起不意，尽失其度。而

秦法，群臣侍殿上者，不得持尺兵。诸郎中[5]执兵，皆陈殿下，非有诏不得上。

注解

①发图：展开地图。
②穷：尽头。
③室：剑鞘。
④卒：同“猝”，突然。
⑤郎中：护卫。

译文

于是荆轲就拿过地图献给秦王，荆轲捧着地图打开来，图展开露出匕首。这时他就左手拉着秦王的衣袖，右手抓紧匕首猛刺秦王，可惜没有刺中秦王的身体。秦王大惊失色，自己拉开衣袖跳起来，由于用力过猛而把袖子拉断。秦王赶紧拔剑，可是剑太长拔不出来，只握着剑鞘干着急。秦王既害怕又紧张，而剑鞘又很紧，不能立刻拔出。荆轲追杀秦王，秦王绕着柱子跑。群臣都已经吓呆了，因为事情发生在出人意料的仓促之间，致使大家束手无策。再加上按照秦国法律，群臣侍立殿上，不得佩带任何兵器。而负责守卫的郎中，又都站立在宫殿的台阶下，除非有秦王的亲口诏令，否则绝对不能携带武器上殿。

原文

方急时，不及召下兵，以故荆轲逐秦王，而卒惶急无以击轲，而乃以手共搏之。是时侍医夏无且[1]，以其所奉药囊提[2]轲。秦王之方还柱走，卒惶急不知所为，左右乃曰：“王负剑！王负剑！”遂拔以击荆轲，断其左股[3]。荆轲废，乃引[4]其匕首提秦王，不中，中柱。

注解

①夏无且：人名，秦国御医。

②提：投掷。

③左股：左边的大腿。

④引：举起。

译文

那时情况十分紧急，秦王也来不及召殿下的士兵救驾，因此才使得荆轲尽情追杀秦王。而秦王在万分惶恐的情况下，也找不到适当的武器反击荆轲，不得已竟徒手和荆轲搏斗。幸亏这时御医夏无且，用他所拿的药囊投击荆轲，可是秦王还是绕着柱子跑，仓皇失措不知如何是好。这时左右侍臣才高喊："大王把剑背过去！大王把剑背过去！"如此秦王才算拔出了佩剑，用剑来反击荆轲，一剑砍断了荆轲的左腿。荆轲负伤后倒地，但是仍用匕首投刺秦王，可惜没有刺中，只是刺在柱子上。

原文

秦王复击轲，被八创。轲自知事不就①，倚柱而笑，箕踞②以骂曰："事所以不成者，乃欲以生劫之，必得约契③以报太子也。"左右既前斩荆轲，秦王目眩良久。而论功赏群臣及当坐④者，各有差。而赐夏无且黄金二百镒，曰："无且爱我，乃以药囊提轲也。"

注解

①就：成也

②箕踞：席地而坐。

③必得约契：一定得到你归还侵夺诸侯的契约。

④坐：依法判罪。

译文

秦王再用剑砍荆轲，荆轲受了八处伤。荆轲自知事情已经失败，就把身子靠在柱子上大笑起来，然后盘着腿高声骂道："事情之所以没有成功，是因为我想要生擒你，劫持你归还所有燕国的侵地，借以报答燕太子丹！"这时左右侍臣才跑上前来杀死荆轲，秦王吓得头昏眼花，很久说不出话。最后对群臣论功行赏，对应该加以处罚的也各有差别。赏赐夏无且黄金二百镒，并且夸奖说："夏无且由衷爱戴寡人，因为他用药囊打荆轲。"

原文

于是，秦大怒燕，益发兵诣①赵，诏王翦军以伐燕。十月而拔燕蓟城②。燕王喜、太子丹等，皆率其精兵东保于辽东③。秦将李信追击燕王，王急，用代王嘉④计，杀太子丹，欲献之秦。秦复进兵攻之，五岁而卒灭燕国，而虏燕王喜，秦兼天下。

其后荆轲客高渐离以击筑见秦皇帝，而以筑击秦皇帝，为燕报仇，不中而死。

注解

①诣（yì）：至。

②拔：攻下。蓟城：燕都。

③辽东：辽宁省辽河以东之地。

④代王嘉：赵悼襄王之嫡子。

译文

这时秦王更加仇恨燕国，立刻发大兵开到赵国，下令王翦率军攻打燕国。同年十月攻陷燕蓟城。燕王喜和太子丹等文武朝臣，都率领精兵逃到东边退守辽东。秦将李信率军追击燕王喜，燕王喜在兵败情急之下就采纳代王嘉的计策，杀死太子丹准备献给秦王。可是秦兵还是继续攻打燕国，五年之后终于灭亡燕国，燕王喜被秦兵俘虏，秦国终于统一了天下。

在这之后荆轲的朋友高渐离，借演奏筑的机会晋见秦始皇，于是乘机用筑攻击秦始皇，目的是想为燕国报仇，可惜没有打中却被秦始皇杀死。

评析

荆轲身上体现的以弱小的个体反抗强暴的勇气和甘为高尚的政治价值观和理想主义献身的牺牲精神值得千古流芳。社会上的竞争有时如同作战，只有勇者才能立于不败之地。斗争中的胆怯、退让、委琐，反而给对手以可乘之机，也使决策出现失误，使事业蒙受损失。只有勇气，才能激发起人们越挫越勇的斗志和破釜沉舟的决心。那种“知其不可而为之”“明知山有虎，偏向虎山行”的血性和勇气，才能促使对手的最终败退。

宋、卫策

公输般为楚设机

原文

公输般[1]为楚设机，将以攻宋。墨子[2]闻之，百舍[3]重茧，往见公输般，谓之曰："吾自宋闻子，吾欲藉子杀人。"公输般曰："吾义固不杀人。"墨子曰："闻公为云梯，将以攻宋。宋何罪之有？义不杀人而攻国，是不杀少而杀众。敢问攻宋何义也?"公输般服焉，请见之王。

注解

①公输般：春秋末年鲁国人，是著名的巧匠。
②墨子：名翟，春秋末年鲁国人，是墨家学派的创始者，主张兼爱非攻。
③百舍：百里一舍。

译文

公输般为楚国设计了攻城的器械，将要用来攻打宋国。墨子听说之后，步行了几千里，脚都打起老茧，去见公输般，对他说："我从宋国听说你的大名，我想请你为我杀人。”公输般回答：“我是不会随便杀人的。”墨子说：“听说你制造云梯之类的攻城器械，准备用来攻打宋国。宋国何罪之有？不乱杀人却攻打宋国，这不是少杀人而是多杀人。请问攻打宋国有什么理由呢？”公输般无言以对，请墨子进见楚王。

原文

墨子见楚王[①]曰：“今有人于此，舍其文轩，邻有弊舆而欲窃之；舍其锦绣，邻有短褐[②]而欲窃之；舍其粱肉[③]，邻有糟糠而欲窃之。此为何若人也？”王曰：“必为有窃疾矣。”

注解

①楚王：楚惠王。

②短褐（shì）：粗布上衣。

③粱肉：精美的食物。

译文

墨子进见楚王说：“现在有这样一个人，抛弃自己的彩车，邻居有一辆破车他却想去偷；扔掉自己华丽的服装，邻居有粗布衣服他却想去偷；舍弃自己的美味，邻居有米糠他却想去偷，这是什么样的人啊？”楚王说：“他肯定是患了偷窃的病啊！”

原文

墨子曰：“荆之地方[①]五千里，宋方五百里，此犹文轩之与弊舆也；荆有云梦，犀兕[②]麋[③]鹿盈之，江、汉鱼鳖鼋[④]鼍[⑤]为天下饶，宋所谓无雉兔鲋鱼者也，此犹粱肉之与糟糠也；荆有长松、文梓、楩楠、豫樟，宋无长木，此犹锦绣之与短褐也。臣以王吏之攻宋为与此同类也。”王曰：“善哉！请无攻宋。”

注解

①方：方圆。

②兕（sì）：雌性的犀牛。

③麋（mí）：兽名，俗称四不像。

④鼋（yuán）：绿团鱼。

⑤鼍（tuó）：扬子鳄。

译文

墨子说："楚国方圆五千里，宋国仅有五百里，这就好像彩车和破车一样；楚国有云梦泽，到处都是犀兕麋鹿等珍稀动物，长江汉水里的鱼鳖鼋鼍等珍稀鱼类是天下最多的，宋国只是一个连小兔、小鱼都没有的地方，这就好像美味和米糠一样；楚国有长松、文梓、楩、楠、豫樟这些珍贵的高大树木，宋国连普通的大树都没有，这就好像华丽的服装和粗布衣服一样。我认为大王的手下想去攻宋与此同类。"楚王说："你讲得太对了，我不会攻打宋国了。"

评析

墨家的吃苦耐劳精神得到后世志士们的仿效。像曾国藩就在孔孟老庄基础上杂用墨家之道，工作非常勤劳和辛苦，起早贪黑、日理万机；鞠躬尽瘁、死而后已。墨家爱好和平，也擅长游说，这次首先通过"杀人"这一诱语，使公输般上钩，然后把杀一人推广到攻杀宋国人，使上钩的鲁班不能不觉得理亏。紧接着墨子通过形象的类比、丰富的辞藻、壮美的气势，将楚国攻宋说成是有病的小偷的行为，使楚王自己都觉得违背常理，于是停战归和。

卫嗣君时胥靡逃之魏

原文

卫嗣君时，胥靡[1]逃之魏，卫赎之百金，不与，乃请以左氏[2]。群臣谏曰："以百金之地赎一胥靡，无乃不可乎？"君曰："治无小，乱无大。教化喻于民，三百之城[3]足以为治；民无廉耻，虽有十左氏，将何以用之？"

注解

①胥靡：人名，卫国的一个罪人。
②左氏：地名，卫国的城邑。
③三百之城：拥有三百户人家的城邑。

译文

卫嗣君在位时，有个犯人胥靡逃到了魏国，卫国以百镒黄金为代价想要赎回，魏王不同意，竟然要卫国用一个城池左氏去换。大臣们对卫嗣君说："用百镒黄金和一座城池去换一个犯人，这么做值得么？"卫嗣君答道："一个国家是安定团结还是混乱无序，跟国家大小无关。只要将教化深入民心，三百户人家的城邑就足以治理得很好；而如果百姓不知廉耻，即使有十个左氏那么大的疆土，又能有什么用处呢？"

评析

为政的遵守法制、赏罚有信，那么这个国家的道德状况、社会的社会风气就会凸现秩序和正义。就像商鞅立木行赏，终致秦国法令畅通、改革一日千里。为政者的言行和决策是一个国家秩序和信用的源泉，如果为政者有法不依、有令不行，就是一两件小事，也不仅会使为政者丧失信用，而且会把社会的风气带坏、民众道德水平下滑。

卫人迎新妇

原文

卫人迎新妇，妇上车，问："骖马①，谁马也？"御曰："借之。"新妇谓仆曰："拊骖，无笞服②。"

注解

①骖马：两边的马。

②服：中间的马。

译文

卫国有人迎娶新媳妇，新娘子上了车就问道："两边拉套的马是谁家的？"赶车的人说："借来的。"新娘子对赶车的人说："要爱护这两边拉套的马，也不要鞭打中间驾辕的马。"

原文

车至门，扶，教送母："灭灶，将失火。"入室见臼，曰："徙之牖①下，妨往来者。"主人笑之。此三言者，皆要言也，然而不免为笑者，蚤②晚之时失也。

注解

①牖（yǒu）：窗户。

②蚤：通“早”。

译文

车子到了夫家的门口，新娘子被扶下车，就告诉伴娘说：“快去灭掉灶膛里的火，要防止失火呀！”当她走进屋里，看见一只石臼，就说：“把它搬到窗下去，摆在这妨碍人来回走路。”夫家的人听了，都禁不住笑她。这三句话本来都是要紧的话，然而却被人笑话，是因为这些话说得不是时候。

评析

新媳妇说的话虽然很正确，但她只是一个刚过门的新娘，根本没有对他人指手画脚的资格，也没有指点他人的话语权，所以她说的话不但没有人听，还会遭到人们的耻笑。切记说话要合时，做事要变通，免得引他人反感。

中山策

阴姬与江姬争为后

原文

阴姬与江姬争为后。司马熹谓阴姬公①曰："事成则有土子民，不成则恐无身。欲成之，何不见臣乎？"阴姬公稽首曰："诚如君言，事何可豫道者②。"司马熹即奏书中山王曰："臣闻弱赵强中山。"中山王悦而见之曰："愿闻弱赵强中山之说。"司马熹曰："臣愿之赵，观其地形险阻，人民贫富，君臣贤不肖，商敌③为资，未可豫陈也。"中山王遣之。

注解

①阴姬公：阴姬的父亲。

②事何可豫道者：怎么能先说报答您呢？

③商敌：进行敌我力量的对比。

译文

阴姬与江姬在争夺王后的位置。司马熹对阴姬的父亲说："如果你的女儿能顺利成为王后，那么你就能拥有封地和子民；如果争夺失败，恐怕你的性命都难保。如果你想夺后成功，为什么不来找我呢？”阴姬的父亲叩拜说道：“如果真的像你所说的那样，怎么好意思先说报答您呢。”司马熹很快给中山王上书，说：“我知道削弱赵国的实力、使中山强盛的办法。”中山君非常高兴地接见司马熹，问道：“我想知道怎么样才能够削弱赵国的实力，使中山富强。”司马熹说：“我恳请您派我过去，观察了解那里的地势关隘，百姓的贫富状态，君主大臣是否贤德，进行敌我力量的对比并以此作为参考。我不能没有依据就信口开河。”于是中山王把他派到了赵国。

原文

见赵王曰：“臣闻赵，天下善为音，佳丽人之所出也。今者，臣来至境，入都邑，观人民谣俗，容貌颜色，殊无佳丽好美者。以臣所行多矣，周流无所不通，未尝见人如中山阴姬者也。不知者特以为神，力言[1]不能及也。其容貌颜色，故已过绝人矣，若乃其眉目准[2]，权衡犀角偃月[3]，彼乃帝王之后，非诸侯之姬也。”赵王意移，大悦曰：“吾愿请之，何如？”司马意曰：“臣窃见其佳丽，口不能无道尔。即欲请之，是非臣所敢议，愿王无泄也。”

注解

①力言：极力言说。

②准：鼻子。

③权衡犀角偃月：权，面颊；衡，眉宇；犀角，头的形状；偃月，前额。

译文

司马熹拜见了赵王之后说：“我听说赵国以人民擅长音乐、盛产美女而闻名于世。如今我来到了这里，走遍了大都市和小城市，欣赏了赵国的民谣，目睹了各色各类的女子，实在是没有看到格外漂亮出众的美女啊。我曾经周游列国，到过不少地方，以我的所见所闻，从来没有看到过有人长得像中山的阴姬一样美丽。不知道的人还以为是仙女下凡呢，她的美丽超出了语言所能描绘的范围。单看她的姿色容颜，已经是绝代佳人，如果细细看她的五官，真的是帝王的妻子才有的容貌，绝不是诸侯的姬妾。”赵王心意大动，非常高兴地问道：“我想把她娶过来，不知道怎么样才能够办到呢?”司马熹说：“我心里想着她的美丽，嘴里不知不觉就说了出来。如果大王您真的想娶她，这就不是我敢讨论的话题了，恳请大王不要把我说的话泄露出去啊。”

原文

司马熹辞去，归报中山王曰：“赵王非贤王也，不好道德而好声色；不好仁义而好勇力。臣闻其乃欲请所谓阴姬者。”中山王作色不悦。司马熹曰：“赵强国也，其请之必矣。王如不与①，即社稷危矣，与之；即为诸侯笑。”中山王曰：“为将奈何?”司马熹曰：“王立为后，以绝赵王之意。世无请后者。虽欲得请之，邻国不与也。”中山王遂立以为后，赵王亦无请言也。

注解

①不与：不给予。

译文

司马熹向赵王辞行，回去后告诉中山王说：“赵王不是个贤德的君王啊，他品德不端喜好音乐美色；不讲仁义而喜欢动用武力。我听说他甚至还想娶阴姬呢!”中山王听了后变了脸色，非常不高兴。司马熹说：“和我们相比，赵国是个强国，赵王既然想娶阴姬，得不到是誓不罢休了。如果大王您不给他，赵王必然会发兵威胁您的江山社稷；如果您把阴姬送给了赵王，则会被各诸侯国耻笑。”中山王问道：“那我该怎么办呢?”司马熹曰：“大王可以把阴姬立为王后，这样就可以了断了赵王的想法。这世上没有娶人家王后的道理，即便是赵王想得到阴姬，提出了要求，邻国君主也不会同意他这么做的。”中山王听后马上把阴姬立为王后，赵王也就断了念头，再没有提出娶阴姬的要求。

评析

司马熹先假托去赵国考察，到赵国后极尽美艳诱惑之词、渲染阴姬的倾国倾城、沉鱼落雁，用佳丽美色轻易使赵王上钩，然后按照事先的安排，以立皇后、断赵王念头为理由水到渠成地让阴姬当上了王后。做这种事，一定要事先谋划周全，然后各方面都要进行说服工作，等各个方面的目的达到了，那么整体的目的也就实现了。

中山君飨都士

原文

中山君飨都士①，司马子期②在焉。羊羹不遍，司马子期怒而走于楚，说楚王伐中山，中山君亡③。有二人挈④戈而随其后者，中山君顾谓二人："子奚为者也?"二人对曰："臣有父，尝饿且死，君下壶餐饵之。臣父且死，曰：'中山有事，汝必死之。'故来死君也。"中山君喟然而仰叹曰："与不期众少，其于当厄⑤；怨不期深浅，其于伤心。吾以一杯羊羹亡国，以一壶餐得士二人。"

注解

①飨都士：宴请都邑的士大夫。

②司马子期：中山之臣，后出仕楚国。

③亡：逃亡。

④挈（qiè）：拿着。

⑤厄：灾难，厄运。

译文

中山君设宴招待都邑的士大夫，司马子期也在被宴请之列。分羊羹时没有分给他，他一怒之下就投奔了楚国，说服楚国攻打中山，中山君被迫逃亡。有两个人提着戈一直跟在中山君身后，中山君回过头去问他们：“你们两个人是干什么的?”那两个人回答说：“我们的父亲有一次快要饿死了，是您送给他一壶饭吃。我父亲临死前叮嘱说：‘中山国如果有变故，你们一定要以死报效国家!’所以我们特地来为您效力。”中山君仰面叹息道：“给人施与不在乎多少，但一定是在他最困难的时候；与人结怨不在乎深浅，但一定不能伤害他的心。我因为一杯羊羹亡了国，又因为一壶饭得到了两个义士。”

评析

人心本是极其脆弱的感情化的东西，所以对事物的反应非常的敏感。雪中送炭必让人感激不尽、铭记在心。而在名利场上伤了脸面，就是小事人家也一定会恨之入骨。事情无论大小，如果真正触及了人的心灵，那么就会改变人对人的态度。“勿以善小而不为，勿以恶小而为之。”干大事不拘小节，实际上是不对的，如不认认真真对待每一件小事，说不定哪天坏了大事的就是这件小事。尤其是处理人与人之间涉及感情、面子的事情，一定要慎重。